总承包模式下
大型工程社会责任的合作与激励机制研究

薛　凤◎著

经济管理出版社
ECONOMY & MANAGEMENT PUBLISHING HOUSE

图书在版编目（CIP）数据

总承包模式下大型工程社会责任的合作与激励机制研究 / 薛凤著. -- 北京 ：经济管理出版社，2024.

ISBN 978-7-5096-9894-5

Ⅰ. F282

中国国家版本馆 CIP 数据核字第 2024C3U754 号

组稿编辑：张馨予

责任编辑：张馨予　姜玉满

责任印制：许　艳

责任校对：蔡晓臻

出版发行：经济管理出版社

（北京市海淀区北蜂窝 8 号中雅大厦 A 座 11 层　100038）

网　　址：www. E-mp. com. cn

电　　话：（010）51915602

印　　刷：唐山昊达印刷有限公司

经　　销：新华书店

开　　本：720mm×1000mm/16

印　　张：12. 5

字　　数：186 千字

版　　次：2024 年 12 月第 1 版　　2024 年 12 月第 1 次印刷

书　　号：ISBN 978-7-5096-9894-5

定　　价：98. 00 元

联系地址：北京市海淀区北蜂窝 8 号中雅大厦 11 层

电话：（010）68022974　　邮编：100038

前　言

在新发展理念和可持续发展国家战略的时代背景下，我国大型工程面临前所未有的战略机遇期、环境敏感期和价值重构期，其社会责任管理实践和理论研究的紧迫性和复杂性日益凸显，已受到学术界的广泛关注。现有研究从大型工程社会责任的概念框架、指标评价、演进规律、治理逻辑等宏观视角开展了较多工作，但较少关注具体承包模式下实施主体社会责任履行决策的微观问题。事实上，大型工程社会责任的实现需要所有利益相关者协同履行、共同承担。然而，实施主体共担责任过程中的矛盾冲突、收益分配、履责策略会影响大型工程责任的落实。在大型工程实践中，工程总承包模式常常是采用最多、应用最广泛的模式。因此，聚焦大型工程总承包模式，研究如何通过收益分配、机制构建促使实施主体更好地承担社会责任具有一定的理论价值和现实意义。

由于工程的专业性和复杂性，工程总承包模式中通常由多家企业联合组成总承包商，且总承包商也会将部分非核心工程分包给相应的一个或多个分包商。不同实施主体在工程建设过程中的角色、地位、作用等不同，其对工程的目标、产出、绩效等的影响存在显著性差异，表现为异质性特征，从而导致各实施主体在社会责任的分担和收益分配上相互制衡，极易引发冲突问题；同时，实施主体间不同的交互关系，使冲突影响因素和履责特征存在差异。鉴于此，本书通过分析总承包商内外部不同情景下的履责特征，引入博弈和激励理论，分别构建总承包商内部的社会责任合作履责决策模型和总承包商对分包商的外部激励模型，并分析履责成本、绩效转化、公平感知等因素对实施主体履责策略的影响机理。

本书围绕大型工程在异质性引发的冲突环境下的社会责任共担问题，针对总承包商内部和外部从合作和激励两个方面进行了相关研究。全书共分为七章。

本书基于大型工程常用的总承包模式，立足于总承包商视角，通过剖析实施主体之间的关系、履责特征以及矛盾冲突的主要影响因素，构建总承包商内外部四种不同情形下的履责合作和激励模型，探究大型工程社会责任策略选择、影响因素以及对应机制，为工程异质多主体的社会责任决策实施和治理提供重要的理论参考和实践指导。本书的研究成果将进一步完善大型工程社会责任的合作与激励理论。同时，本书基于总承包模式下重大工程的不同情景提出了相关合作和激励机制，为激励工程参与方最大限度地提高社会责任的投入产出效率提供可行路径和有力保障，为大型工程管理者进行决策和管理提供了理论支持。

本书是成都师范学院学术专著出版基金资助成果之一，同时也受到成都师范学院高层次人才引进专项科研项目“社会责任视角下重大工程协同创新的激励机制研究”（YJRC202405）的资助，在此感谢成都师范学院的资助。本书在写作过程中参考了众多国内外专家的研究成果，再次表示衷心的感谢。

由于笔者水平有限，书中难免存在疏漏和不足指出，恳请广大读者批评指正。

目　　录

第一章　绪论

一、研究背景与动机

大型基础设施工程（以下简称大型工程）是指投资规模大、建设周期长、技术难度高、涉及范围广、战略意义强，对国家或区域政治、经济、社会、国防安全等具有重大作用和深远影响的公共服务系统[1]。近年来，随着我国经济的快速发展，大型工程（Megaproject；Major Project）建设已经成为一种社会性、综合性和整体性的实践活动，深刻改变着人与人、人与社会、人与自然的关系[2]。一般认为，大型工程社会责任（Megaproject Social Responsibility；Social Responsibility of Major Project）是各利益相关者在项目全生命周期内，以可持续发展为目标，通过透明和合乎道德的行为为其决策和活动对社会和环境带来的影响而承担的责任[3]。党的十八大以来，以习近平同志为核心的党中央坚定不移地贯彻新发展理念，“推动绿色发展，促进人与自然和谐共生”已经成为新时代的主旋律。折射到大型工程建设领域，除关注项目本身的综合效益外，还须兼顾实现工程的社会责任，包括污染治理、环境保护，推进生态优先、节约集约、绿色低碳发展。

不断变化的价值诉求和市场环境，正驱使大型工程利益相关者抛弃以往单纯追求经济效益最大化的经营模式，进而向可持续和负责任的发展路径转变。

社会责任的重要性、特殊性和复杂性日益凸显，在工程的决策和实施过程中，稍有疏忽，就会导致超越工程本身的严重后果，从而演变成为一系列严重的社会问题[4]。例如，埃及的阿斯旺水坝，虽然建成投运后实现了灌溉、防洪、发电、运输等综合功能，但由于生态、民生、环境、伦理等社会责任方面考虑欠妥，竣工后，导致尼罗河两岸不少珍贵文化遗迹被淹没、环境恶化、耕地贫瘠、渔业受损、疾病肆虐，农业、水文和生态系统被严重破坏，居民健康受到威胁[5]。因此，其建设的利与弊，一直被世人所关注和思索。本质上，工程实施主体既是追求经济利益的市场主体，又是社会责任的践行主体，立足其经济与社会责任的双元复合属性，如何协调两者之间的矛盾、最大限度地激励实施主体更好地承担和履行社会责任，已成为政府、业主必须面对的现实问题。

为了引导和鼓励工程实施主体积极履行社会责任，国家相继出台了一系列与规范工程和社会责任相关的政策法规。例如，2012 年，商务部印发了《中国对外承包工程行业社会责任指引》，明确提出大型工程社会责任核心议题应包括工程质量与安全、员工权益与职业发展、公平竞争、环境保护、社区参与和发展、就业与培训等，并将道德、环境社会责任标准纳入合同管理；2017 年，国务院办公厅发布了《国务院办公厅关于促进建筑业持续健康发展的意见》；2021 年，国家发展改革委等部门发布了《生态保护和修复支撑体系重大工程建设规划（2021-2035 年）》；2022 年，国务院国有资产监督管理委员会发布《中央企业节约能源与生态环境保护监督管理办法》；等等。这些政策和文件的出台，不仅为工程建设者履行社会责任指明了方向，也对具体工作的开展提出了明确要求。

作为大型工程关键的利益相关者，业主通常会在合同中明确约定承包商应承担的社会责任的具体任务，通过设置考核奖罚机制[6]，对较好地履行了社会责任的承包商给予物质和精神方面不同程度的奖励。在国际工程项目方面，中国葛洲坝集团（中国能源建设集团的子公司）进入肯尼亚市场十多年，作为总承包商以身作则，积极地履行社会责任，组织多次公益活动，为周边居民修建道路、翻新学校和医院、捐资助学、协助保护野生动物、参与环保事业，解决1600多名当地人的就业问题，广受肯尼亚社会各界的赞誉，因此，中国葛洲坝集团持续获得工程项目，并在2021年被肯尼亚政府评为“最佳社会责任贡献奖”。在国内大型工程建设方面，中国交通建设集团有限公司（以下简称中交集团）作为港珠澳大桥岛隧工程的总承包商，提出并实践“全生命周期绿色工程”理念，在采用先进工艺，大幅节能减排的同时，还实现了工程与环境的和谐共处，保护了海洋环境，维系了生态平衡，从而取得各类专项资金补贴和奖励超30亿元。[7,8]

工程总承包模式作为国际通行的一种建设项目组织实施方式，得到了越来越广泛的应用，其主要是指总承包商受业主委托，按照合同约定的内容对工程建设项目的设计、采购、施工等实行全过程或若干阶段的总承包，并对其所承包工程的质量、安全、费用和进度全面负责[9]。大多数发达国家采用工程总承包模式占比超过40%；在我国，无论是政策导向还是内在需求，工程总承包模式都是大势所趋，预计到2025年，国内工程总承包比例将占行业总收入的30%，达到8.4万亿元[10]。在总承包模式中，由于大型工程的专业性和复杂性，常由多家企业以联合体形式组成总承包商。业主与总承包商直接签订工程总合同，总承包商内部按照合同约定或内部协议进行分工合作。此外，总承包商将部分非核心工程分包给具有相应资质等级的分包商，由此形成业主与总承包商之间、总承包商内部成员之间以及总承包商与各分包商之间多层级的监督与合作关系[11]。因此，总承包模式下实施主体间既存在合作、共生关系，又有竞争、从属关系等复杂关系[12]。

大型工程的社会责任需要所有利益相关者协同履行，体现为多主体责任共担[13]。例如，设计施工阶段，既需要设计方在设计过程中承担关注公众需求、确保设计方案经济可行、符合行业标准等责任，又需要施工方承担工程质量与安全保障、工艺创新与技术进步、区域生态环境保护等责任[14]；同时需要双方沟通交流，以施工驱动设计、设计联动施工，通过共担社会责任，推动工程可持续发展[15]。然而，由于实施主体在工程建设过程中的角色、地位、作用等不同，其对工程的目标、产出、绩效等影响存在显著性差异，表现为利益相关者的异质性[3]。大型工程社会责任实现的关键是确保各方利益的均衡[16]，而异质性特征使各实施主体在社会责任的分担和收益分配上相互制衡，极易导致矛盾冲突[17, 18]，从而削弱其履责的积极性。因此，在冲突背景下，如何通过机制设计更好地促使实施主体共担社会责任具有重要的理论和现实意义。

为了解决冲突环境下的责任共担问题，当前学术界已从合作和激励两个方面进行了相关研究。首先，部分学者认为构建主体协同、利益协同的合作治理机制，可实现冲突协调、社会责任共担[19]。Wang 等[20] 从大型工程社会责任参与者行为偏好和治理决策角度研究了其对大型工程监管和合作的影响，提出信任和控制在不同关系中的中介作用。Xue 等[21] 发现，大型工程利益相关者只有建立合作关系才能实现技术和管理的创新，进而更好地承担社会责任。Teng 等[22] 认为，大型工程是一个生态系统，利益相关者的合作可以保证系统的稳定性，促进系统内外资源、知识等交换，以及责任、风险等共担，进而提高系统绩效。Hosseini 等[23] 提出降低建设和履责成本是大型工程利益相关者合作的动机。以上文献利用实证和案例研究法对大型工程合作履责影响因素、合作动机等方面展开了研究，但并未就各因素对合作履责具体影响机理进行深入探讨。

其次，有学者认为建立责权匹配机制和激励监督机制是减少矛盾、促使工程主体提升社会责任的关键方法[24, 25]。Yang 等[26] 认为，政府规制和奖罚机制的建立可促进实施主体社会责任的提升。王爱明[27, 28] 通过对实际案例进行分析发现，沟通畅通、信息透明、资源共享是促进工程参与方履行社会责任的有效措施。陈志松等[29] 基于社会责任和经济双视角，运用演化博弈理论分析了南水北调东线工程运营管理的策略选择，得出运营公司必须让出部分资源和产能来激励政府主体履行社会责任，政府必须在履行社会责任预防灾害的前提下，再考虑经济效益的实现。高燕梅[30] 分析了投资机制、约束机制和信息传播机制等声誉机制对大型工程社会责任激励和差异化竞争优势的影响。这些研究从不同角度阐释了大型工程社会责任激励的重要性，探索了机制构建、政府规制、信息共享等均是激励实施主体提升社会责任的有效手段，但尚未解决总承包模式中因实施主体异质性带来的履责冲突下的诸多社会责任激励问题。

综上所述，大型工程社会责任已成为影响工程可持续发展的关键因素。部分学者从大型工程社会责任的概念框架[3]、指标体系[31]、演进规律[32]、履责行为[33] 等本质属性方面展开探讨，为大型工程社会责任的研究奠定了重要理论基础，但相对比较宏观。而工程社会责任共担过程中，异质性引发的矛盾冲突是不容忽视的问题，虽然部分研究从合作和激励方面给出相关建议，但未就总承包模式下不同实施主体间的主要冲突因素对履行社会责任的具体影响机理展开探讨，也未详细探究如何设计合作与激励机制来提升工程社会责任和绩效。因此，本书基于大型工程常用的总承包模式，立足总承包商视角，通过剖析实施主体之间的关系、履责特征以及矛盾冲突的主要影响因素，构建总承包商内外部四种情形下的履责合作和激励模型，探究大型工程社会责任策略选择、影响因素，为工程异质多主体的社会责任决策实施和治理提供重要的理论参考和实践指导。

二、问题的提出

如前所述，学术界对大型工程总承包商内外部社会责任共担的微观研究仍处于起步阶段，故研究履责冲突背景下不同实施主体间的责任共担是一个全新的视角。在总承包模式下，总承包商内部成员之间以及总承包商和分包商的合作、共生、竞争、从属等关系，使实施主体间的表现维度以及履责特征均不同。因此，要促使大型工程实施主体积极履行社会责任，首先，要厘清实施主体间履责冲突的主要影响因素；其次，要结合不同细分结构下的履责特征，构建相应的责任共担机制。基于此，本书将重点解决总承包商内外部四种情形下的大型工程社会责任履责共担问题：

（1）“设计方—施工方”组成的总承包商互动性特征下的社会责任合作履责问题。

大型工程紧密相连的任务链需要设计方和施工方在建设过程中紧密配合、良性互动，其承担的社会责任相互依赖、互为依存，只有双方高效合作、共同履责，才能提升社会责任和工程的总体绩效，故设计方和施工方承担的社会责任在履行过程中具有互动性特征[34]。同时，设计方和施工方作为建立在同一合同框架下的紧密联合体，按照“内部协议”进行分工合作，具有合作共生的关系，双方很容易在责任分担和履责收益分配上进行对比，在履行社会责任的同时会关注履责收益分配是否公平[35]。该情形下公平偏好会成为设计方和施工方履责冲突的重要影响因素[15]。然而，施工方和设计方的社会责任努力水平、资源投入等隐性要素均难以观测，易存在减少投入、降低努力程度等双边道德风险问题。那么，基于设计方和施工方的履责互动性特征，如何通过刻画和构建公平偏好下的合作履责决策模型，以规避和降低双边道德风险？何种合作履责决策模式可实现责任链上总收益最优？公平偏好对双方履责策略和收益分配有怎样的影响？

（2）“牵头方—协同方”组成的总承包商互补性特征下的社会责任合作履责问题。

现实中，某些工程在污染控制、环境保护、生态修复等方面具有高度复杂性和特殊性，如港珠澳大桥保护白海豚、青藏铁路保护高原冻土等问题，其社会责任的践行需要设计方、施工方、新材料供应商以及其他专业机构组成更广泛意义上的总承包商通过协同创新来实现。例如，港珠澳大桥中难度最大的岛隧工程是以中交集团为牵头方，联合中交公路规划设计院有限公司、丹麦科威国际咨询公司、艾奕康有限公司，以及动态嵌入的气象局、海洋环境管理局等国内外众多参建主体组成。不同于传统的设计方和施工方组成的总承包商在履责收益分配上存在公平关注问题，广泛意义上的总承包商更多地聚焦于如何通过创新更好地实现社会责任和工程总效益[36]。该情形下，创新成为解决履责冲突的切入点[12, 37]。此外，由于牵头方和协同方各自存在专业优势，其承担的社会责任在履行过程中具有互补性特征，且社会责任和创新投入等隐性因素均无法衡量，故容易产生双边道德风险，进而使总承包商的实际产出和期望目标有异，导致项目实施效率低下，工程整体质量下降。结合牵头方和协同方履责过程中互补性的特征，如何刻画和构建创新驱动下的社会责任合作履责决策模型，以规避和降低双边道德风险？何种合作履责决策模式可实现总绩效最优？社会责任和创新以及工程可持续绩效具有怎样的关系？

（3）总承包商主导下单一分包商从属性特征下的社会责任履责激励问题。

随着大型工程发展愈加专业化，为减轻资金压力、降低建设成本、整合优势资源、转移相应风险，总承包商利用外部资源的集成与优化来提高整条供应链的效率和竞争力，往往对部分工程子项目进行再分包。总承包商模式下，分包商的全部工作由总承包商对业主负责，在履责过程中具有从属性特征[38, 39]，此特征使分包商社会责任意识更加淡薄。现实中，分包商为了获得更高的经济收益，往往会隐瞒或虚报相关责任信息，从而造成社会责任信息不对称性。该情形下信息不对称可能会成为总承包商和分包商履责冲突的重要影响因素[40]。总承包商作为工程建设的核心主体和主导方，如何通过设计激励机制促进分包商披露责任信息，协调履责矛盾冲突以及提升社会责任努力水平？信息不对称程度、履责成本等因素如何影响总承包商和分包商的履责策略？

（4）总承包商主导下平行分包商类比性特征下的社会责任履责激励问题。

为了加快工程进度，总承包商常常将相似工程分包给多个平行分包商，这样既可以缩短建设工期，又可以通过市场化手段提高竞争强度，有效控制工程成本。在总承包商和分包商的纵向交互关系中，信息不对称仍然是履责冲突的重要影响因素，且分包商履责过程中仍然具有从属性特征。而在分包商之间的横向竞合关系中，由于平行分包商之间的建设任务相似，其承担的社会责任具有类比性特征，且分包商之间的竞争关系，使其很容易在社会责任绩效和履责奖励分配上进行对比，表现为公平关注性[41]。那么，总承包商可通过设计怎样的激励机制协调履责矛盾、促进平行分包商提升社会责任？激励效果与激励奖金是否正相关？分包商不同偏好是否影响总承包商的激励机制？

综上所述，本书针对总承包模式中不同细分结构履责冲突背景下的责任共担问题，结合实施主体的履责特征，剖析不同影响因素对履责策略、社会责任投入、社会责任绩效以及工程总收益的影响，并针对总承包商内部成员构建不同合作履责决策模型，为实际工程中总承包商防范内部道德风险、解决内部矛盾冲突提供理论依据。同时，针对总承包商与分包商的履责冲突、构建社会责任激励模型，设计总承包商主导下的单一分包商和平行分包商的激励机制，为实际工程中总承包商制定合理的社会责任激励机制，激励分包商为最大限度地提高社会责任的投入产出效率提供可行路径和有力保障。

三、研究内容

为解决上述问题，本书在现有文献和研究成果的基础上，结合大型工程总承包模式的实际情况，根据各实施主体在履行社会责任过程中产生矛盾冲突的影响因素和履责特征，研究了不同情形下的社会责任共担问题。本书将总体结构分为总承包商内部合作和总承包商对分包商的外部激励两部分。第一部分，总承包商内部成员分为传统的“设计方—施工方”和广泛的“牵头方—协同方”两种情景，将收益分配的公平性和创新作为履责冲突解决的切入点，结合其履责过程中的互动性和互补性特征，利用委托代理理论、公平偏好理论以及讨价还价理论，分别构建了主从博弈合作履责决策模型和Nash讨价还价博弈合作履责决策模型，考察了公平偏好、履责谈判能力、创新、绩效转换系数等对社会责任努力、履责收益分配的作用影响，探讨了不同模式下内部成员的履责策略选择。第二部分，将研究视角从总承包商内部合作延伸至对分包商的外部激励，从总承包商主导下单一分包商拓展至总承包商主导下平行分包商，考虑到信息不对称和公平偏好为履责冲突的主要影响因素，结合两种情景下分包商的履责从属性和类比性特征，利用委托代理理论、竞赛激励理论，构建了不同的激励模型，并设计了对应的激励机制。本书分为七章，具体内容如下：

第一章，绪论。该章首先介绍了研究背景，其次根据研究背景和动机提出主要问题，最后对本书的创新之处进行了阐述和总结。

第二章，文献综述。该章详细介绍了总承包模式下大型工程社会责任合作与激励机制研究的主要理论背景、重要参考文献、主要研究进展，并阐述了本书的基础理论依据和科学研究来源。

第三章，公平偏好下“设计方—施工方”社会责任的内部合作机制。针对“设计方—施工方”组成的总承包商内部在共担社会责任过程中的合作履责问题，该章将公平偏好作为解决履责冲突的切入点；考虑到履责过程中存在双边道德风险，该章结合设计方和施工方履责过程中的互动性特征，利用讨价还价理论和公平偏好理论，分别构建了公平偏好下主从博弈和Nash讨价还价合作履责决策模型，并通过模型求解和数值分析，探讨了施工方和设计方公平偏好下的社会责任投入和履责收益分配策略。此外，该章考察了不同合作模式下公平偏好、履责成本、激励力度、社会责任绩效转化系数以及谈判能力等对双方社会责任努力水平以及责任链上工程总收益的影响。

第四章，创新驱动下“牵头方—协同方”社会责任的内部合作机制。针对“牵头方—协同方”组成的总承包商内部在共担社会责任过程中的合作履责问题，该章将创新作为解决履责冲突的切入点，结合牵头方、协同方履责过程中的互补性的特征，首先，构建了创新驱动下的主从博弈和Nash讨价还价博弈合作履责决策模型。通过求解发现，主从博弈合作履责决策模型不存在使双方同时达到最优的均衡解。其次，该章构建了创新驱动下的Nash讨价还价合作履责决策模型，并与无创新驱动的Nash讨价还价合作履责决策模型进行对比分析，探究了双方如何通过合作规避和防范双边道德风险，并分析了创新对双方履责以及可持续绩效的影响，同时揭示了创新、社会责任与可持续绩效的相互关系。

第五章，总承包商主导下单一分包商社会责任的激励机制。针对总承包商和单一分包商共担社会责任过程中的履责激励问题，考虑到分包商在履责过程中存在信息不对称，该章结合其从属性特征，基于总承包商视角，分别构建了信息对称和不对称情形下单阶段履责决策模型，通过对比分析发现分包商的履责收益随其信息不对称程度的提高而增加，故分包商会刻意隐瞒或虚高其社会责任信息以获取更大的收益。为促使分包商披露社会责任信息、提升社会责任努力水平，该章设计了信息不对称情况下双指标两阶段社会责任激励契约。该章通过与单指标单阶段履责决策模型进行对比分析，探讨了不同决策模型对分包商承担社会责任的影响机制，并从分包商社会责任提升机制以及工程社会责任总绩效角度验证了双指标两阶段激励契约的优越性。

第六章，总承包商主导下平行分包商社会责任的激励机制。针对总承包商对平行分包商履行社会责任的激励问题，考虑到平行分包商存在信息不对称和公平偏好双重履责冲突因素，该章结合平行分包商的纵向从属性和横向类比性特征，刻画了社会责任奖励强度和保障强度两个指标，分别构建了公平偏好下和自利偏好下社会责任锦标赛激励模型，并结合数值分析，讨论了总承包商如何根据各分包商的偏好特征和偏好程度，调整奖励强度和保障强度，进而达到促使分包商提升社会责任的目的。

第七章，总结与展望。该章对本书的结论进行了总结、梳理，并根据结论提出对应的管理启示；同时，该章指出了本书存在的局限性及对未来研究工作的展望。

根据以上章节内容安排，本书各部分的逻辑关联和基本框架如图 1-1 所示。

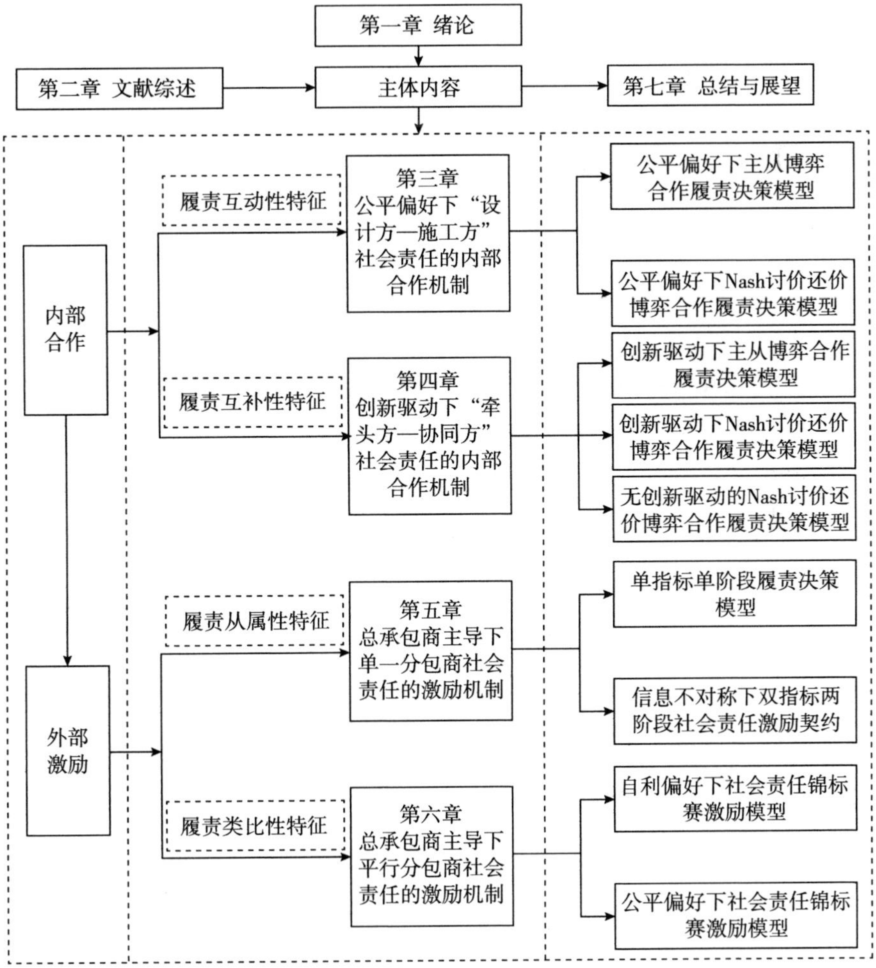

图 1-1 本书的基本框架

四、研究创新点

已有文献对大型工程社会责任的内涵特征、指标评价、演进规律等从实证和案例的角度开展了相关研究，但这些研究都基于宏观统筹的角度，针对各参建主体社会责任的微观治理研究相对较少；研究方法上多采用实证和案例分析研究履责因素，未探究各因素对不同实施主体履责的具体影响机理。本书聚焦大型工程的总承包模式，细分总承包模式下的结构，考虑总承包商内外部不同情形下的履责特征，引入委托代理与讨价还价博弈等理论，从合作和激励等不同角度研究社会责任的微观履责机理，丰富已有研究结果。对应本书主体内容的四个章节，具体创新点分为如下四个方面：

（1）发现履责收益分配比例受公平偏好与社会责任投入产出的综合约束，呈现非单调关系，有别于现有理论正相关的单一关系。

首先，已有文献关于大型工程社会责任合作的研究，主要从合作影响因素[42~46]、合作关系网络[16] 以及多元中心作用[42] 等方面展开，多采用案例研究和实证分析等方法。部分文献提出，公平偏好、履责成本、利益冲突、道德风险等是影响大型工程合作履责的主要因素和阻碍合作履责的主要原因[33, 43]；但这些文献均未就各因素对履责合作的影响机理展开讨论，也未给出道德风险下合作履责的具体实施方法。Nash 讨价还价博弈[47~49] 是考虑联盟双方具有道德风险的有效解决办法，但大多文献并未考虑双方具有公平偏好的情形。其次，本书考虑设计方和施工方的履责互动性特征，构建双边公平偏好的 Nash 讨价还价博弈合作履责决策模型，并通过求解发现，最优履责收益分配比例受到双方公平关切程度以及社会责任投入产出的综合约束，在社会责任投入产出的不同阈值内，呈现出不同的增减趋势。

此结论区别于朱建波等[15] 提出的“收益分配系数会随其中一方公平偏好强度的增大而加大对其的倾斜”的结论。

（2）印证已有研究中创新和社会责任的双向促进关系，识别双方的互动合作能够增强社会责任对大型工程可持续绩效促进作用的条件，补充现有实证研究的结论。

首先，大量学者，如 Turker[50]、Loosemore 和 Lim[51]、Penalver 等[52]、Chen 等[53] 采用实证分析和案例研究方法探讨了社会责任和创新之间的相互关系，得出大型工程利益相关者的社会责任和创新均可直接促进工程的可持续绩效[51, 54, 55]，以及创新和社会责任具有双向促进关系等结论[50, 52]。本书聚焦大型工程总承包模式，考虑牵头方与协同方履责互补性特征，构建了 Nash 讨价还价决策模型，通过模型求解和数值仿真，从理论上验证了上述观点。其次，通过剖析不同决策模式下各因素对可持续绩效的影响机理，本书得出在合理的合作履责决策模式和收益分配条件下，双方的互动合作会增强社会责任对工程绩效的影响的结论。这一结论区别于 Ma 等[56] 认为的大型工程主要利益相关者的互动会减弱大型工程社会责任对工程绩效的影响，在一定程度上补充了现有实证研究结论。

（3）从理论推演验证大型工程社会责任“固定补贴+绩效奖励”激励机制的成效优于单一指标激励的成效，证实社会责任多维度激励的有效性。

首先，目前关于大型工程社会责任激励的研究相对较少，大多研究从实证和案例等角度提出了激励和监管对大型工程社会责任的促进作用，仅有少数学者采用定量方法对大型工程社会责任的激励展开研究，例如，陈志松[57] 通过构建激励模型研究了政府对运营公司的社会责任激励机制，但主要针对大型工程运营阶段展开。马力和张宇驰[58] 通过构建演化博弈模型提出了业主与承包企业提高各自效益增量以及设定合理的利益分配激励系数，可推动其履行社会责任，但主要讨论了业主对承包商的激励，未考虑业主对承包商的激励机制下，承包商对分包商的社会责任激励，亦未就如何构建激励机制展开讨论，并且，以上研究均针对社会责任信息对称情形展开。针对社会责任信息不对称下的研究，供应链背景下相对比较丰富，但多集中于信息披露驱动机制以及单指标的激励合同[59, 60]构建方面。其次，本书从总承包商内部合作履责延伸至外部对分包商的激励机制设计，结合分包商在履责过程中的从属性特征，构建了信息不对称下双指标两阶段的社会责任激励模型，提出了“固定补贴+绩效奖励”双重指标两阶段发放机制，并通过对比，从分包商的社会责任努力水平和工程总绩效两个方面验证了其优越性。本书有助于总承包商构建社会责任激励机制、丰富社会责任治理手段。

（4）提出在不同偏好和绩效排名下提升平行分包商履责积极性的策略，丰富现有研究中社会责任激励对策手段。

目前关于大型工程社会责任的激励研究，学者们大多从定性分析方面给出了不同的激励手段，例如，Yang 等[26]认为政府规制和奖罚可促进社会责任的提升；高燕梅[30]认为投资机制、约束机制和信息传播机制等声誉机制对大型工程社会责任激励具有重要影响。王爱明[27, 28]通过对实际案例进行分析发现，沟通畅通、信息透明、资源共享是促进工程参与方履行社会责任的有效措施。但通过设置锦标赛促使实施主体提升社会责任的激励手段在大型工程社会责任的相关研究中尚未明确提出。本书根据总承包模式下平行分包商的履责类比性特征，分别建立公平偏好和自利偏好下的锦标赛激励模型，通过求解发现总承包商可结合分包商的心理偏好特征，通过奖励强度和保障强度两个指标的动态调节，达到促使分包商提升社会责任和其自身总效益的目的。本书的研究结论在一定程度上丰富了现有社会责任共担激励对策手段的研究。

第二章　文献综述

本章对现有研究理论成果进行回顾、梳理和分析，明晰已有成果与本书研究之间的继承和拓展关系，从而为后续研究大型工程社会责任的合作和激励机制提供理论支撑。根据本书的研究内容，本章将从以下四个方面对现有文献展开研究评述：①大型工程；②大型工程社会责任；③履责合作机制；④履责激励机制。

一、大型工程

（一）大型工程的概念与特征

工程，是指人们为了实现特定目的，依据自然规律与科学原理，通过有序地整合各种资源进行造物的生产活动[61, 62]。大型工程，是在一定时代背景下，对经济、社会、环境、民众健康和安全等具有深远影响的工程[63]。与一般工程不同，大型工程具有多层次、多领域、多阶段的复杂性，在决策、实施、技术、质量、安全、环境保护、社会影响等方面的要求都远远超越了一般工程项目管理的标准，如大兴机场、港珠澳大桥、青藏铁路、南水北调等工程。目前，国内外研究学者关于“大型工程”并未形成较为权威和统一的基本定义。盛昭瀚[64]认为，大型工程一般是指建设周期长，投资规模大、涉及面广、影响重大且深远的工程项目，其对社会生产和居民生活提供基础性的公共服务，对国民经济以及社会进步具有重要的战略推动作用[1, 65]。

与一般工程相比，大型工程具有以下特征：

（1）规模庞大性。按照住房和城乡建设部从房建、公路、水利、市政、机电、矿业六大专业划分工程规模标准，无论是投资金额、整体规模，还是建设内容、施工体量，大型工程都超出常规工程。

（2）高度复杂性。大型工程面临多元化的参与主体、多学科技术交叉的建设内容、多领域的配套子项、多样性的建设环境、多影响的涉及范围，其管理具有高度复杂性[66]。另外，重大工程的复杂性还部分来自复杂的外部环境[67]和一定的技术风险性。总之，大型工程的复杂性一般体现为环境复杂性、技术复杂性和组织复杂性。

（3）系统集成性。大型工程系统是由多个相互制约和相互影响的子系统（子工程）有机结合的整体[68]。要使工程系统整体最优和可持续，除了需要各分系统的技术协调外，还需要对大量人力、财力、物力、信息和技术等资源[69]的有效组织、指挥、协调、调度乃至创新。任何一个环节的疏忽或失控，均会带来多重不可逆的影响，不仅会威胁工程本身的安全、质量，而且会给相关的区域经济、生态环境，甚至社会稳定带来巨大的危害[70]。

（4）利益主体多元性。大型工程利益相关者众多，一般涉及政府、施工方和设计方、监理、材料供应商、运营商及公众等，个别工程还有职能管理部门、科研机构、行业组织等的动态嵌入，故全生命周期内会形成多元化的利益主体[71]，同时，相较于一般工程，大型工程无论组织结构还是利益关系均呈现更加复杂的交互性。

（5）目标多元化。由于大型工程在国民经济和社会发展中占据重要的战略地位，其不仅具有经济属性，还具有强烈的社会属性和政治属性，与一般工程类似，安全、质量、工期是其最基本的工程目标，此外，大型工程还有生态、人文、民生、法律甚至创新等更广泛的目标。多元化的目标之间相互依赖又互为制约，与单目标相比，更容易产生矛盾冲突，进而也加大了管理决策者的协调和治理难度[72]。

基于大型工程的上述特征（见表2-1），相关法律规定，对国有投资的，事关公共利益、公众安全的大型基础设施和公用事业项目，必须依法实行招标发包，即业主或政府以发布招标公告的方式，将勘察、设计、施工等建设内容全部或部分委托给承包单位，由承包商负责实施完成，故下面就大型工程的承包模式展开讨论。

表2-1 大型工程的特征

特征	具体体现
规模庞大性	投资金额、整体规模、建设内容、施工体量巨大
高度复杂性	涉及范围、交叉组织、建设环境、技术难度等
系统集成性	多个相互制约和相互影响的子系统的有机结合体
利益主体多元性	政府、施工方和设计方、监理、材料供应商、运营商以及公众、职能管理部门、科研机构、行业组织等
目标多元化	经济、社会、政治目标

（二）主要承包模式

目前，国内大型工程建设主要的承包模式有：平行发包模式（Design-Bid-Build Mode，DBB模式）、施工管理模式（Construction Management Mode，CM模式）、工程总承包模式（Project General Contracting Mode，通常包括Design-Build Mode，DB模式；Engineering，Procurement and Construction Mode，EPC模式）等。当前国际社会通行，且应用最为广泛的为工程总承包模式，其是指业主（发包人）通过签订合同，委托承包商对工程设计、施工、采购的部分阶段或整个工程全面实施和负责[73]。这种模式得以大力推广并高速发展，一方面，由于国家高度重视，并出台了一系列支持政策和法规。例如，2016 年中共中央国务院印发《关于进一步加强城市规划建设管理工作的若干意见》提出“深化建设项目组织实施方式改革，推广工程总承包制”。2017 年《国务院办公厅关于促进建筑业持续健康发展的意见》明确指出：“加快推行工程总承包”，全面提出了加快推行工程总承包的各项具体要求。另一方面，这种模式符合工程建设的客观规律，有利于实现设计、采购、施工等各项工作的统筹管理和深度融合，有效降低管理成本，从而控制投资；有利于实现各种资源的高效配置，缩短工期、降低风险，实现工程整体利益和价值的最大化。

目前常见的工程总承包模式主要有以下两种形式[15, 73, 74]：一是设计施工总承包（Design-Build Mode，DB 模式）；二是设计采购施工总承包（Engineering，Procurement and Construction Mode，EPC 模式）。

1. 设计施工总承包模式

设计施工总承包是指发包方将设计和施工的任务整体委托给总承包商，由总承包商按照合同约定，承担工程项目设计、施工等发展阶段的工作内容。这种模式的优势在于业主只对总承包商进行管理，提升了沟通协调效率和集成化管理优势，能有效降低工程成本。与 EPC 模式最大的不同在于 DB 模式只包含设计和施工环节，不包括建筑材料和专业设备等采购[75]。

2. 设计采购施工总承包模式

设计采购施工总承包是对所承包工程建设全过程的承包，指总承包商受业主委托承担策划、设计、采购、建设、投运等阶段的组织管理和实施工作，并对工程的工期、造价、质量、安全等全部负责[76]。此模式中，业主只负责整体的、目标的管理和控制，总承包商不仅要负责设计、施工，还包括对整个工程的全过程统筹策划，各个阶段的现场管理，以及跨专业、跨领域的联动。故相对于业主而言，其转移工程风险的同时，也失去了更多控制权。对于总承包商而言，虽然承担更多的责任和风险，但也拥有更多的获利机会[77]。EPC 模式具有以下优点：一是合同关系简单清晰，有利于整个项目的统筹规划和协同运作[9]。二是把业主从具体事务中解放出来，确保项目管理大方向。三是最大限度地提高总承包商的积极性，有利于保证工程建设质量和效益。四是提高沟通效率，整合资源。基于以上优点，EPC 模式是当前国际、国内大型工程建设采用的最为广泛的承包模式[78, 79]。

由于工程比较复杂，总承包模式中很少有单家企业可以胜任设计、采购、施工等全部工作，常由多家企业或组织组成整体，共同参与投标、竞标和工程建设，即以联合体进行承包[80]。故本书的总承包商亦指联合体[9, 81]。总承包商中有一家企业是牵头方，其他为成员方，他们优势互补，共同完成业主委托的任务，故其内部具有合作关系。中标后，在合同履行阶段，各方应按照合同和内部协议分工合作，且相互之间承担连带责任，故其内部具有共生的关系。工程项目一旦完成，联合体组成的总承包商就自行解散，故总承包商具有组织临时性和对外一致性等特点[34]。此外，由于专业分工和劳务效率的要求，往往总承包商会将项目的部分非核心工程分包给一个或多个分包商完成，即专业分包和劳务分包。分包商的全部工作由总承包商对业主负责，分包商与总承包商具有从属关系，故总承包商在整个工程项目中发挥主导作用。此时总承包商主导的组织架构中，既有内部成员之间的合作关系，又有外部分包商的管理关系。承包商作为工程建设核心主体，在交互复杂的关系中协调好各参建主体的矛盾冲突成为工程顺利实施的前提条件。

综上所述，工程总承包模式是国际上公认的最有效的项目组织实施方式之一，对大型工程的建设具有积极促进作用。目前，国内学术界从大型工程的组织模式、决策治理、复杂性降解等方面展开了深入的研究。例如，乐云等[82]剖析了我国大型工程组织模式的内涵，分析了其形成机制、过程演化以及政府和市场的二元作用和机制。盛昭瀚等[83]就如何引导和保障大型工程决策事务的治理问题展开了讨论，提出了我国大型工程决策治理本质为治理体系和能力的现代化和中国化形式的交融。麦强等[84]从复杂性视角对大型工程的子工程进行了分类，解析了子工程多样化和适应性组织现象，揭示了组织模式和复杂性影响机理。

面对工程建设行业新形势下的新发展、新要求，部分学者把研究视角拓展到更深层次的工程可持续方面展开探索，如盛昭瀚和梁茹[85]提出目前除了关注大型工程的“基础决定性”问题外，更应关注工程建设中的“需求创新性”和“发展战略性”决策问题。乐云等[82]提出面向新情境，我国大型工程需要持续改革和创新，社会责任是未来大型工程可持续发展必须面对的新问题，是一个复杂的开放性议题，会涉及更大范围的利益相关者。随着社会的发展、工程规模的扩大和复杂性的增强，大型工程对民众、社会、自然环境的影响也越来越大，其社会责任随之扩展到保护生态环境、维护公共安全、合理利用资源、关注社会民生、实现可持续发展等各个方面，大型工程社会责任的治理和决策已逐渐成为当前学术界研究的一大热点。

二、大型工程社会责任

（一）大型工程社会责任的概念与特征

1. 大型工程社会责任的概念

（1）概念界定。

社会责任是指社会应负的使命、职责和义务，通常是指“组织通过透明及合乎道德的行为，为其决策和活动对社会和环境的影响而承担的责任”（ISO 26000），其总体目标是致力于可持续发展。当前，社会责任的管理研究主要集中在企业社会责任（Corporate Social Responsibility）方面。20 世纪 50 年代，Bowen 在其著作《商人的社会责任》[26, 86]一书中提出社会责任是商人们根据社会所期望的价值或社会目标而提出政策或采取决策行为的义务责任。后续研究的企业社会责任开始逐步重视企业活力和社会效益以及可持续之间的关系，社会责任内涵得到进一步提升。1979 年，Carroll[87] 从社会责任的理念、分类以及涉及面三个维度，提出了企业社会责任的三维概念模型，并指出社会责任应分为经济责任、道德责任、法律责任和企业自愿履行的责任。1991 年，Carroll[88] 进一步拓展了上述理论，提出了以经济责任为底层，向上逐步承担法律责任、伦理责任和慈善责任的四层金字塔模型。此外，学术界在此基础上，对企业社会责任的金字塔模型不断完善和拓展。Shaw 和 Post[89] 提出应该将慈善责任归为伦理责任的一部分。Garriga 和 Mele[90] 提出可从经济收益、社会需求、伦理价值等维度分解金字塔模型。Schwart 和 Carroll[91] 对经济责任、法律责任以及道德责任的界限重新进行了划分和调整，提出了经济责任、法律责任以及道德责任的相交圆模型。虽然不同学者从不同角度对金字塔模型进行了拓展，但相对而言，Carroll 提出的四层金字塔仍然是目前应用最广泛的理论。

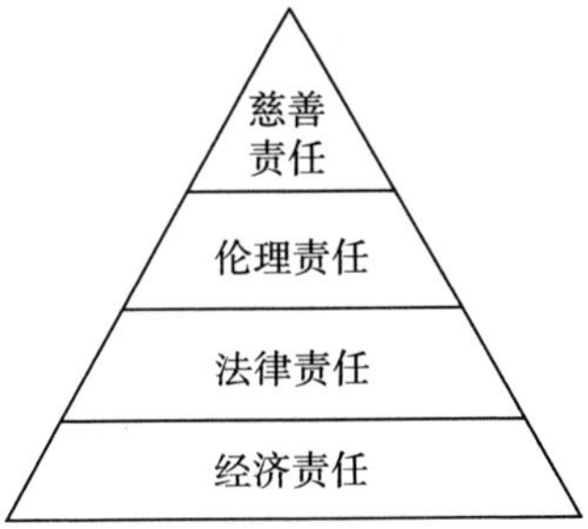

（a）金字塔模型

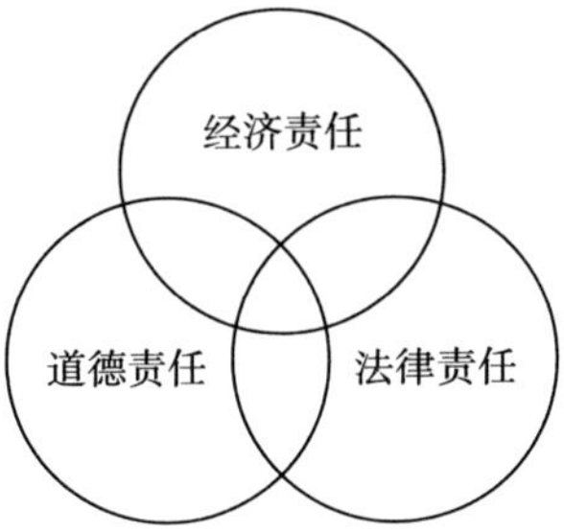

（b）相交圆模型

图 2-1　社会责任模型

基于企业社会责任的定义和内涵，不断衍生出企业社会责任绩效、社会责任投资以及企业公民等相关概念[92]。关于企业社会责任的理论也不断丰富，一方面，部分学者开始探索企业为何要履行社会责任：一是从工具性理论展开。例如，Frederick[93] 认为企业是制造财富的工具，企业活动的目标是为了创造经济价值。Freeman[94] 认为企业履行社会责任可看作社会投资或营销手段。二是从资源性理论展开，认为企业社会责任不仅可以营造良好的企业文化[95]，还可以提高企业形象和声誉，赢得竞争优势隐形资源[96]。且就企业社会责任与企业财务绩效、经济绩效[97]、资源投入等之间的关系展开了研究[98]。另一方面，部分学者就如何促使企业履行社会责任展开研究：一是从制度—利益相关者视角，认为企业是社会责任制度环境的一部分，企业履行社会责任并非基于提高经济绩效的需求，而是对社会压力的一种回应[99]。政府强有力的管制促使、制度下的行业危机、制度化环境均可促进企业的社会责任的履行[100]。二是动机理论视角，主要从内在动机和外在动机两方面展开。例如，Johan 和 Bert[101] 提出内在动机（道德动机）比外在动机（战略动机）更能驱动企业履行社会责任。三是意义架构视角，是一种以过程为导向的组织研究方法，主要从认知的角度研究驱动 CSR 的内部因素和社会过程。如企业的价值观、认知能力等[102]（见表 2-2）。

表 2-2 关于社会责任的理论研究

研究主题	研究视角	代表学者	主要观点
为何要履行社会责任	基于工具性理论	Frederick[93]；Freeman[94]	为了创造经济价值；社会投资或营销手段
	基于资源性理论	Bauman 和 Skitka[95]；Branco 和 Rodrigues[96]	营造良好的企业文化；提高企业形象和声誉，赢得竞争优势隐形资源
如何促使企业履行社会责任	制度—利益相关者视角	孟猛猛等[99]；齐丽云等[100]	压力制度；制度促使和管制
	动机理论视角	Johan 和 Bert[101]	内在动机和外在动机驱动
	意义架构视角	谢玉华等[102]	内部因素和社会过程，如企业的价值观、认知能力等

综上可知，关于企业社会责任的研究已非常丰富，从其概念、内涵到“企业为何要履行社会责任”“如何促使企业履行社会责任”等方面有大量学者已进行深入的探究，大型工程的实施主体作为企业，其承担的社会责

任也是企业社会责任的一种，大型工程的社会责任又具有怎样的内涵和特点，学术界也进行了相关的研究。

大型工程社会责任作为提高工程可持续性的重要因素之一，受到了广泛的关注。部分学者根据大型工程的特点和面临的问题，从不同角度研究大型工程社会责任的内涵。相对于企业社会责任，重大工程的社会责任涉及的范围相对较广，一般分为四个层次：工程基本功能的实现、项目管理的传统目标、狭义的工程社会责任以及广义的工程社会责任，具体内容如图 2-2 所示。基于此，不少学者对大型工程社会责任的具体内涵展开了研究。Zeng 等[103] 提出大型工程的社会责任应考虑生态环境、政府政策，且考察了承包商间的关系对环境绩效和战略管理的影响。Qi 等[104] 探究了政府法规、企业规模对承包商施工过程中是否对减少环境污染有影响作用，提出承包商的社会责任应注重减少环境污染。Tam 等[105] 建立了建筑工程中环境指标体系，可以在工程建设期间有效保护生态环境。以上文献从环境保护角度探讨了工程的社会责任。除此之外，部分学者们还就工程的安全保险[106]、移民安置[107]、生态发展[108]，以及对社会发展的影响[109] 等方面展开对工程社会责任的研究。

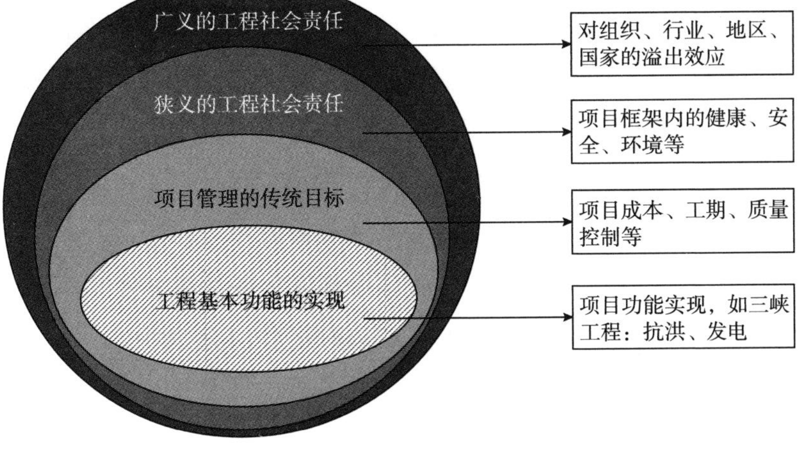

图 2-2　大型工程社会责任的层次

近年来，虽然不少学者从不同角度研究了大型工程社会责任，但是相对比较零散，直到 2015 年 Zeng 等[3] 首次提出了大型工程的社会责任的定义：大型工程各利益相关者在项目全生命周期内，以可持续发展为目标，通过透明和合乎道德的行为，为其决策和活动对社会和环境带来的影响而承担的责任。与企业社会责任由特定主体承担不同[110]，大型工程的社会责任要求其所有利益相关者均应把社会责任融入工程项目的策划、设计、建设、运营等全周期的实施过程中[14, 111]。Zeng 等[3] 的论述对后续关于大型工程社会责任的研究奠定了理论基础，由于本书主要研究总承包模式下大型工程社会责任合作与激励机制，故本书中大型工程社会责任主要指：大型工程建设阶段实施主体，以可持续发展为目标，通过透明和合乎道德的行为，为其决策和活动对社会和环境带来的影响而承担的责任。

与企业社会责任相比，大型工程的社会责任涉及内容更加复杂、矛盾冲突更加多元、涉及范围更加广泛，同时影响也更加深远[112, 113]。其除了关注企业社会责任外，生态保护、移民安置、工程反腐、职业健康与安全等部分问题是大型工程社会责任特有的关注点[114]。在此基础上，部分学者就大型工程社会责任的内容构成和分类展开了研究。

（2）内容构成与分类。

关于大型工程社会责任的构成，很多文献从不同角度展开了讨论。丰景春和刘洪波[115] 认为工程社会责任是在工程实施过程中，对生态、社会乃至后代的生存负责，政府、工程实施主体等应通过行为和策略选择，将工程所造成的危害降到最低。Aires 等[116] 提出工程社会责任应考虑劳工权益。Peng 等[117] 结合青藏铁路建设过程中，政府投入前所未有的资金来保护生态环境，说明了大型工程社会责任中环境责任的重要性。也有学者认为大型工程的社会责任除了保护环境，还应该包括灾害防护等[118, 119]。赵振宇等[120] 指出工程的社会责任主要体现于工程在追求经济利益的同时表达出对社会和环境的敬畏和对人的尊重，应包括道义责任、节能环保责任和其他相关责任。以上研究从不同角度探讨了大型工程社会责任应包含哪些内容，但是没有系统全面地涵盖所有责任也未给出具体的分类。Zeng 等[3]在此基础上，提出了大型工程应同时包含经济责任、法律责任、伦理责任以及政治责任四个维度责任。

经济责任主要体现为大型工程应维护和改善国家或地方的经济，具体体现在宏观和微观两个方面。宏观方面，大型工程建设作为一种生产要素投资对国民经济增长具有直接的正向作用[13]；微观方面，大型工程建设可以创造就业机会和减少失业[121]，进而增加地区或个人收入。法律责任主要体现在利益相关者应在行业规范、国际标准、合同约定，以及法律法规范围内实施建设、决策及活动，履行法律义务和满足监管要求是社会责任最基本的目标[122]。伦理责任主要体现在工程建设过程中要注重人权、慈善以及环境保护等，其中人权体现为关注员工健康与安全、工资福利、职业教育与培训[123] 等方面；慈善体现为建设社区福利、保护弱势群体等方面；环境保护体现为降低能源成本、防治环境污染、保护自然资源等。政治责任主要体现为通过减少与民众冲突、增加公众幸福感以及促进国家或区域发展等，最终实现社会的稳定和进步[4]。

因此，与企业社会责任相比，大型工程社会责任除了经济责任、法律责任、伦理责任外，还具有政治责任属性。故在了解大型工程社会责任构成的基础上，有必要厘清大型工程社会责任的特征。

2. 大型工程社会责任的特征

（1）全生命周期动态性特征。

大型工程社会责任的履行需要贯穿初始阶段（概念、立项）、计划与设计阶段、建造阶段、运营阶段在内的项目全生命周期，是一个动态的过程[124]。工程每个阶段的社会责任履行的是否到位都会影响经济、环境及社会的可持续性，且不同阶段的利益相关者和其承担的社会责任也会随之发生动态变化[125]。

首先，大型工程全生命周期的不同阶段，利益相关者扮演的角色不同。在工程初始规划阶段，政府和公众是主要参与方[126]，尤其是政府，其是决策工程实施、影响评价的主要决策者。但到了设计建造阶段，政府的决策就会弱化，社会责任的主要承担方变成了设计施工单位。而在运营阶段，主要由运营管理方承担社会责任。其次，全生命周期的不同阶段社会责任的内容侧重点也有所不同。初始阶段，公众参与、信息披露的社会责任较为重要。设计阶段，低碳、绿色、和谐的设计理念较为关注[127]。而在施工阶段，生态环境保护、节能材料运用、安全健康管理以及保障服务民生等更为重要。运营阶段，则更关注其工程投运后的综合效益和后期评价[128]。然而，虽然大型工程的社会责任具有全生命周期动态性，但是设计施工阶段是最容易出现纰漏且极易造成严重后果的阶段。大型工程全生命周期各阶段的主要参与方的具体社会责任如图 2-3 所示。故本书主要研究大型工程建设阶段的社会责任。

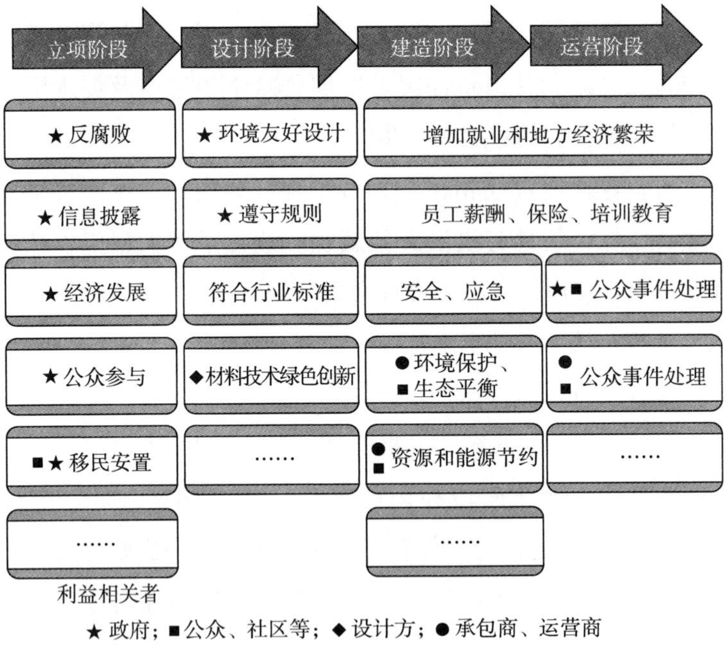

图 2-3　全生命周期视角下大型工程社会责任

资料来源：Lin 等[31]。

（2）利益相关者异质性特征。

大型工程的利益相关者是指在工程实施过程中，涉及的人或组织，其利益因工程的执行或实施受到直接或间接的影响[129]。大型工程的利益相关者不同于企业利益相关者，其具有以下特点：①大型工程的所有利益相关者是围绕大型工程项目的实施和建设展开的。②利益相关者在大型工程全生命周期的不同阶段具有不同的类型。③利益相关者在大型工程的不同生命周期阶段对工程的作用和影响也不同。故大型工程的利益相关者涉及政府、承包商、分包商、设计方、公众等多个组织。部分学者将大型工程的利益相关者分为直接的内部契约型利益相关者和间接的外部公众型利益相关者[3, 13]。

与企业和一般工程相比，大型工程的利益相关者众多，关系错综复杂[130]。由于不同利益相关者在工程实施过程中的角色、地位、作用等不同，其对工程的目标、产出、绩效等影响存在显著性差异，体现为利益相关者异质性特征[3]。大型工程社会责任的实现需要利益相关者的协同履行，如合作、互动、协调、促进、融合等[13]。工程的决策、计划、协调等均需多主体之间通过战略协调、过程协调、信息共享等活动完成。然而，在实际工程建设中，工程实施主体既是社会责任的践行主体，又是追求经济利益的市场主体。利益相关者很容易在协作过程中产生矛盾，故协同履责的关键是实现各方社会责任和收益的均衡[16]，均衡各方利益、协调各类矛盾也是大型工程利益相关者管理的关键[131]。

（3）社会责任交互性特征。

大型工程社会责任具有多层次和复杂性，不同利益相关者在全生命周期的不同阶段对四类责任的响应不同。故大型工程社会责任的交互性主要体现在以下几个方面：首先，每一阶段每个利益相关者同时承担多种社会责任。例如，在施工阶段，承包商需依照法律及行业规范施工，承担法律责任；施工过程中需控制成本和工期，保障施工质量，承担经济责任[16]；保护施工地区生态环境，合理利用资源等承担伦理责任；维护社区关系，解决社区与建设矛盾，承担政治责任[56]。其次，每一阶段，需要多个利益相关者共同承担社会责任。例如，设计施工阶段，既需要设计方在设计过程承担关注公众需求、设计质量及经济具有可行性、设计符合行业标准、设计方案公众参与等责任，又需要施工方承担施工质量与安全保障、施工创新与技术进步、施工地区生态环境保护等责任，同时需要双方沟通交流，施工驱动设计、设计施工联动。从而更好地履行社会责任，提高工程总绩效。综上所述，参照 Zeng 等[3] 提出的关于大型工程的概念和内涵，得出关于大型工程社会责任的三维模型，具体如图 2-4 所示。

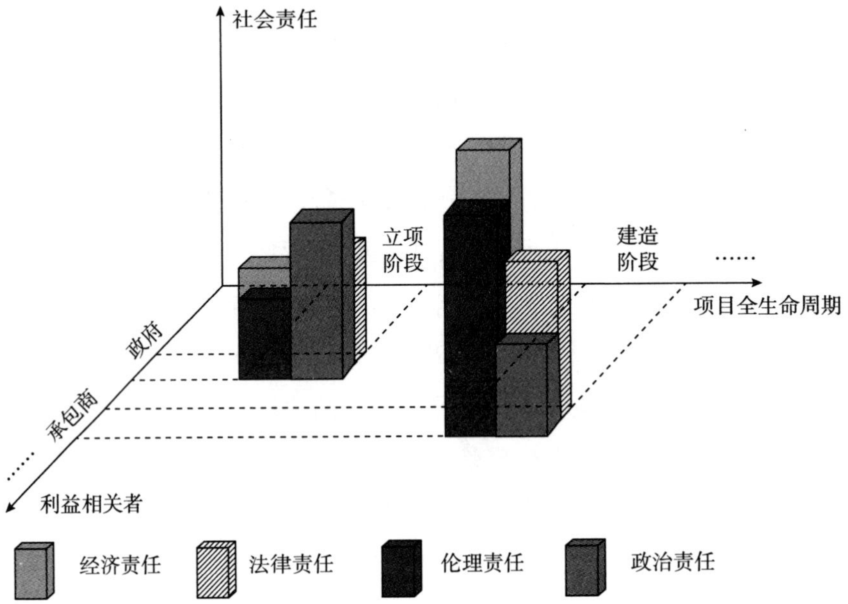

图 2-4 大型工程社会责任三维模型

资料来源：Zeng 等[3]。

以上特征基于大型工程全生命周期提出，部分文献针对大型工程总承包模式下不同情景也提出相应的特征。例如，设计方和施工方组成的总承包商在履责过程中具有互动性特征[15, 34]，参建主体在协同创新和履责过程中具有互补性特征[16, 37]。而针对总承包商与分包商情景，提出分包商履行社会责任过程中具有从属性特征[39, 40]，此类文献多从实证角度展开阐述，对具体特征下的社会责任合作和激励机制及策略选择研究较少。而大型工程社会责任的特征从不同维度体现了大型工程社会责任的本质属性和耦合关系，为大型工程社会责任评价、驱动、治理的研究奠定了基础。

（二）驱动与评价

大型工程管理实践的不断发展对构建社会责任评价指标和驱动机制提出了现实要求，在明确大型工程社会责任内涵和特征的基础上，很多学者就大型工程社会责任的驱动机制以及评价指标展开了研究。

1. 驱动机制

大型工程社会责任和组织模式的驱动和治理，应该在“政府—市场”的二元作用下，政府采用垂直行政手段，市场采用水平市场手段进行[82]。故现有文献关于大型工程社会责任的驱动机制主要从规制驱动、利益驱动和创新驱动三个方面展开。

（1）规制驱动。

规制驱动是指国家政府或国际组织通过制定法律法规对大型工程社会责任利益相关者的行为进行约束，从而达到提升社会责任的目的[32]，刘哲铭等[32] 提出相较于伦理推动，规制驱动在促进大型工程社会责任方面更加有效和持续。王金南等[132] 提出大型工程社会责任的驱动可分为外部驱动力和内部驱动力。其中外部驱动力主要是政府各项法规标准、社会公众需求等，内部驱动主要为创新动力、声誉动力等。邱聿旻和程书萍[133] 基于“政府式委托代理”的治理结构，通过构建“激励监管”治理模型，得出有效的政府监管是提升建设主体社会责任努力和工程整体效益的有力手段。因此，大型工程建设中，政府主导下从宏观、整体、长远制定相应的规制对建设主体承担社会责任具有重要的推动作用。

（2）利益驱动。

大型工程主要参与方既是社会责任的履行主体，也是追求利益的市场主体，具有二元属性。协同履责的关键是实现参与方利益的协调与平衡[4, 16]。王婧怡等[134]提出对于大型工程的利益相关者在履行社会责任过程中，存在利益博弈的关系和冲突，协调工程参与方的矛盾，平衡利益冲突，是促使其实现社会责任的有效方式。Provan 和 Kenis[135]从网络治理角度，构建了大型工程社会责任的完全集体参与的分享型、独立主体推动的行政型和高度集权的领导型三种驱动模型，提出高度集权领导下推动参建主体集体参与并实行责任分担、收益共享的机制能够有效提升各参与方协同履行社会责任。陈志松[57]针对南水北调工程中的运营管理问题，从经济效益视角和社会责任双重视角，建立了收益分享契约协调机制，提出双重视角下，工程参与方均有经济动因履行社会责任，且集中决策下的社会责任绩效水平高于分散决策。因此，大型工程建设主体在利益驱动下也会积极履行社会责任，故业主为了激励工程建设主体积极承担社会责任，设置专项基金、签订后续更多合同、授予专利荣誉等措施在一定程度上均可以促进参建主体积极履行社会责任。

（3）创新驱动。

大型工程的可持续发展不仅需要解决“需求创新性”和“发展战略性”问题，而且要厘清创新和社会责任的关系[2]，故部分学者首先就大型工程的创新展开了研究。不同于企业创新，大型工程的创新以解决工程实际问题为导向，是“目标锁定”的创新活动，其容纳和组织不同企业展开创新，旨在为工程实践中存在的技术或管理等难题提供解决方案[136]。不同于一般工程或企业创新，大型工程的创新主体已经从传统角色（如设计方、施工方）扩展到新的创新服务提供商，包括主要设备制造商、新材料供应商、信息技术服务提供商、气象和水文机构以及卫星服务提供商[36]。大型工程创新的重点既包括技术创新、工艺创新，也包括流程创新、组织创新等。而由于大型工程创新的复杂性，需要打破主体间的壁垒，汇聚和整合各类创新资源和要素，进而也形成了多种创新方式，如集成创新[68]、协同创新[53]和开放创新[137]。刘娜娜和周国华[138]从大型工程协同创新主体间的资源共享角度，分析了资源提供方和接收方的创新决策的主要影响因素和动态演化过程。陈宏权等[36]、曾赛星等[139]从全方位、全过程及全主体角度对大型工程的核心要素、演化规律展开了研究，揭示了大型工程创新的治理逻辑。其次部分学者对大型工程对社会责任的驱动机理展开了研究。Penalver 等[52]认为创新是提升社会责任并进一步促进工程绩效的积极变量。Zhang 等[37]分析了不同组织结构中，重大工程网络创新生产力和创新绩效以及社会责任之间的关系，提出了创新在社会责任中具有重要的驱动作用。

2. 评价指标

大型工程管理实践的不断发展对构建社会责任评价指标提出了现实要求，很多学者就如何合理评估和测度大型工程的社会责任展开了研究。Zhao 等[140]通过分析建筑企业的环境、健康和安全、供应链管理、治理和道德方面的问题，建立了包括 11 个利益相关者类别的 30 个评价绩效指标，该指标体系对了解影响建筑工程企业的主要因素和社会责任的定量衡量提供了重要参考依据。Xia 等[141]从社会责任感知、社会责任行为、社会责任绩效以及社会责任治理四个方面揭示了影响工程可持续发展的主要因素和评价指标，并根据其重要程度给出了如何提高社会责任的举措。Xie 等[142]通过分析中国领先的 100 多家建筑企业的 CSR 报告，发现国内工程企业社会责任实践主要涉及公司治理、环境管理、职业健康与发展等方面。相对民营企业注重经济和员工的发展的社会责任而言，国有企业会更加注重环境管理等其他责任。在此基础上，Xie 等[143]通过专家访谈、文献回顾等手段确定了大型工程社会责任的影响因素，提出并评估了大型工程利益相关者社会责任的实施水平的元网络框架模型，结果发现所有利益相关者中，社会责任表现最好的是承包商。Yang 等[144]针对大型市政道路工程从政治责任、经济责任、法律责任、环境和道德责任四个维度选取 24 个二级指标，建立了评价体系。并以郑州 107 辅道项目为例，验证了指标体系的可行性和实用性。Lin 等[31]在 Zeng 等[3]研究的基础上从组织、项目和社会三维视角，对大型工程全生命周期各阶段所有利益相关者的社会责任均细分了二级责任指标，并给出定量测量方法，为衡量大型工程利益相关者的社会责任提供了理论基础。

以上文献从不同角度反映了大型工程参与方履行社会责任的诉求和评价指标，对合理引导或驱动工程参与方积极履行社会责任具有重要的指导意义，也为本书业主根据总承包商的社会责任表现和绩效设定奖励标准提供了理论支撑。同时，通过大型工程社会责任的驱动机制可以看出，创新对大型工程社会责任的履行具有一定的驱动作用，部分学者不限于研究社会责任的创新驱动机制，结合大型工程社会责任的可持续绩效，对大型工程的社会责任、创新以及可持续绩效的交互关系展开了研究。

（三）可持续绩效

可持续是指“既满足当下人们的需求，又不损害后代满足其自身需求的能力”作为一个综合概念，可持续涉及经济、环境和社会三个层面，也被称作“三大支柱”[145]。学术界普遍认为美国 Kibert 最早提出了完整的可持续建设概念，即“基于有效的资源，遵守生态原则，建立一个和谐、健康的环境”[146]。而大型工程的可持续是指大型工程在建设中，既要考虑大型工程的经济目标，还要考虑有效利用资源、保护自然环境、维护社会稳定等多重目标[3, 147]。大型工程的研究中，部分学者就创新、社会责任以及可持续绩效的关系展开了研究，侧重于社会责任与可持续绩效的关系、创新与社会责任的关系以及三者之间的关系。

1. 社会责任与工程可持续绩效的关系

社会责任与工程可持续绩效的关系方面。Loosemore 和 Lim[51] 认为大型工程社会责任的实施可规范和约束利益相关者的行为，从而影响其决策和实践活动，进一步促进工程可持续发展。Eren[54] 认为社会责任可以提升行业在社会中的声誉，从而降低社会冲突的发生。还有学者认为社会责任促进了知识的相互交流和共享，进而提高了资源配置的效率，也有利于工程的整体发展[114, 148]。以上文献从不同角度说明了工程利益相关者履行社会责任可以促进大型工程的可持续发展。而 Ma 等[56] 进一步通过对大型工程社会责任在经济可持续和社会责任对产业提升的影响方面进行理论阐述和实证研究，发现利益相关者承担社会责任对提高工程具有正向影响，且这种正向影响会因大型工程中主要利益相关者的互动而减弱，会因次要利益相关者的互动而增强。

2. 创新与社会责任的关系

创新与社会责任的关系方面。Turker 等[50] 提出社会责任对创新具有积极的促进作用。Ko 等[149] 基于社会认同理论研究了社会责任和企业创新绩效的影响，提出当企业被社会认可且持续表现出良好的社会责任时，企业社会责任才会促进创新的提高，同时行业社会责任氛围在社会责任与创新的关系中起调节作用。Ji 和 Miao[150] 针对发展中国家不同的社会责任维度（环境责任、社会责任和公司治理）对创新的影响，提出政府的直接和间接支出会增加环境社会责任对创新的积极影响，间接支出也可以促进公司治理对创新产生积极的影响。目前关于企业社会责任与创新的关系没有一个统一的概论。以上文献从不同角度提出了社会责任对创新的积极促进作用。部分文献提出大型工程通过创新可以更好地承担社会责任[151]。Penalver 等[52] 认为创新是提升社会责任并进一步促进工程绩效的积极变量。王海花和彭正龙[152] 就社会责任与创新的互动关系展开了研究，提出企业承担社会责任对于创新的促进作用主要体现在提升创新绩效、拓展开放式创新渠道等方面。

3. 社会责任、创新与可持续绩效的关系

创新、社会责任与可持续绩效的关系方面。Ozorhon 和 Oral[55] 认为工程复杂性、创新政策和环境可持续性是工程创新背后的主要动机。Chen 等[53] 提出获得创新奖励、提高社会责任等是大型协同利益相关者积极参与创新的重要驱动因素。He 等[153, 154] 通过实证研究探讨了大型工程社会责任、创新和工程绩效之间的复杂关系。得出大型工程社会责任与创新显著正相关，其中创新在社会责任与项目绩效之间起中介和调节作用，以及两者可共同促进工程可持续绩效等结论。以上结论多从案例分析和实证研究展开研究，其结论为本书研究提供了参考依据。

三、履责合作机制

虽然合作机制在单家企业、供应链企业以及具体行业背景下的研究已非常丰富，本部分仅限于与本书研究内容有关的三类履责合作机制展开综述。第一类以行为主体为导向，即企业之间开展的合作，且此类综述中侧重考察企业联盟的合作机制，如产学研联盟、R&D 联盟等；第二类是以工程目标为导向，即工程内主体间的合作，如业主、施工方、设计方、运营商等利益相关者在工程背景下的履责合作机制；第三类是社会责任的履责合作机制。

（一）企业联盟的合作机制

联盟合作机制是指系统里各参与方之间相互联系的工作方式与运行内容，即采取不同手段来保证参与各方密切配合，高效协同进而促进某个特定目标或效益的实现[155]，此处主要综述横向联盟企业的合作机制。学者们针对横向联盟的合作机制主要从成员选择机制[156]、奖罚机制[157]、收益分配机制[158] 等方面展开。Rackham 等[159] 认为合作关系是建立在相互信任、承诺以及利益共享的基础之上，具有契约性，因此合作可以降低交易成本，提高交易成功的可能性，而利益分配矛盾是联盟合作中最突出的矛盾。Meade 和 Lilesa[160] 提出联盟组织能否顺利运行主要取决于合作收益是否合理，合理的收益分配可使联盟的稳健性和绩效得以提高，且利益分配机制的引入也有利于联盟网络的形成[161]。葛秋萍和汪明月[162]认为科学合理的收益分配机制是提高联盟凝聚力的前提条件，建立综合考虑成员的重要程度、风险分担程度等因素的收益分享模型，可有效避免传统收益分配不足的问题，从而提高了联盟的稳定性。部分研究就联盟收益分配的方法展开了讨论。

关于联盟收益分配的方法，主要有委托代理、Sharply 值及 Nash 讨价还价。首先，一些学者使用委托代理处理信息不对称下的收益分配。Alchian 和 Demsetz[163]提出在联盟中，由于目标不一致、信息不对称等会出现“搭便车”的行为，以及双边道德风险问题。若缺乏合理的分配机制，不仅会抑制联盟成员的积极性，甚至导致联盟解体。Karl[164]提出在联盟中建立合适的委托代理模型，可形成有效的信息传递和收益分享机制。Wang 等[165]针对联盟中的道德风险问题，通过建立具有灰色授权机制的收益分配模型，研究了产业集群—企业协同创新联盟的利益分配机制。

其次，合作博弈情形，普遍采用 Shapley 值法进行收益分配。Jiang 等[166]基于联盟合作中投入的资源量，利用 Shapley 值，提出了一种能够维持稳定合作关系的收益分配机制，并得出贡献系数和协同效应程度对联盟的收益有正向促进作用，而资源投入的成本系数对联盟收益有负向影响的结论。Agrawal 和 Yadav[167]基于遗传算法提出了一种收益分配方法，并与其他方法对比分析，得出 Shapley 函数值的利益分配在合作博弈中相对是最公平和最合理的。

最后，采用 Nash 讨价还价法进行收益分配的研究与本书密切相关。Nash 讨价还价收益分配的实质是对博弈中所有博弈方可能获得的最大收益集合的上边界进行分配的一种方法[168]。Arsenyan 等[169]利用 Nash 讨价还价方法讨论了联盟中知识投入、吸收能力以及互补性等参数对合作形成以及收益分享的影响。樊自甫和程姣姣[170]将时间因素引入 Nash 合作博弈模型中，分析了联盟合作具有时间异质性的动态收益机制，并与 Nash 非合作博弈、Stackelberg 主从博弈模型进行对比，得出 Nash 合作博弈情形下，联盟双方的总收益能达到帕累托最优状态。以上文献通过 Nash 讨价还价法解决了收益分配问题，但均未考虑联盟的道德风险问题。为此，孟卫东和代建生[171] 应用 Nash 讨价还价方法，讨论了联盟研发中存在双边道德风险的收益分配问题，并分析了研发能力、谈判能力对收益分配和研发形式的影响，得出只有当合作研发能实现正的合作净剩余时，企业才会采用合作研发模式的结论。代建生等[47, 48] 利用讨价还价法探讨了联盟合作中的双边激励合同设计问题，剖析了谈判能力、研发效率等因素对收益分配比例和激励合同的影响机理。

现有关于企业联盟履责合作机制的文献能够为本书的研究提供理论支撑，尤其是针对联盟成员具有双边道德风险情形时采用的 Nash 讨价还价方法，为本书大型工程总承包内部成员合作履责过程中均衡的求解提供重要方法参考。

（二）大型工程的合作机制

大型工程的合作机制是指大型工程的实施主体在建设管理工程中所形成的相互协作关系、资源整合、信息共享、界面协同、利益分配等一系列问题的制度安排[65, 172]。与一般企业联盟合作不同，大型工程高度复杂、利益主体多元，研究主要从合作网络化治理[24]、系统集成管理[68]、合作驱动路径[134]、合作界面整合[76] 等系统方面展开，部分从微观方面对大型工程合作机制的研究，主要集中于合作形式和利益协调两个方面展开。

1. 大型工程合作形式方面

合作形式方面，主要集中于非正式和正式两类合作形式对大型工程合作的影响。Hong 等[173] 以合同为正式治理，以信任为非正式治理的核心要素，研究了正式和非正式治理对工程供应链绩效和合作的影响，提出合同治理对 EPC 项目的供应链绩效有正向影响，对合作行为的影响不显著，但信任对合作和绩效均有一定的影响。Lavikka 等[174] 提出大型工程规模庞大、技术复杂，利益相关者可通过设计主要合同和补充合同（约束知识、信息方面，社会责任）的二元合同，来协调工程整合各项资源，提高项目绩效。Mikulina 等[175] 提出大型工程项目中，正式的合同约束和非正式的关系行为两个方面具有互补性，正式的合同为实施合作行为提供了舞台，非正式的关系将传统的项目管理活动转变为协作、整合的活动。总的来看，关于合作形式方面的研究，多从实证角度展开。以上文献从大型工程合作形式方面阐述正式合同和非正式合同的相互作用，以及对工程绩效的影响，为大型工程社会责任在合同框架下展开研究提供了理论支撑。

2. 大型工程合作利益协调方面

大型工程是一个生态系统，利益相关者的合作可以保证系统的稳定性，促进系统内外资源、知识等交换，利益协调是影响工程合作和系统绩效的关键因素[22]。部分研究重点探讨了正式合作下的利益协调机制，主要从利益相关者角度展开，一类研究就不同场景下基于业主视角的利益协调机制展开讨论，另一类研究针对总承包模式下基于牵头方视角的利益协调机制展开讨论。

不同场景下基于业主视角的利益协调机制的研究。朱建波和周晓园[176] 基于大型工程前期业主和勘察机构的有限理性，研究了双方的决策行为和策略选择，提出合理的超额分配系数、监督成本的提高均对双方合作有积极的促进作用，且设计风险分担机制和利益协调机制可促进双方有效合作。时茜茜等[177] 针对大型工程关键部件供应商的合作问题，从业主参与下的激励和惩罚对合作机制展开了研究，提出投资成本的合理分担、合作超额收益合理分配，以及与有效的惩罚和激励机制均可以促进供应商间的合作。

总承包模式下基于牵头方视角的利益协调机制的研究。李迁等[80] 认为大型工程设计方和施工方之间有利益和资源冲突问题，构建了施工方和设计方对设计方案更改数量的 Stackelberg 博弈模型，指出设计方和施工方能力、沟通和信任程度、利益共享和风险共担比例都直接影响主体博弈行为。

张云等[178] 建立了总承包模式下施工方和设计方利润分配模型，考虑了两者之间的能力差异对所获激励奖金和分配比例的影响。杜亚灵等[179] 认为承包商的公平感知是大型工程合作效果的关键因素。部分学者就合作过程中收益分配是否公平展开了讨论。朱建波等[15] 基于 Fehr 和 Schmidt 提出的公平偏好理论[180, 181]，研究了重大工程总承包模式下设计与施工方对设计方案更改的数量与收益分配的关系，探讨了公平偏好心理对参与主体决策行为特征及效用变化的影响。王先甲等[182] 研究了公平偏好下的逆向选择和道德风险共存的双重信息不对称的合作问题，提出设计合理的收益分配机制能够实现信息甄别和激励其付出最优努力的双重目的。以上文献阐明在大型工程聚焦具体实施主体间合作时，公平偏好是影响利益协调的重要因素。

（三）社会责任的合作机制

关于社会责任的合作机制研究方面，目前大多文献从供应链角度展开研究，部分也对工程领域的社会责任合作机制进行了研究，但相对较少。故本部分主要综述供应链角度的合作履责和与本书密切相关的工程领域的社会责任合作履责机制。

1. 供应链社会责任的合作履责机制

从供应链角度研究社会责任的合作机制方面，学者们主要从合作策略、合同设计以及权利结构三个方面展开了研究。在合作策略方面，Letizia 和 Hendrikes[183] 分析了下游企业投资产生的收入足够高时，通过纵向联盟可推进供应链整体协调和社会责任的提升。Chen 等[184] 将考虑了三种不同的分散式和一个集中闭环供应链决策模式，并通过对比发现，若同时提升营销努力和质量努力，分散式供应链也可实现更好的绩效。在供应链合同设计方面，Ni 等[185] 通过分析上游供应商和下游零售商的社会责任分担，发现相对其他成本分担合同，当制造商承担企业社会责任并主导和决定批发合同时是最优的，但难以实现经济和企业社会责任绩效最大化的双重目标。

然而，Ni 和 Li[186] 在两级供应链的批发合同研究中，通过研究供应商和零售商不同的博弈顺序和模式，却发现此类合同可以实现供应链企业社会责任和经济绩效的双赢。Panda 和 Modak[187] 同时考虑了利润分配和责任分担两种形式，设计了利润分配和企业社会责任分担相结合的合同，达到了供应链的社会责任的提升和供应链的协调。还有部分学者探索了权利结构的变化对供应链社会责任合作的问题。Ma 等[188] 在分别考虑了 Nash 均衡博弈、制造商主导和零售商主导三种不同的供应链权利结构，分析了不同情景下制造商的质量提升和零售商营销努力的策略选择，发现只有在双方互相承诺做出相应努力时，才能提升产品质量和营销水平。Chen 等[189] 则针对上述三种不同结构，探讨了供应链结构对决策和可持续绩效的影响，发现 Nash 均衡博弈下可以实现供应链整体经济效益、社会效益和环境效益的最大化。Panda 等[190] 运用 Nash 讨价还价模型解决供应链企业间的冲突，通过决定企业间剩余利润的分配，激励制造商履行企业社会责任。

在供应链社会责任合作方面，研究相对比较成熟，经常讨论上下游谁承担社会责任以及如何分担责任成本的问题，从而达到供应链的协调，研究过程中对社会责任的刻画方式值得借鉴。而工程社会责任不同于供应链社会责任，是需要工程所有利益相关者共同承担，且也不同于企业社会责任权利结构的变化会对上下游企业履责具有不同的影响，在工程中，各利益相关者的主导权相对固定，故社会责任的合作更多倾向于通过协调责任分担和履责收益分配来实现，下面对工程领域的社会责任合作展开综述。

2. 工程领域的社会责任合作履责机制

目前关于工程领域的社会责任合作履责机制，主要集中在大型工程。与本书密切相关的一类文献从政府（业主）和承包商在大型工程社会责任合作中的双元中心作用展开研究。另一类文献就大型工程社会责任的合作影响因素展开了研究。

针对政府和承包商在大型工程社会责任合作中的双元中心作用方面，Xue 等[16] 从利益相关者角度构建了大型工程社会责任多元关系网络框架，提出政府在社会责任履行中，应起监督、激励和主导作用，以承包商为首的工程供应链若建立长期的伙伴关系和合作关系是促进社会责任实施的有效方式。Gao 等[42] 提出政府的监管能力、公众对社会责任的认知度、承包商的关注程度均是促进合作履责的重要因素。Xie 等[33] 通过实证研究，发现政府的制度压力对大型工程社会责任合作具有促进作用，其中利益相关者的社会责任认知在制度压力和社会责任合作履责行为中起到中介作用。

针对影响大型工程社会责任的合作因素方面的研究，Xie 等[44] 通过构建大型工程利益相关者权利和社会责任的合作框架，解决了合作中的责任不明问题，并验证了通过构建的责任框架阐明其承担的社会责任，可以提高利益相关者的合作履责程度。Gao 等[42] 提出关注社会责任的程度的提高和承包商履责成本的降低均能促进合作履责的实施。Brookes 和 Locatelli[45] 利用 12 个发电厂大型项目的数据集，提出为了发展一个有凝聚力的项目团队更好地履行社会责任，必须存在适当的沟通计划、合作文化以及政策和程序，沟通和激励是提高项目绩效的重要策略[46, 191]。朱建波等[15] 和 Bahadorestani 等[35] 提出公平偏好是大型工程设计方和施工方履责冲突中的重要因素，部分学者将研究视角深入到总承包商和分包商的关系，由于其从属性特征在履责过程中具有信息不对称性[40]，且分包商的同情、嫉妒偏好也会影响其履责行为和合作机制[41]。Xie 等[33] 利用三角理论和模糊集定性比较分析方法，研究了影响大型工程社会责任的合作履责异化行为的关键因素，提出制度缺陷、道德风险、信息不对称和经济压力等均是影响履责合作的关键原因，基于此并给出了控制异化行为、提高合作效率的策略。同时，王爱明[27] 也提出透明、畅通的沟通渠道和信息共享机制是促进大型工程各方履行社会责任的核心。

四、履责激励机制

（一）大型工程的激励机制

激励机制是指激励主体通过运用规范化和相对固定化的方法与管理体系，将激励客体对组织及工作承诺最大化的过程[25]。目前关于大型工程激励主要用于质量、工期、成本的激励，主要集中于以下三个方面：第一，单独从契约设计的角度考察了对其的激励。第二，在激励的基础上引入惩罚机制。不同于前两部分从显性角度考察激励。第三，从隐形角度考察激励机制。

单独从契约设计角度考察大型工程质量、工期、成本激励的方面。Hosseinian 等[192] 建立了风险中性业主和风险厌恶承包商的产出共享激励契约模型。得出时间、成本等产出共享与代理人的贡献呈正相关，与代理人的努力成本呈负相关等结论。Eltannir[193] 研究了在固定合同支付基础上，以奖金或罚款的形式进行激励的合同的设计，考察了承包商的规避风险、奖罚系数对工程完成时间的影响。Kerkhove 和 Vanhoucke[194] 通过设计激励契约，结合激励金额的分段计算公式，提出可同时对成本、工期和质量进行激励的合同。郭汉丁等[195] 建立了业主、工程质量监督部门以及建设主体（承包商）的多层次质量监督激励模型，剖析了激励系数、监督系数、成本系数及各主体的努力程度之间的相互关系。

也有学者从激励—惩罚双维度对大型工程激励展开研究。时茜茜等[196] 从业主参与下的激励和惩罚对工程质量的影响展开了研究，提出投资成本的合理分担与有效的惩罚和激励机制均可以促进供应商间的合作。Kaliba 等[197] 提出监督机制不完善、合同设计不合理以及缺乏有效的协调机制是大型工程成本超支的主要原因。Xue 等[16] 提出政府对承包商及其关联方适当的激励和监管更容易促使其提升社会质量。Lv 等[41] 基于前景理论，构建了业主、监理单位以及承包商的社会责任演化博弈模型，提出最优稳定策略与三方的认知偏差和价值感知有关，并受监管成本水平、惩罚力度的影响。Greco[198] 针对业主对承包商的机会主义行为，通过建立激励监督模型，研究了业主针对承包商的机会主义行为，应如何选择激励方式和监督水平。

激励和惩罚从显性角度展开，部分文献从隐形激励角度进行研究。主要探讨了声誉机制对大型工程的激励。Shi 等[199] 通过构建大型工程双重声誉激励与显性激励相结合的两阶段动态激励模型，研究了大型工程预制商的社会责任激励机制，得出引入声誉机制可防范预制商的道德风险，从而更好地协调业主与预制商的合作关系，显性激励可降低信息不对称，隐性激励可加强激励持续时间。马力等[200] 比较分析了承包商与业主分别签订显性激励契约和市场隐性声誉两种作用下的效用函数，得出了有效激励效应的实现路径和实现条件，指出两种机制相结合的综合激励机制更具有优越性。曹启龙等[201] 分析声誉对 PPP 项目承包商的激励作用，提出相对于纯粹的显性激励，引入声誉效用的隐形激励更有利于促进承包商的努力行为。

（二）社会责任的激励机制

虽然在企业管理领域有丰富的关于社会责任的激励方面的研究，本部分仅限于对供应链环境和工程领域两种情景下的社会责任激励进行综述。

供应链环境下社会责任的激励主要综述与本书内容相关的信息对称和信息不对称两种情形下社会责任的激励。社会责任信息对称情形下，部分研究从不同权利结构选择下研究供应链企业社会责任激励。例如，杨艳等[202] 考虑零售商主导和供应商主导两种不同的权利配置下，如何通过收入共享和成本共担契约激励供应商的社会责任。Modak 等[203] 将二级供应链拓展到三级供应链，通过建立多层级供应链的博弈论模型，分析了两种不同供应链领导结构下的控制策略和委托策略对供应商履行社会责任策略的影响。还有研究从契约设计方面研究了社会责任的激励，Panda 等[187, 190]在考虑供应商履行社会责任的条件下，提出收入共享契约、批发价格折扣契约等均可以激励供应商履行社会责任，进一步实现供应链协调。Ni 等[185]提出上游企业可通过批发价契约转移部分社会责任成本给下游企业，也可达到激励社会责任的目的。社会责任信息不对称情形下，Liu 等[204] 提出企业社会责任成本信息私有化对供应链可持续发展产生负面影响，针对供应商社会责任成本信息不对称的情形下，零售商根据供应商透露的社会责任成本信息决定是否长期合作的问题，应用Stackelberg 博弈理论，构建了社会责任激励机制，验证了机制可消除双重边际效应，提高供应商真实披露成本信息，一定程度上可提升供应商社会责任的承诺。Wang 等[59] 在供应链框架下针对社会责任信息不对称，提出了单阶段的社会责任激励机制。Ma 等[60] 针对制造商和零售商共同履行社会责任的二级供应链，针对零售商的社会责任成本信息存在不对称的情形，研究了社会责任信息和承诺对双方理论的影响，并通过两部关税合同来最大化零售商的利润并提高制造商对社会责任的承诺。

大型工程的社会责任激励的研究处于起步阶段，大多基于大型工程宏观治理展开研究[205]。王爱明[27, 28] 通过对实际案例进行分析发现，沟通畅通、信息透明、资源共享是促进工程参与方履行社会责任进行危机管理的有效措施。何寿奎[206] 认为大型工程项目经营者短期行为、社会责任考评体系不完善、决策制度不健全等是造成参与主体社会责任缺失的主要原因，并根据大型工程参与方社会责任行为的特点，提出了大型工程社会责任网络化治理特征和路径。Li 等[207] 提出了一个全面的概念治理模型，以工程治理结构为框架，通过对项目治理机制、项目治理外部环境等维度进行梳理和分类，开发了数个子维度指标并进行了讨论，明确了参与利益相关者之间的责任、特权和利益，量化了大型工程开发和交付期间的治理状态。Wang[208] 从利益相关者的角度研究了大型工程社会责任与危机管理之间的关系，提出了一种动态的大型工程网络治理模式，以保障大型工程参与方通过积极合作以便在工程危机管理中获取各种资源。在最近的一个中国合资大型项目的案例研究中，Yuan 和 Ben[209] 探讨了治理机制对合作和机会主义的影响。研究结果表明，契约治理机制和关系治理机制均能有效促进合作，契约治理机制也有助于抑制机会主义。Ma 等[4, 130] 基于“企业—政府—社会”的大型项目社会责任观，形成了超越公司治理和公共治理的系统社会治理框架。并针对企业、政府和社会的各种问题给予了治理方案。目前，关于大型工程社会责任治理的研究多基于治理路径的提出、治理模型的构建、治理机制的设计等。

部分学者从激励角度研究大型工程社会责任[25]。陈志松[57] 基于社会责任和经济双视角，运用演化博弈理论分析了南水北调东线工程运营管理的策略选择，得出运营公司必须让出部分资源和产能来激励政府主体履行社会责任，政府必须在履行社会责任预防灾害的前提下，再考虑经济效益的实现。马力和张宇驰[58] 提出业主应与其他利益相关者的合作，提高各自效益增量以及设定合理的利益分配系数的激励大型工程利益相关者履行社会责任的关键因素。Ma 和 Fu[210] 提出合同监督可以调节大型工程利益相关者的社会责任行为，进而显著影响工程的可持续交付。高燕梅[30] 分析了投资机制、约束机制和信息传播机制等声誉机制对大型工程社会责任激励和差异化竞争优势的影响。Yang 等[26] 提出政府的奖惩、公众参与、监督和责任成本和外部利益是影响利益相关者负责任行为的决定因素。以上文献主要集中于业主对承包商的激励，未考虑业主对承包商的激励机制下，承包商对分包商的社会责任激励，也未对不同情境下实施主体的不同履责特征下如何构建激励机制展开讨论。

五、文献述评

本书利用定量建模与分析的方法，针对大型工程总承包模式中实施主体异质性特征引发的冲突和责任共担问题，结合不同情景下的履责特点，研究了大型工程社会责任的内部合作和外部激励机制。基于以上研究背景和问题，本章在界定和阐述了大型工程、大型工程社会责任的概念和特征的基础上，就大型工程社会责任驱动与评价、可持续绩效、履责合作机制以及履责激励机制等方面对相关文献进行了梳理与总结。通过文献回顾发现，现有文献关于大型工程社会责任的研究主要集中于大型工程社会责任的内涵特征、评价指标、协作框架、履责行为、演进规律等宏观统筹方面，缺乏工程建设阶段社会责任决策的微观治理研究。个别研究针对大型工程社会责任的合作与激励机制也进行了探讨，得出了相应的结论，但结合本书研究所聚焦的具体问题可知，现有文献不能直接回答如何构建总承包商内外部的合作与激励机制，从而促使相关实施主体提升社会责任这一问题。

首先，通过对现有履责合作机制文献梳理发现，企业联盟合作过程中，利益分配矛盾是联盟合作中最突出的矛盾。在分配过程中，Nash 讨价还价法是考虑联盟双方具有道德风险的有效解决办法，但此方法并未考虑双方具有公平偏好的情形。在大型工程合作机制研究中，依然关注利益协调机制对工程合作的重要性，部分文献研究了总承包模式下，设计方和施工方一方存在公平偏好时，对收益分配比例系数和合作机制的影响，但均为考虑大型工程社会责任的合作机制。部分文献就大型工程社会责任的合作机制展开了研究，采用实证和案例研究的方法，提出了履责成本、收益协调是影响合作机制的重要影响因素，利益冲突、道德风险、信息不对称等是阻碍合作履责的主要原因。以上结论为本书构建模型提供了假设依据，然而，这些文献并未对履责成本等影响因素，对大型工程社会责任具体合作策略和机制设计的影响机理展开讨论，也未给出道德风险或信息不对称情形下合作履责的具体实施方法。本书基于总承包内部设计方和施工方的履责特点，构建了公平偏好、履责成本、谈判能力、社会责任绩效转化系数等综合影响下的合作履责模型，并分析了各因素对总承包商合作履责努力和工程总收益的影响，将更加贴近工程实际，具有较强的实践意义。

其次，通过履责激励机制的相关文献梳理发现，大型工程激励机制相对比较完善，但集中于对大型工程质量、工期、成本等方面的激励。针对大型工程社会责任的激励处于起步阶段，大多文献从更大范畴的大型工程社会责任治理展开研究，主要包括治理路径的提出、治理框架的构建等。少量文献对社会责任的激励机制展开了研究，大多从实证角度提出了激励和监管对大型工程社会责任的促进作用。陈志松[57]通过构建激励模型研究了政府对运营公司的社会责任激励机制，但主要针对大型工程运营阶段社会责任激励展开。马力和张宇驰[58]通过构建演化博弈模型提出了业主与承包企业提高各自效益增量以及设定合理的利益分配激励系数，可推动其履行社会责任，但主要集中于业主对承包商的激励，未考虑业主对承包商的激励机制下，承包商对分包商的社会责任激励，也未对如何构建激励机制展开讨论。本书从总承包商内部合作履责延伸至外部对分包商的激励机制设计，充分考虑了单个和平行分包商在履责过程中存在的信息不对称、公平关注等问题，研究了总承包商应怎样设计激励机制促使分包商减少信息不对称、提升社会责任的履责能力。因此，本书研究不但可以拓展现有工程各实施主体社会责任提升机制的理论研究方向，也为未来相关的研究工作提供理论方法参考。

最后，通过对大型工程社会责任的驱动与评价、可持续绩效的文献梳理发现，规制驱动、利益驱动、创新驱动是大型工程社会责任重要的几种驱动方式，故业主通过制定规章制度、给予奖金或后续更多的合同均是提高建设主体提升社会责任的有效方式，为本书通过合理分配履责收益协调实施主体间矛盾，使其更好地共担社会责任提供了理论支撑。通过对大型工程社会责任评价综述发现，大型工程管理实践的不断发展对构建社会责任评价指标提出了现实要求，学者们从不同角度研究了大型工程参与方履行社会责任的诉求和评价指标，对合理引导或驱动工程参与方积极履行社会责任具有重要指导意义，也为本书业主根据总承包商的社会责任表现和绩效设定奖励标准以及开展锦标赛激励提供了重要理论支撑。此外，通过对可持续绩效综述发现，部分学者认为大型工程利益相关者履行社会责任可以提高行业中的声誉、促进知识和资源共享、提高资源配置的效率进而促进工程可持续绩效。还有学者认为创新也是影响大型工程可持续绩效的重要因素，且从实证角度论证了创新可以降低履责成本，此结论为本书提供了假设依据。He 等[154] 通过实证分析发现，大型工程利益相关者的社会责任和创新均可直接促进可持续绩效。本书基于委托代理理论和讨价还价理论，构建了创新驱动下 Nash 讨价还价合作履责决策模型，经过数理推导和均衡求解，验证了上述理论。此外，Ma 等[56] 从大型工程全生命周期出发，认为大型工程的主要利益相关者的互动会减弱大型工程社会责任对工程绩效的影响，本书聚焦大型工程建设阶段，通过研究总承包商内部牵头方和协同方互动合作履责策略，得出合理的履责收益分配条件下，双方的互动会增强社会责任对工程绩效的影响。

第三章　公平偏好下“设计方—施工方”社会责任的内部合作机制

设计方与施工方组成传统的总承包商，联合承包工程的部分或全部阶段是工程总承包常见形式，如荆州李埠长江公铁大桥、三亚凤凰国际机场改扩建工程等，多以施工方作为牵头方。此模式下，业主（政府）作为项目的发起人、促进者和监督者，为了激励总承包商更好地履行社会责任，通常会根据设计方和施工方共同履行社会责任的绩效给予一定的奖励[4]，如后续的合同、奖金等。而对于总承包商而言，作为一个整体与业主签订总承包合同（包括奖励），其内部成员均为独立的经济体，之间没有特定的契约关系，以“内部协议”为指引开展工作，设计方和施工方的关系是“责任共担、收益共享”的合作关系[34]。在合作过程中，需要施工方和设计方紧密配合、良性互动，施工驱动设计，设计施工联动，共同承担社会责任，进而提高工程整体效益[15]，故施工方和设计方在履责过程中具有互动性特征。

同时，施工方和设计方组成的总承包商是建立在与业主签订的同一合同框架下的紧密联合体，双方很容易在责任分担和履责收益分配上进行对比，在决策中体现为履行社会责任的同时会关注履责收益分配是否公平，表现为公平偏好[35, 49]。此外，由于双方的社会责任、努力水平、资源投入等隐形要素难以观测，从而存在减少投入、降低努力程度等双边道德风险问题，公平偏好也会加重或减轻道德风险，进而影响工程绩效。故何种合作履责决策模式可实现责任链上总收益最优？公平偏好对双方履行社会责任以及收益分配有怎样的影响？如何分配履责收益协调矛盾的同时，促进其更好地承担社会责任？

为了回答上述问题，基于设计方和施工方履责互动性特征，首先，考虑牵头方（施工方）主导下的合作履责情形，构建公平偏好下主从博弈合作履责决策模型，探讨设计方和施工方在主从博弈合作履责模式下的社会责任策略选择和影响机制。其次，构建公平偏好下 Nash 讨价还价博弈合作履责决策模型，考察公平感知系数、履责成本、社会责任绩效转化系数、履责谈判能力等因素对双方履责策略、社会责任投入与责任链上总收益的影响，剖析最优履责收益分配比例与公平感知系数和社会责任投入产出的关系。最后，比较分析两种模式下社会责任努力水平、履责收益分配比例以及责任链上工程总收益等均衡值，获取最优的合作履责策略。

一、公平偏好下“设计方—施工方”社会责任的内部合作机制模型描述

业主为了激励总承包商更好地履行社会责任，与其签订线性合同，其中，激励合同一般分为基础和奖励两部分[199]，基础部分是总承包商按照最低标准(工期、成本、质量)完成项目得到的固定金额，用 $\overline{\omega}$ 表示。奖励部分是业主(政府)为激励总承包商积极履行社会责任而给予的补贴或奖金，用 S 表示。业主与总承包商的合同形式则为：$W=\overline{\omega}+S$，其中奖励部分 S 与业主对总承包商履责的激励力度和总承包商履行社会责任产生的绩效有关。为了方便表述，设 $\lambda(0<\lambda<1)$ 为业主对总承包商履行社会责任的激励系数，代表激励力度，M 为总承包商付出社会责任产生的社会责任绩效，故 $W=$

$\overline{\omega}+\lambda M$[196]。

总承包商的社会责任绩效 M 是设计方和施工方共同履行社会责任的总绩效，即 $M=M_1+M_2$。其中，M_1 表示施工方履行社会责任产生的绩效，M_2 表示设计方履行社会责任产生的绩效。施工方的社会责任主要体现在保障质量和安全、控制工期和成本、创新工艺和技术、优化资源和配置以及协调利益和化解冲突等方面；设计方除了符合行业标准外，还要考虑设计是否关注道德和环境、是否满足社会或公众需求、是否具有经济性和可持续性等社会责任。He 等[154]提出大型工程参与方的社会责任投入对工程社会责任绩效有显著的正向影响，且社会责任投入往往与其为履行社会责任付出的努力水平呈正相关[60, 153]，故 $M_i=\eta_i e_i+\xi_i(i=1, 2)$，其中 e_i 分别表示施工方($i=1$)和设计方($i=2$)的社会责任努力水平，η_i 表示施工方($i=1$)和设计方($i=2$)的社会责任绩效转化系数。$\xi_i(i=1, 2)$ 为双方的社会责任绩效随机误差，不妨设 $\xi_i \sim N(0, \sigma^2)$[60, 211]。

施工方和设计方完成工期、成本以及质量等最低标准任务，需要付出的成本为 C_1、C_2。同时，为了实现大型工程项目的可持续发展，施工方和设计方在社会责任方面付出努力也会产生相应的成本，参照 Bhaskaran 和 Krishnan[212]及 Ma 等[60]对社会责任的刻画方式，可知 ke^{ρ} 可表示为社会责任成本，其中 k 表示社会责任努力成本系数。由于社会责任存在边际成本递增效应，故当 $\rho>1$ 时，即 ke^{ρ} 是关于 e 的凹函数时符合协同合作中履责成本产生的实际过程，而 $\rho=2$ 是最常见的情形。借鉴这一思路，施工方和设计方的社会责任努力成本分别可表示为 $c(e_1)=\frac{1}{2}k_1e_1^2$ 和 $c(e_2)=\frac{1}{2}k_2e_2^2$，其中 k_1、k_2(k_1、$k_2>0$)分别为施工方和设计方的社会责任努力成本系数，k_1、k_2 越大，履行社会责任的成本越高。

完成工程基本目标时，施工方的固定收益为 p_1，设计方的固定收益为 p_2，满足 $p_1+p_2=\overline{\omega}$。此外，双方共同付出社会责任得到业主的奖励后，施工方获得的履责收益分配额为 $\beta\lambda M$，设计方的履责收益分配额为 $(1-\beta)\lambda M$，故施工方的合同收益为 $\Pi_1=p_1+\beta\lambda M$，设计方的合同收益为 $\Pi_2=p_2+(1-$

$\beta)\lambda M$。

施工方和设计方在社会责任分担和履责收益分配上具有公平偏好，根据公平偏好理论可知[213]，当己方合同收益大于对方合同收益时，公平偏好导致同情效应，当己方合同收益小于对方收益时，公平偏好导致不公平厌恶负效应。许多学者认为决策者往往更关注对自己不利的不公平厌恶负效应，而较少关注对自己有利的同情效用[182]，故下文仅讨论设计方和施工方具有不公平厌恶负效用的情形。设 θ_1、θ_2(θ_1、$\theta_2 \geqslant 0$)分别为施工方和设计方的公平关切程度，也称公平感知系数[180]。当 $\theta_i>0$($i=1$，2)时，若对方的合同收益大于自身的收益，己方的效用就会降低，反之会增加。当 $\theta_1=\theta_2=0$ 时，即自利偏好[41]，此时的效用和收益是一致的，为了便于表述和比较，将本章所用的符号及相关说明列表显示（见表 3-1）。

表 3-1　符号及相关说明

符号	相关说明
β	履责收益分配比例
M	总承包商通过社会责任努力取得的社会责任绩效
p_1	施工方的合同固定收益
p_2	设计方的合同固定收益
e_1	施工方的社会责任努力水平
e_2	设计方的社会责任努力水平
λ	业主对总承包商履行社会责任的激励系数
$\overline{\omega}$	总承包商达到最低的质量、工期、成本标准后得到的固定总价
η_1	施工方的社会责任绩效转化系数
η_2	设计方的社会责任绩效转化系数
k_1	施工方的社会责任努力成本系数
k_2	设计方的社会责任努力成本系数
θ_1	施工方的公平感知系数

续表

符号	相关说明
θ_2	设计方的公平感知系数
τ_1	施工方的履责讨价还价能力
τ_2	设计方的履责讨价还价能力

由上述假设可知，施工方和设计方的最终履责期望收益 π_1 和 π_2 分别为：

$$\pi_1=p_1+\beta\lambda(\eta_1e_1+\eta_2e_2)-C_1-\frac{1}{2}k_1e_1^2 \tag{3-1}$$

$$\pi_2=p_2+(1-\beta)\lambda(\eta_1e_1+\eta_2e_2)-C_2-\frac{1}{2}k_2e_2^2 \tag{3-2}$$

施工方和设计方具有公平偏好时的效用函数 u_1、u_2 分别为：

$$u_1=p_1+\beta\lambda(\eta_1e_1+\eta_2e_2)-C_1-\frac{1}{2}k_1e_1^2-\theta_1\max[(1-2\beta)\lambda(\eta_1e_1+\eta_2e_2)+p_2-p_1,\ 0] \tag{3-3}$$

$$u_2=p_2+(1-\beta)\lambda(\eta_1e_1+\eta_2e_2)-C_2-\frac{1}{2}k_2e_2^2-\theta_2\max[p_1-p_2+(2\beta-1)\lambda(\eta_1e_1+\eta_2e_2),\ 0] \tag{3-4}$$

责任链上的总收益为：

$$\pi=\overline{\omega}+\lambda(\eta_1e_1+\eta_2e_2)-\frac{1}{2}k_1e_1^2-\frac{1}{2}k_2e_2^2-C_1-C_2 \tag{3-5}$$

二、公平偏好下主从博弈合作履责决策模型

施工方作为牵头方，负责组织编制投标文件、参与投标、代表中标单位与业主进行合同谈判等，在工程建设阶段负责项目的沟通、组织和协调

等工作。虽然和设计方是平等的合作关系，但其在工程管理、社会责任投入方面的带头和示范作用却极大地影响设计方的社会责任投入。主从博弈合作模式下，第一阶段施工方先决定履责收益分配比例β和自身的社会责任努力水平e_1，第二阶段设计方在施工方做出决策后再确定自身的社会责任努力水平e_2，以此作为对牵头方履责收益分配决策的回应。由逆推归纳法可求出对应均衡值。

设计方确定自己的社会责任努力水平e_2，以使其效用u_2最大化，即满足：

$$\frac{\partial u_2}{\partial e_2}=-k_2e_2+(1-\beta)\lambda\eta_2-1+2\beta\lambda\eta_2\theta_2=0 \tag{3-6}$$

解式（3-6），得：

$$e_2=\frac{\lambda\eta_2[1-\beta+(1-2\beta)\theta_2]}{k_2} \tag{3-7}$$

将式（3-7）代入施工方的效用函数u_1中，得：

$$u_1=p_1-C_1-\frac{1}{2}k_1e_1^2+(p_1-p_2)\theta_1+\lambda e_1\eta_1[\beta+(2\beta-1)\theta_1]-\{\lambda^2\eta_2^2[\beta+(2\beta-1)\theta_1][\beta-1+(2\beta-1)\theta_2]\}/k_2 \tag{3-8}$$

式（3-8）中的u_1分别对e_1、β求偏导，并令其为0，得：

$$\frac{\partial u_1}{\partial e_1}=-k_1e_1+\lambda\eta_1[\beta+(2\beta-1)\theta_1]=0 \tag{3-9}$$

$$\frac{\partial u_1}{\partial \beta}=\frac{e_1\eta_1k_2(1+2\theta_1)+\lambda\eta_2^2\{1-2\beta+\theta_2-4\beta\theta_2+\theta_1[3-4\beta+(4-8\beta)\theta_2]\}}{k_2}=0 \tag{3-10}$$

同时，得出海塞矩阵H为：

$$H=\begin{bmatrix}\frac{\partial^2u_1}{\partial e_1^2} & \frac{\partial^2u_1}{\partial e_1\partial\beta}\\ \frac{\partial^2u_1}{\partial\beta\partial e_1} & \frac{\partial^2u_1}{\partial\beta^2}\end{bmatrix}=\begin{bmatrix}-k_1 & \lambda\eta_1(1+2\theta_1)\\ \lambda\eta_1(1+2\theta_1) & -\frac{2\lambda^2\eta_2^2(1+2\theta_1)(1+2\theta_2)}{k_2}\end{bmatrix} \tag{3-11}$$

由式（3-11）可知，海塞矩阵一阶主子式为负，且满足 $2k_1\eta_2^2(1+2\theta_2)>k_2\eta_1^2(1+2\theta_1)$ 时，二阶主子式小于 0。即 $\frac{k_1\eta_2^2}{k_2\eta_1^2}=\frac{\eta_2^2/k_2}{\eta_1^2/k_1}>\frac{1+2\theta_1}{2(1+2\theta_2)}$ 时，海塞矩阵负定。记 $\frac{\eta_2^2/k_2}{\eta_1^2/k_1}$ 为设计方与施工方的社会责任投入产出效率之比，此约束表示两者的社会责任投入产出效率之比 $\frac{\eta_2^2/k_2}{\eta_1^2/k_1}$ 必须大于某个值(此值与双方的公平感知系数有关)时，上述均衡值才可得到。故满足 $\frac{k_1\eta_2^2}{k_2\eta_1^2}>\frac{1+2\theta_1}{2(1+2\theta_2)}$ 时，求解式（3-9）和式（3-10）可得：

$$e_1^{S^*}=\frac{\eta_2^2\eta_1\lambda(1+\theta_1+\theta_2)}{-\eta_1^2k_2(1+2\theta_1)+2\eta_2^2k_1(1+2\theta_2)} \tag{3-12}$$

$$\beta^{S^*}=\frac{\eta_1^2k_2\theta_1(1+2\theta_1)-\eta_2^2k_1[1+\theta_2+\theta_1(3+4\theta_2)]}{(1+2\theta_1)[\eta_1^2k_2(1+2\theta_1)-2\eta_2^2k_1(1+2\theta_2)]} \tag{3-13}$$

把式（3-12）和式（3-13）代入式（3-7）可得：

$$e_2^{S^*}=\frac{\lambda\eta_2(1+\theta_1+\theta_2)[\eta_1^2k_2(1+2\theta_1)-\eta_2^2k_1(1+2\theta_2)]}{k_2(1+2\theta_1)[\eta_1^2k_2(1+2\theta_1)-2\eta_2^2k_1(1+2\theta_2)]} \tag{3-14}$$

把式（3-12）~式（3-14）代入式（3-5）中，可得：

$$\pi^{S^*}=\overline{\omega}-C_1-C_2+\frac{\eta_2^2\lambda^2(1+\theta_1+\theta_2)\eta_2^2k_1[1+2\theta_1^2-\theta_2(1+4\theta_2)+\theta_1(5+6\theta_2)]}{2k_2(1+2\theta_1)^2[\eta_1^2k_2(1+2\theta_1)-2\eta_2^2k_1(1+2\theta_2)]^2}+$$
$$\frac{\eta_2^2\lambda^2(1+\theta_1+\theta_2)[\eta_1^4k_2(1+2\theta_1)(1+\theta_1+\theta_2)+\eta_2^4k_1^2(3+7\theta-\theta_2)(1+2\theta_2)^2]}{2k_2(1+2\theta_1)^2[\eta_1^2k_2(1+2\theta_1)-2\eta_2^2k_1(1+2\theta_2)]^2} \tag{3-15}$$

为保证施工方和设计方的社会责任努力水平和最优履责收益分配比例为正，需满足 $k_1\eta_2^2(1+2\theta_2)>k_2\eta_1^2(1+2\theta_1)$，$k_2\eta_1^2\theta_1(1+2\theta_1)<k_1\eta_2^2[1+\theta_2+\theta_1(3+4\theta_2)]$。结合海塞矩阵负定的条件，即满足 $\frac{\eta_2^2/k_2}{\eta_1^2/k_1}>\max\left\{\frac{1+2\theta_1}{2(1+2\theta_2)},\frac{1+2\theta_1}{1+2\theta_2},\frac{1+2\theta_1}{1+\theta_2+\theta_1(3+4\theta_2)}\right\}=\frac{1+2\theta_1}{1+2\theta_2}$。工程实际中，联合承包模式中牵头方在筛选成

员方时，一般选择实力相当的企业作为合作方，此约束与实际工程背景相符。

施工方与设计方的公平偏好相同时，即 $\theta_1=\theta_2=\theta$，其社会责任努力水平分别为 e_1^{NS*} 和 e_2^{NS*}。将 $\theta_1=\theta_2=\theta$ 时代入式（3-12）和式（3-14），可得：

$$e_1^{NS*}=\frac{\lambda\eta_2^2\eta_1}{2\eta_2^2k_1-\eta_1^2k_2} \tag{3-16}$$

$$e_2^{NS*}=\frac{\lambda\eta_2(\eta_2^2k_1-\eta_1^2k_2)}{k_2(2\eta_2^2k_1-\eta_1^2k_2)} \tag{3-17}$$

式（3-6）、式（3-7）中，由于社会责任努力水平为正，故双方的社会责任努力成本系数与社会责任绩效转化系数满足 $k_1\eta_2^2>k_2\eta_1^2$，即 $\frac{\eta_2^2}{k_2}>\frac{\eta_1^2}{k_1}$，从式（3-16）和式（3-17）可知，当施工方和设计方公平感知系数相同时，社会责任投入与公平感知系数无关，其均衡值与双方自利偏好（$\theta_1=\theta_2=0$）的均衡结果相同。

命题 3.1　公平偏好下主从博弈合作履责决策模型中，施工方和设计方在公平偏好与自利偏好两种情形下的社会责任努力水平之差记为 $e^{S*}-e^{NS*}$，满足以下关系：当 $\theta_1>\theta_2$ 时，$e_2^{S*}<e_2^{NS*}$，$e_1^{S*}>e_1^{NS*}$；当 $\theta_1<\theta_2$ 时，$e_2^{S*}>e_2^{NS*}$，$e_1^{S*}<e_1^{NS*}$；当 $\theta_1=\theta_2$ 时，$e_2^{S*}=e_2^{NS*}$，$e_1^{S*}=e_1^{NS*}$。

证明：当 $\frac{\eta_2^2/k_2}{\eta_1^2/k_1}>\frac{1+2\theta_1}{1+2\theta_2}$，$k_1\eta_2^2>k_2\eta_1^2$ 时：

$$e_2^{S*}-e_2^{NS*}=-\frac{\lambda\eta_2(\theta_1-\theta_2)[k_2^2\eta_1^4(1+2\theta_1)+2k_1^2\eta_2^4(1+2\theta_2)-k_1k_2\eta_1^2\eta_2^2(1+2\theta_2)]}{k_2(\eta_1^2k_2-2k_1\eta_2^2)(1+2\theta_1)[\eta_1^2k_2(1+2\theta_1)-2\eta_2^2k_1(1+2\theta_2)]} \tag{3-18}$$

由式（3-18）可知，分母大于0。$e_2^{S*}-e_2^{NS*}$ 的大小只与分子有关，分析可知，当 $\theta_1>\theta_2$ 时，$e_2^{S*}<e_2^{NS*}$；当 $\theta_1<\theta_2$ 时，$e_2^{S*}>e_2^{NS*}$；当 $\theta_1=\theta_2$ 时，$e_2^{S*}=e_2^{NS*}$。

同理：

$$e_1^{S^*}-e_1^{NS^*}=\frac{\lambda\eta_1\eta_2^2(\theta_1-\theta_2)(2k_1\eta_2^2+\eta_1^2k_2)}{(2k_1\eta_2^2-\eta_1^2k_2)[2\eta_2^2k_1(1+2\theta_2)-\eta_1^2k_2(1+2\theta_1)]} \tag{3-19}$$

分析式（3-19）易知，当 $\theta_1>\theta_2$ 时，$e_1^{S^*}>e_1^{NS^*}$；当 $\theta_1<\theta_2$ 时，$e_1^{S^*}<e_1^{NS^*}$；当 $\theta_1=\theta_2$，$e_1^{S^*}=e_1^{NS^*}$。证毕。

命题 3.1 表明：公平偏好下主从博弈合作履责决策模式下，施工方和设计方于公平偏好和自利偏好两种情形下的社会责任努力水平之差与双方的公平感知系数有关，公平感知系数较高的一方，投入的社会责任也较多。这是因为采取主从博弈合作履责决策模式时，双方均以自身效用最大化为目标，注重公平偏好的一方，面对同样的收益差距时，效用会更低，故需增加自身社会责任投入以便得到更多的履责收益来弥补减少的效用。

三、公平偏好下 Nash 讨价还价博弈合作履责决策模型

大型工程施工方和设计方共担责任过程中具有履责互动性特征，需要施工驱动设计、设计施工联动，才能更好地承担社会责任进而实现更高的社会责任绩效。故设计方虽然是成员方，但其在共创社会责任绩效过程中具有重要且不可忽视的作用，其对履责收益分配具有一定的话语权。故下面考虑双边道德风险下，施工方和设计方通过谈判对合作履责剩余的收益进行分享，以减轻双边道德风险，从而达到系统履责收益最大化。设施工方和设计方的履责谈判能力分别为 τ_1、τ_2，满足 $0\leqslant\tau_1$，$\tau_2\leqslant1$，且 $\tau_1+\tau_2=1$，则大型工程施工方和设计方合作履责的决策模型（记 P1）表示如下：

$$\max(u_1-\underline{u}_1)^{\tau_1}(u_2-\underline{u}_2)^{\tau_2} \tag{3-20}$$

$$\text{s.t. } u_1\geqslant\underline{u}_1,\ u_2\geqslant\underline{u}_2 \tag{3-21}$$

$$e_1\in\arg\max\{p_1+\beta\lambda(\eta_1e_1+\eta_2e_2)-C_1-\frac{1}{2}k_1e_1^2-\theta_1[\max(1-2\beta)\lambda(\eta_1e_1+$$

$$\eta_2 e_2)+p_2-p_1],\ 0\} \tag{3-22}$$

$$e_2 \in \arg\max\left(p_2-C_2-\frac{1}{2}k_2e_2^2-\theta_2\{\max[p_1-p_2+(2\beta-1)\lambda(\eta_1e_1+\eta_2e_2)],\ 0\}\right)+(1-\beta)\lambda(\eta_1e_1+\eta_2e_2) \tag{3-23}$$

式（3-20）为目标函数，表示施工方和设计方协同履责过程中，按 Nash 谈判解分享的合作剩余，其中 $\underline{u}_1$ 和 $\underline{u}_2$ 分别为施工方和设计方的谈判威胁点，也是双方的保留效用，$u_i-\underline{u}_i(i=1,\ 2)$ 分别表示施工方和设计方的净剩余，式（3-21）为施工方和设计方的参与约束，式（3-22）和式（3-23）分别为施工方和设计方的激励相容约束。

参照代建生等[47] 和王鼎等[49] 的解法，在 P1 中，双边道德风险下的施工方和设计方首先满足激励相容约束。式（3-22）和式（3-23）中的 u_i 关于 e_i（$i=1,\ 2$）严格凹函数，因此其一阶条件也是其取得极大值的充分条件。由一阶式（3-22）和式（3-23）可得：

$$\beta\lambda\eta_1-e_1k_1-(1-2\beta)\lambda\eta_1\theta_1=0 \tag{3-24}$$

$$(1-\beta)\lambda\eta_2-e_2k_2-(2\beta-1)\lambda\eta_2\theta_2=0 \tag{3-25}$$

由于极大化式（3-20）等价于极大化 $\tau_1\ln(u_1-\underline{u}_1)+\tau_2\ln(u_2-\underline{u}_2)$，用式（3-24）和式（3-25）替换式（3-22）和式（3-23），在收紧参与约束的情形下，构造 Nash 合作履责的决策模型 P1 的广义拉格朗日函数 F：

$$F=\tau_1\ln(u_1-\underline{u}_1)+\tau_2\ln(u_2-\underline{u}_2)+\mu_1[\beta\lambda\eta_1-e_1k_1-(1-2\beta)\lambda\eta_1\theta_1]+\mu_2[(1-\beta)\lambda\eta_2-e_2k_2-(2\beta-1)\lambda\eta_2\theta_2]+\gamma_1(u_1-\underline{u}_1)+\gamma_2(u_2-\underline{u}_2) \tag{3-26}$$

式（3-26）中，μ_1、μ_2 分别为施工方和设计方激励相容约束的拉格朗日乘法因子，γ_1、γ_2 分别为施工方和设计方参与约束的拉格朗日乘法因子。由于 $p_1+p_2=\overline{\omega}$，故式(3-26)为履责收益分配比例 β、设计方的固定收益 p_2、双方社会责任努力水平 $e_i(i=1,\ 2)$、讨价还价能力 $\tau_i(i=1,\ 2)$ 以及拉格朗日乘法因子的综合函数。式（3-26）中的 F 对 p_2 一阶求导，可得：

$$\frac{\partial F}{\partial p_2}=(1+2\theta_2)\left(\frac{\tau_2}{u_2-\underline{u}_2}+\gamma_2\right)-(1+2\theta_1)\left(\frac{\tau_1}{u_1-\underline{u}_1}+\gamma_1\right)=0 \tag{3-27}$$

命题 3.2　当 $\tau_i=0$ 时，$\gamma_i>0$；当 $\tau_1>0$ 且 $\tau_2>0$ 时，$\gamma_i=0(i=1,\ 2)$。

证明：由式（3-27）变形可得：

$$\frac{\tau_2}{u_2-\underline{u}_2}=\frac{1+2\theta_1}{1+2\theta_2}\left(\frac{\tau_1}{u_1-\underline{u}_1}+\gamma_1\right)-\gamma_2 \tag{3-28}$$

由于 $\tau_1+\tau_2=1$ 故当 $\tau_1=0$ 时，$\tau_2=1$。式（3-28）左边大于 0，右边 $\frac{1+2\theta_1}{1+2\theta_2}\gamma_1-\gamma_2$ 也必须大于 0。又因为 $\theta_i\geqslant 0$，$\gamma_i\geqslant 0(i=1,\ 2)$，故 $\frac{1+2\theta_1}{1+2\theta_2}\gamma_1>\gamma_2\geqslant 0$，从而 $\gamma_1>0$。同理，当 $\tau_1=1$ 时，$\tau_2=0$，式（3-28）左边等于 0，右边 $\frac{1+2\theta_1}{1+2\theta_2}\left(\frac{\tau_1}{u_1-\underline{u}_1}+\gamma_1\right)-\gamma_2$ 也必须等于 0，又因为 $\theta_i\geqslant 0$，$\gamma_i\geqslant 0(i=1,\ 2)$，故 $\gamma_2=\frac{1+2\theta_1}{1+2\theta_2}\left(\frac{1}{u_1-\underline{u}_1}+\gamma_1\right)>0$，从而可得 $\gamma_2>0$。

此外，式（3-25）中，若 $\gamma_i>0$，表示收紧的参与约束是有约束力的，即 $u_1=\underline{u}_1$，$u_2=\underline{u}_2$。当 $\tau_1>0$，$\tau_2>0$ 时，目标函数为 $(u_1-\underline{u}_1)^{\tau_1}(u_2-\underline{u}_2)^{\tau_2}=0$，即谈判的剩余价值为 0，失去谈判的意义，故当 $\tau_1>0$，$\tau_2>0$ 时，$\gamma_i=0$。

命题 3.2 说明，当施工方和设计方一方的谈判能力为 0 时，此时参与约束是具有约束力的，即一方的谈判能力为 0 时，履责谈判能力强的一方只满足无谈判能力一方的保留效用，此模型退化成一般委托代理模型。在大型工程设计施工联合承包中，施工方和设计方优势互补的同时，可填补企业资源和技术缺口，均具有谈判能力，故不存在 $\tau_i=0$（$i=1,\ 2$）的情形。而当 $\tau_1>0$，$\tau_2>0$ 时，表示施工方和设计方均有一定的谈判能力，此时参与约束没有约束力，双方谈判的焦点聚焦于履责收益分配比例上。

命题 3.3　当 $\tau_i>0$（i=1，2）时，施工方和设计方由于承担相应社会责任获得净剩余之比与谈判因子之比满足如下关系：

$$\frac{u_1-\underline{u}_1}{u_2-\underline{u}_2}=\frac{\tau_1(1+2\theta_1)}{\tau_2(1+2\theta_2)} \tag{3-29}$$

证明：当双方均具有谈判能力时，由命题 3.3 可知，$\gamma_i=0(i=1,\ 2)$，此时式（3-26）可表示为：

$F=\tau_1\ln(u_1-\underline{u}_1)+\tau_2\ln(u_2-\underline{u}_2)+\mu_1[\beta\lambda\eta_1-e_1k_1-(1-2\beta)\lambda\eta_1\theta_1]+\mu_2[(1-$

$\beta)\lambda\eta_2-e_2k_2-(2\beta-1)\lambda\eta_2\theta_2]$ (3-30)

一阶式（3-30）中的 p_2，可得：

$$\frac{\partial F}{\partial p_2}=\frac{\tau_2(1+2\theta_2)}{u_2-\underline{u}_2}-\frac{\tau_1(1+2\theta_1)}{u_1-\underline{u}_1}=0 \tag{3-31}$$

化简式（3-31）即可证 $\frac{u_1-\underline{u}_1}{u_2-\underline{u}_2}=\frac{\tau_1(1+2\theta_1)}{\tau_2(1+2\theta_2)}$。证毕。

命题 3.3 说明施工方和设计方共担责任过程中，当双方的公平感知系数相当时，净剩余只与谈判能力有关。当双方谈判能力相同时，若 $\theta_1=0$，$\theta_2>0$，则 $u_1-\underline{u}_1<u_2-\underline{u}_2$；若 $\theta_1>0$，$\theta_2=0$，则 $u_1-\underline{u}_1>u_2-\underline{u}_2$。也就是说当只有一方有公平偏好时，其公平感知系数越大，净剩余也越大。当双方同时有公平偏好时，双方的社会责任收益净剩余与自身的谈判能力和公平感知系数成正比，与对方的谈判能力和公平感知系数成反比，但其大小关系同时受到双方公平感知系数和谈判能力大小的综合影响。此结论与安晓伟等[214]通过 Rubinstein 讨价还价[215] 讨论总承包商优化收益的结论一致。

下面求解履责收益分配比例、设计方和施工方的社会责任努力水平的均衡解。当 $\tau_i>0(i=1, 2)$ 时，式（3-30）中 F 分别对 e_i、μ_i、$\beta(i=1, 2)$ 求导可得：

$$\frac{\partial F}{\partial e_1}=\frac{\{\lambda\eta_1[\beta+(2\beta-1)\theta_1]-e_1k_1\}\tau_1}{u_1-\underline{u}_1}+\frac{\lambda\eta_1[1-\beta-(2\beta-1)\theta_2]\tau_2}{u_2-\underline{u}_2}-k_1\mu_1=0 \tag{3-32}$$

$$\frac{\partial F}{\partial e_2}=\frac{\lambda\eta_2\tau_1[\beta+(2\beta-1)\theta_1]}{u_1-\underline{u}_1}+\frac{\{\lambda\eta_2[1-\beta+(1-2\beta)\theta_2]-e_2k_2\}\tau_2}{u_2-\underline{u}_2}-k_2\mu_2=0 \tag{3-33}$$

$$\frac{\partial F}{\partial \beta}=(1+2\theta_1)\left[\eta_1\mu_1+\frac{\tau_1(e_1\eta_1+e_2\eta_2)}{u_1-\underline{u}_1}\right]-(1+2\theta_2)\left[\eta_2\mu_2+\frac{\tau_2(e_1\eta_1+e_2\eta_2)}{u_2-\underline{u}_2}\right]=0 \tag{3-34}$$

由于 $\frac{\partial F}{\partial \mu_1}$、$\frac{\partial F}{\partial \mu_2}$ 刚好是式（3-24）和式（3-25），此处不再赘述。把式

(3-24)、式(3-25)代入式(3-32)和式(3-33)可得:

$$u_2-\underline{u}_2=\frac{k_2\eta_1\tau_2e_2}{k_1\mu_1\eta_2} \tag{3-35}$$

$$u_1-\underline{u}_1=\frac{k_1\eta_2\tau_1e_1}{k_2\mu_2\eta_1} \tag{3-36}$$

把式(3-35)和式(3-36)代入式(3-34)可得:

$$\eta_1(1+2\theta_1)\left[\mu_1+\frac{k_2\mu_2\tau_1(e_1\eta_1+e_2\eta_2)}{k_1\eta_2e_1}\right]-\eta_2(1+2\theta_2)\left[\mu_2+\frac{k_1\mu_1(e_1\eta_1+e_2\eta_2)}{k_2\eta_1e_2}\right]=0 \tag{3-37}$$

整理式(3-24)、式(3-25)和式(3-37)可得:

$$\beta^{C^*}=\frac{\eta_1^2k_2(1+\theta_1)(1+2\theta_1)+\eta_2^2k_1\theta_2(1+2\theta_2)}{k_2\eta_1^2(1+2\theta_1)^2+k_1\eta_2^2(1+2\theta_2)^2} \tag{3-38}$$

将式(3-38)代入式(3-24)和式(3-25)可得:

$$e_1^{C^*}=\frac{\eta_1\lambda[k_2\eta_1^2(1+2\theta_1)^2-\eta_2^2k_1(\theta_1-\theta_2)(1+2\theta_2)]}{k_1[k_2\eta_1^2(1+2\theta_1)^2+k_1\eta_2^2(1+2\theta_2)^2]} \tag{3-39}$$

$$e_2^{C^*}=\frac{\eta_2\lambda[k_1\eta_2^2(1+2\theta_2)^2-\eta_1^2k_2(1+2\theta_1)(\theta_1-\theta_2)]}{k_2[k_2\eta_1^2(1+2\theta_1)^2+k_1\eta_2^2(1+2\theta_2)^2]} \tag{3-40}$$

把式(3-38)、式(3-39)代入式(3-5)中可得:

$$\pi^{C^*}=\overline{\omega}-C_1-C_2+\frac{\lambda^2[\eta_1^4k_2^2(1+2\theta_1)^2+\eta_2^4k_1^2(1+2\theta_2)^2]}{2k_1k_2[k_2(\eta_1+2\eta_1\theta_1)^2+k_1(\eta_2+2\eta_2\theta_2)^2]}+\frac{\lambda^2\{\eta_1^2\eta_2^2k_1k_2[1+3\theta_1^2-2\theta_1(-1+\theta_2)+\theta_2(2+3\theta_2)]\}}{2k_1k_2[k_2(\eta_1+2\eta_1\theta_1)^2+k_1(\eta_2+2\eta_2\theta_2)^2]} \tag{3-41}$$

考虑 π^{C^*}、$e_i^{C^*}(i=1,2)$ 为正时,需满足 $k_2\eta_1^2(1+2\theta_1)^2>\eta_2^2k_1(\theta_1-\theta_2)(1+2\theta_2)$,$k_2\eta_1^2(1+2\theta_1)(\theta_2-\theta_1)<\eta_2^2k_1(1+2\theta_2)^2$。当 $\theta_1>\theta_2$ 时,需满足 $\frac{\eta_2^2/k_2}{\eta_1^2/k_1}<\frac{(1+2\theta_1)^2}{(\theta_1-\theta_2)(1+2\theta_2)}$,即 $\frac{\eta_1^2/k_1}{\eta_2^2/k_2}>\frac{(\theta_1-\theta_2)(1+2\theta_2)}{(1+2\theta_1)^2}$;当 $\theta_1<\theta_2$ 时,需满足 $\frac{\eta_2^2/k_2}{\eta_1^2/k_1}>\frac{(1+2\theta_1)(\theta_2-\theta_1)}{(1+2\theta_2)^2}$。此约束说明当施工方和设计方一方的公平感知系数较大

时，只有其与对方的社会责任投入产出效率之比也大于某一临界值时，才能保证双方社会责任努力水平和分配比例为正，即公平偏好和社会责任投入产出效率相互制约。

命题 3.4 公平偏好下 Nash 讨价还价合作履责决策模型中，最优履责收益分配比例与双方的履责成本系数、社会责任转化系数满足以下关系：$\frac{\partial\beta^{C^*}}{\partial k_1}<0$，$\frac{\partial\beta^{C^*}}{\partial k_2}>0$，$\frac{\partial\beta^{C^*}}{\partial \eta_1}>0$，$\frac{\partial\beta^{C^*}}{\partial \eta_2}<0$。

证明： 式（3-38）分别对 k_i、η_i（i=1，2）求偏导得：

$$\frac{\partial\beta^{C^*}}{\partial k_1}=-\frac{\eta_1^2\eta_2^2k_2(1+2\theta_1)(1+\theta_1+\theta_2)(1+2\theta_1)}{[k_2(\eta_1+2\eta_1\theta_1)^2+k_1(\eta_2+2\eta_2\theta_2)^2]^2} \tag{3-42}$$

$$\frac{\partial\beta^{C^*}}{\partial k_2}=\frac{\eta_1^2\eta_2^2k_1(1+2\theta_1)(1+\theta_1+\theta_2)(1+2\theta_2)}{[k_2(\eta_1+2\eta_1\theta_1)^2+k_1(\eta_2+2\eta_2\theta_2)^2]^2} \tag{3-43}$$

$$\frac{\partial\beta^{C^*}}{\partial \eta_1}=\frac{2\eta_1\eta_2^2k_1k_2(1+2\theta_1)(1+\theta_1+\theta_2)(1+2\theta_2)}{[k_2(\eta_1+2\eta_1\theta_1)^2+k_1(\eta_2+2\eta_2\theta_2)^2]^2} \tag{3-44}$$

$$\frac{\partial\beta^{C^*}}{\partial \eta_2}=-\frac{2\eta_2\eta_1^2k_1k_2(1+2\theta_1)(1+\theta_1+\theta_2)(1+2\theta_2)}{[k_2(\eta_1+2\eta_1\theta_1)^2+k_1(\eta_2+2\eta_2\theta_2)^2]^2} \tag{3-45}$$

当 $k_2\eta_1^2(1+2\theta_1)^2>\eta_2^2k_1(\theta_1-\theta_2)(1+2\theta_2)$，$\eta_2^2k_1(1+2\theta_2)^2>k_2\eta_1^2(1+2\theta_1)(\theta_2-\theta_1)$时，易知式(3-42)中$\frac{\partial\beta^{C^*}}{\partial k_1}<0$，式(3-43)中$\frac{\partial\beta^{C^*}}{\partial k_2}>0$，式(3-44)中$\frac{\partial\beta^{C^*}}{\partial \eta_1}>0$，式(3-45)中$\frac{\partial\beta^{C^*}}{\partial \eta_2}<0$。证毕。

命题 3.4 表明公平偏好下 Nash 讨价还价合作履责决策模型中，最优履责收益分配比例 β^{C^*} 随施工方的社会责任成本系数 k_1、设计方的社会责任转换系数 η_2 的增加而减少，随设计方的成本系数 k_2、施工方的社会责任转化系数 η_1 的增加而增加。即，施工方和设计方的社会责任投入产出能力越强，对应的履责分配比例就越高，故实际工程建设中应激励设计方和施工方开展技术创新、降低投入成本、改进工艺流程，更好地履行社会责任的同时也有利于提高自身收益。

下面讨论公平偏好下 Nash 讨价还价合作履责决策模型中，最优履责收益分配比例β^{C^*}与双方公平感知系数$\theta_i(i=1，2)$的关系。

命题 3.5 公平偏好下 Nash 讨价还价合作履责决策模型中，最优履责收益分配比例β^{C^*}与双方公平感知系数$\theta_i(i=1，2)$的关系如下：

（1）当$\theta_1>\theta_2$时，若$0<\frac{\eta_2^2/k_2}{\eta_1^2/k_1}<\frac{(1+2\theta_1)^2}{(1+2\theta_2)(3+4\theta_1+2\theta_2)}$，则$\frac{\partial\beta^{C^*}}{\partial\theta_1}<0$；若$\frac{(1+2\theta_1)^2}{(1+2\theta_2)(3+4\theta_1+2\theta_2)}<\frac{\eta_2^2/k_2}{\eta_1^2/k_1}<\frac{(1+2\theta_1)^2}{(\theta_1-\theta_2)(1+2\theta_2)}$，则$\frac{\partial\beta^{C^*}}{\partial\theta_1}>0$。当$\theta_1<\theta_2$时，若$\frac{(\theta_2-\theta_1)(1+2\theta_1)}{(1+2\theta_2)^2}<\frac{\eta_2^2/k_2}{\eta_1^2/k_1}<\frac{(1+2\theta_1)^2}{(1+2\theta_2)(3+4\theta_1+2\theta_2)}$，则$\frac{\partial\beta^{C^*}}{\partial\theta_1}<0$；若$\frac{\eta_2^2/k_2}{\eta_1^2/k_1}>\frac{(1+2\theta_1)^2}{(1+2\theta_2)(3+4\theta_1+2\theta_2)}$，则$\frac{\partial\beta^{C^*}}{\partial\theta_1}>0$。

（2）当$\theta_1>\theta_2$时，若$0<\frac{\eta_2^2/k_2}{\eta_1^2/k_1}<\frac{(1+2\theta_1)(3+4\theta_2+2\theta_1)}{(1+2\theta_2)^2}$，则$\frac{\partial\beta^{C^*}}{\partial\theta_2}<0$；若$\frac{(1+2\theta_1)(3+4\theta_2+2\theta_1)}{(1+2\theta_2)^2}<\frac{\eta_2^2/k_2}{\eta_1^2/k_1}<\frac{(1+2\theta_1)^2}{(\theta_1-\theta_2)(1+2\theta_2)}$，则$\frac{\partial\beta^{C^*}}{\partial\theta_2}>0$。当$\theta_1<\theta_2$时，若$\frac{(1+2\theta_1)(\theta_2-\theta_1)}{(1+2\theta_2)^2}<\frac{\eta_2^2/k_2}{\eta_1^2/k_1}<\frac{(1+2\theta_1)(3+4\theta_2+2\theta_1)}{(1+2\theta_2)^2}$，则$\frac{\partial\beta^{C^*}}{\partial\theta_2}<0$；若$\frac{\eta_2^2/k_2}{\eta_1^2/k_1}>\frac{(1+2\theta_1)(3+4\theta_2+2\theta_1)}{(1+2\theta_2)^2}$，则$\frac{\partial\beta^{C^*}}{\partial\theta_2}>0$。

证明：最优履责收益分配比例β^{C^*}对施工方的公平感知系数求导，可得：

$$\frac{\partial\beta^{C^*}}{\partial\theta_1}=\frac{\eta_1^2k_2[\eta_2^2k_1(1+2\theta_2)(3+4\theta_1+2\theta_2)-k_2\eta_1^2(1+2\theta_1)^2]}{[k_2(\eta_1+2\eta_1\theta_1)^2+k_1(\eta_2+2\eta_2\theta_2)^2]^2} \tag{3-46}$$

其中，式（3-46）中分母$[k_2(\eta_1+2\eta_1\theta_1)^2+k_1(\eta_2+2\eta_2\theta_2)^2]^2>0$。当分子中$\eta_2^2k_1(1+2\theta_2)(3+4\theta_1+2\theta_2)>k_2\eta_1^2(1+2\theta_1)^2$时，即$\frac{\eta_2^2/k_2}{\eta_1^2/k_1}>$

$\frac{(1+2\theta_1)^2}{(1+2\theta_2)(3+4\theta_1+2\theta_2)}$时，$\frac{\partial\beta^{C^*}}{\partial\theta_1}>0$。当$\frac{\eta_2^2/k_2}{\eta_1^2/k_1}<\frac{(1+2\theta_1)^2}{(1+2\theta_2)(3+4\theta_1+2\theta_2)}$时，$\frac{\partial\beta^{C^*}}{\partial\theta_1}<0$。结合社会责任努力水平和最优履责收益分配比例为正时的约束，易得：

当$\theta_1>\theta_2$时，若$\frac{(1+2\theta_1)^2}{(1+2\theta_2)(3+4\theta_1+2\theta_2)}<\frac{\eta_2^2/k_2}{\eta_1^2/k_1}<\frac{(1+2\theta_1)^2}{(\theta_1-\theta_2)(1+2\theta_2)}$，则$\frac{\partial\beta^{C^*}}{\partial\theta_1}>0$；若$0<\frac{\eta_2^2/k_2}{\eta_1^2/k_1}<\frac{(1+2\theta_1)^2}{(1+2\theta_2)(3+4\theta_1+2\theta_2)}$时，$\frac{\partial\beta^{C^*}}{\partial\theta_1}<0$。

当$\theta_1<\theta_2$时，若$\frac{(\theta_2-\theta_1)(1+2\theta_1)}{(1+2\theta_2)^2}<\frac{\eta_2^2/k_2}{\eta_1^2/k_1}<\frac{(1+2\theta_1)^2}{(1+2\theta_2)(3+4\theta_1+2\theta_2)}$，则$\frac{\partial\beta^{C^*}}{\partial\theta_1}<0$；若$\frac{\eta_2^2/k_2}{\eta_1^2/k_1}>\max\left(\frac{(\theta_2-\theta_1)(1+2\theta_1)}{(1+2\theta_2)^2},\frac{(1+2\theta_1)^2}{(1+2\theta_2)(3+4\theta_1+2\theta_2)}\right)=\frac{(1+2\theta_1)^2}{(1+2\theta_2)(3+4\theta_1+2\theta_2)}$，则$\frac{\partial\beta^{C^*}}{\partial\theta_1}>0$。

同理易知：

$$\frac{\partial\beta^{C^*}}{\partial\theta_2}=\frac{\eta_2^2k_1[k_1\eta_2^2(1+2\theta_2)^2-\eta_1^2k_2(1+2\theta_1)(3+4\theta_2+2\theta_1)]}{[k_2(\eta_1+2\eta_1\theta_1)^2+k_1(\eta_2+2\eta_2\theta_2)^2]^2} \tag{3-47}$$

当$\frac{\eta_2^2/k_2}{\eta_1^2/k_1}>\frac{(1+2\theta_1)(3+4\theta_2+2\theta_1)}{(1+2\theta_2)^2}$时，式(3-47)中分子、分母均大于0，即$\frac{\partial\beta^{C^*}}{\partial\theta_2}>0$；当$\frac{\eta_2^2/k_2}{\eta_1^2/k_1}<\frac{(1+2\theta_1)(3+4\theta_2+2\theta_1)}{(1+2\theta_2)^2}$时，分子小于0，分母大于0，即$\frac{\partial\beta^{C^*}}{\partial\theta_2}<0$。结合社会责任努力水平和履责收益分配比例为正时的约束，可得：

当$\theta_1>\theta_2$时，若$\frac{(1+2\theta_1)(3+4\theta_2+2\theta_1)}{(1+2\theta_2)^2}<\frac{\eta_2^2/k_2}{\eta_1^2/k_1}<\frac{(1+2\theta_1)^2}{(\theta_1-\theta_2)(1+2\theta_2)}$，则$\frac{\partial\beta^{C^*}}{\partial\theta_2}>0$；若$0<\frac{\eta_2^2/k_2}{\eta_1^2/k_1}<\min\left(\frac{(1+2\theta_1)^2}{(\theta_1-\theta_2)(1+2\theta_2)},\frac{(1+2\theta_1)(3+4\theta_2+2\theta_1)}{(1+2\theta_2)^2}\right)=$

$\frac{(1+2\theta_1)(3+4\theta_2+2\theta_1)}{(1+2\theta_2)^2}$，则$\frac{\partial\beta^{C^*}}{\partial\theta_2}<0$。

当 $\theta_1<\theta_2$ 时，若$\frac{(1+2\theta_1)(\theta_2-\theta_1)}{(1+2\theta_2)^2}<\frac{\eta_2^2/k_2}{\eta_1^2/k_1}<\frac{(1+2\theta_1)(3+4\theta_2+2\theta_1)}{(1+2\theta_2)^2}$，则$\frac{\partial\beta^{C^*}}{\partial\theta_2}<0$；若$\frac{\eta_2^2/k_2}{\eta_1^2/k_1}>\frac{(1+2\theta_1)(3+4\theta_2+2\theta_1)}{(1+2\theta_2)^2}$，则$\frac{\partial\beta^{C^*}}{\partial\theta_2}>0$。证毕。

为了更直观地观察公平偏好下 Nash 讨价还价合作履责决策模型中，最优履责收益分配比例 β^{C^*} 与双方公平感知系数 $\theta_i(i=1, 2)$ 的关系，进行列表对比分析，具体如表 3-2 所示。

表 3-2 Nash 讨价还价合作履责决策模型中 β^{C^*} 与 θ_i 的关系

		$\frac{\eta_2^2/k_2}{\eta_1^2/k_1}$范围	结果
观察 β^{C^*} 随 θ_1 的变化趋势	$\theta_1>\theta_2$	$\left(0, \frac{(1+2\theta_1)^2}{(1+2\theta_2)(3+4\theta_1+2\theta_2)}\right)$	↓
		$\left(\frac{(1+2\theta_1)^2}{(1+2\theta_2)(3+4\theta_1+2\theta_2)}, \frac{(1+2\theta_1)^2}{(\theta_1-\theta_2)(1+2\theta_2)}\right)$	↑
	$\theta_1<\theta_2$	$\left(\frac{(\theta_2-\theta_1)(1+2\theta_1)}{(1+2\theta_2)^2}, \frac{(1+2\theta_1)^2}{(1+2\theta_2)(3+4\theta_1+2\theta_2)}\right)$	↓
		$\left(\frac{(1+2\theta_1)^2}{(1+2\theta_2)(3+4\theta_1+2\theta_2)}, 1\right)$	↑
观察 β^{C^*} 随 θ_2 的变化趋势	$\theta_1>\theta_2$	$\left(0, \frac{(1+2\theta_1)(3+4\theta_2+2\theta_1)}{(1+2\theta_2)^2}\right)$	↓
		$\left(\frac{(1+2\theta_1)(3+4\theta_2+2\theta_1)}{(1+2\theta_2)^2}, \frac{(1+2\theta_1)^2}{(\theta_1-\theta_2)(1+2\theta_2)}\right)$	↑
	$\theta_1<\theta_2$	$\left(\frac{(1+2\theta_1)(\theta_2-\theta_1)}{(1+2\theta_2)^2}, \frac{(1+2\theta_1)(3+4\theta_2+2\theta_1)}{(1+2\theta_2)^2}\right)$	↓
		$\left(\frac{(1+2\theta_1)(3+4\theta_2+2\theta_1)}{(1+2\theta_2)^2}, 1\right)$	↑

命题3.5说明Nash讨价还价合作履责决策模型中，最优履责收益分配比例β^{C^*}与双方的公平感知系数不是单纯的线性关系，而同时与设计方与施工方的社会责任投入产出效率之比$\frac{\eta_2^2/k_2}{\eta_1^2/k_1}$有关。当$\frac{\eta_2^2/k_2}{\eta_1^2/k_1}$在一个较小阈值范围内时，设计方的社会责任投入产出效率相对较低，施工方为了激励设计方履行更多社会责任，提高社会责任投入产出效率，履责收益分配比例与其公平感知系数负相关，此时收益分配更倾向于提高设计方的社会责任投入产出效率。当$\frac{\eta_2^2/k_2}{\eta_1^2/k_1}$在一个较大阈值范围内时，设计方的社会责任投入产出效率相对有所提高，履责收益分配比例与施工方的公平感知系数正相关，此时收益分配更注重公平性。此结论区别于朱建波等[15]提出的“收益分配系数会随其中一方公平偏好强度的增大而加大对其的倾斜”，这是由于以下原因：一方面，朱建波等[15]考虑大型工程合作决策过程，施工方为了使设计方更改一定工程量的设计方案，需分享一定比例的额外收益，其中施工方决定收益分享系数，设计方决定方案变更的接受率。在此过程中，当设计方的公平偏好较大时，施工方必须在收益分配上有所倾斜才能促使设计更改工作的完成。但大型工程合作履责不同，其作为一个整体与业主签订工程合同，不能仅考虑收益，还要考虑履行社会责任的意愿与积极性。合作、共生关系使最优履责收益分配比例，不仅要考虑各方的公平性，还要考虑各方的社会责任投入产出效率，应尽可能地平衡效率和公平，故收益分配比例与公平偏好没有绝对的正相关关系，而是在不同阈值范围内呈现非单调关系。因此，在Nash讨价还价合作履责决策模式中，最优履责收益分配比例是协调双方履行社会责任的重要工具，只有根据双方的效率和公平性动态调整，才能激发设计方和施工方的履责积极性。

命题3.6　施工方(或设计方)的社会责任努力水平$e_1^{C^*}$($e_2^{C^*}$)随着自身社会责任转化系数(η_2)的增加而增加，随对方社会责任转化系数η_2(η_1)的增加而减少；随自身成本系数k_1(k_2)的增加而减少，随对方成本系数k_2(k_1)的增加而增加；随业主给予的社会责任奖励系数λ的增加而增加。

证明： 式（3-39）中 $e_1^{C^*}$ 分别对 η_i、$k_i(i=1, 2)$ 以及 λ 求偏导，可得：

$$\frac{\partial e_1^{C^*}}{\partial \eta_1}=\frac{\lambda[k_2^2\eta_1^4(1+2\theta_1)^4-\eta_2^4k_1^2(\theta_1-\theta_2)(1+2\theta_2)^3+\eta_1^2\eta_2^2k_1k_2(1+2\theta_1)^2(1+2\theta_2)(3+\theta_1+5\theta_2)]}{k_1[k_2(\eta_1+2\eta_1\theta_1)^2+k_1(\eta_2+2\eta_2\theta_2)^2]^2} \tag{3-48}$$

$$\frac{\partial e_1^{C^*}}{\partial \eta_2}=-\frac{2\eta_2\eta_1^3\lambda k_2(1+2\theta_1)^2(1+\theta_1+\theta_2)(1+2\theta_2)}{[k_2(\eta_1+2\eta_1\theta_1)^2+k_1(\eta_2+2\eta_2\theta_2)^2]^2} \tag{3-49}$$

$$\frac{\partial e_1^{C^*}}{\partial k_1}=\frac{\eta_1\lambda[k_2^2(\eta_1+2\eta_1\theta_1)^4+2\eta_1^2\eta_2^2k_1k_2(1+2\theta_1)^2(1+2\theta_2)^2-\eta_2^4k_1^2(\theta_1-\theta_2)(1+2\theta_2)^3]}{-k_1^2[k_2(\eta_1+2\eta_1\theta_1)^2+k_1(\eta_2+2\eta_2\theta_2)^2]^2} \tag{3-50}$$

$$\frac{\partial e_1^{C^*}}{\partial k_2}=\frac{\eta_1^3\lambda(\eta_2+2\eta_2\theta_1)^2(1+\theta_1+\theta_2)(1+2\theta_2)}{[k_2(\eta_1+2\eta_1\theta_1)^2+k_1(\eta_2+2\eta_2\theta_2)^2]^2} \tag{3-51}$$

$$\frac{\partial e_1^{C^*}}{\partial \lambda}=\frac{\eta_1[k_2\eta_1^2(1+2\theta_1)^2-\eta_2^2k_1(\theta_1-\theta_2)(1+2\theta_2)]}{k_1[k_2(\eta_1+2\eta_1\theta_1)^2+k_1(\eta_2+2\eta_2\theta_2)^2]^2} \tag{3-52}$$

$$\frac{\partial e_2^{C^*}}{\partial \lambda}=\frac{\eta_2[k_1\eta_2^2(1+2\theta_2)^2-\eta_1^2k_2(\theta_2-\theta_1)(1+2\theta_1)]}{k_2[k_2(\eta_1+2\eta_1\theta_1)^2+k_1(\eta_2+2\eta_2\theta_2)^2]^2} \tag{3-53}$$

当 $k_2\eta_1^2(1+2\theta_1)^2>\eta_2^2k_1(\theta_1-\theta_2)(1+2\theta_2)$，$\eta_2^2k_1(1+2\theta_2)^2>k_2\eta_1^2(1+2\theta_1)(\theta_2-\theta_1)$时，式（3-48）~式（3-53）中$\frac{\partial e_1^{C^*}}{\partial \eta_1}>0$，$\frac{\partial e_1^{C^*}}{\partial \eta_2}<0$，$\frac{\partial e_1^{C^*}}{\partial k_1}<0$，$\frac{\partial e_1^{C^*}}{\partial k_2}>0$，$\frac{\partial e_1^{C^*}}{\partial \lambda}>0$，$\frac{\partial e_2^{C^*}}{\partial \lambda}>0$。

设计方的努力水平 $e_2^{C^*}$ 随参数的变化情况类似，证明略。证毕。

命题 3.6 说明施工方和设计方的社会责任努力水平与自身社会责任的投入产出效率正相关，与对方的社会责任的投入产出效率负相关。这是由于施工方和设计方虽然是推动大型工程可持续发展的重要主体，也是参与工程建设的主要微观组织载体，具有经济和社会的双元复合属性，在履行社会责任的同时，也会注重经济收益。故设计方和施工方组成的总承包商中，一方的社会责任投入产出效率越高，获得的履责收益也越高，也越易激励其投入更多的社会责任。同时，双方的社会责任努力水平与业主给予的激励力度有关，激励力度越大，其社会责任努力水平也越大，故政府作为大型工程社会责任的决策和治理的核心主体，也是工程社会责任的促进者和监督协调者，加大奖励力度是促使建设主体积极履行社会责任的有效手段。

命题 3.7 公平偏好下 Nash 讨价还价合作履责决策模型中，施工方和设计方的最优社会责任努力水平与双方公平感知系数 $\theta_i(i=1,2)$ 的关系如下：

（1）当 $\theta_1>\theta_2$ 时，若 $0<\frac{\eta_2^2/k_2}{\eta_1^2/k_1}<\frac{(1+2\theta_1)(3+4\theta_2+2\theta_1)}{(1+2\theta_2)^2}$，则 $\frac{\partial e_1^{C^*}}{\partial\theta_2}<0$；若 $\frac{(1+2\theta_1)(3+4\theta_2+2\theta_1)}{(1+2\theta_2)^2}<\frac{\eta_2^2/k_2}{\eta_1^2/k_1}<\frac{(1+2\theta_1)^2}{(\theta_1-\theta_2)(1+2\theta_2)}$，则 $\frac{\partial e_1^{C^*}}{\partial\theta_2}>0$；当 $\theta_1<\theta_2$ 时，若 $\frac{(1+2\theta_1)(\theta_2-\theta_1)}{(1+2\theta_2)^2}<\frac{\eta_2^2/k_2}{\eta_1^2/k_1}<\frac{(1+2\theta_1)(3+4\theta_2+2\theta_1)}{(1+2\theta_2)^2}$，则 $\frac{\partial e_1^{C^*}}{\partial\theta_2}<0$；若 $\frac{\eta_2^2/k_2}{\eta_1^2/k_1}>\frac{(1+2\theta_1)(3+4\theta_2+2\theta_1)}{(1+2\theta_2)^2}$，则 $\frac{\partial e_1^{C^*}}{\partial\theta_2}>0$。

（2）当 $\theta_1>\theta_2$ 时，若 $0<\frac{\eta_2^2/k_2}{\eta_1^2/k_1}<\frac{(1+2\theta_1)(3+4\theta_2+2\theta_1)}{(1+2\theta_2)^2}$，则 $\frac{\partial e_1^{C^*}}{\partial\theta_1}>0$；若 $\frac{(1+2\theta_1)(3+4\theta_2+2\theta_1)}{(1+2\theta_2)^2}<\frac{\eta_2^2/k_2}{\eta_1^2/k_1}<\frac{(1+2\theta_1)^2}{(\theta_1-\theta_2)(1+2\theta_2)}$，则 $\frac{\partial e_1^{C^*}}{\partial\theta_1}<0$；当 $\theta_1<\theta_2$ 时，若 $\frac{(1+2\theta_1)(\theta_2-\theta_1)}{(1+2\theta_2)^2}<\frac{\eta_2^2/k_2}{\eta_1^2/k_1}<\frac{(1+2\theta_1)(3+4\theta_2+2\theta_1)}{(1+2\theta_2)^2}$，则 $\frac{\partial e_1^{C^*}}{\partial\theta_1}>0$；若 $\frac{\eta_2^2/k_2}{\eta_1^2/k_1}>\frac{(1+2\theta_1)(3+4\theta_2+2\theta_1)}{(1+2\theta_2)^2}$，则 $\frac{\partial e_1^{C^*}}{\partial\theta_1}<0$。

证明：施工方的最优社会责任努力水平 $e_1^{C^*}$ 对设计方的公平感知系数 θ_2 求导，得：

$$\frac{\partial e_1^{C^*}}{\partial\theta_2}=\frac{\eta_2^2\eta_1\lambda(1+2\theta_1)[k_1\eta_2^2(1+2\theta_2)^2-\eta_1^2k_2(1+2\theta_1)(3+4\theta_2+2\theta_1)]}{[k_2(\eta_1+2\eta_1\theta_1)^2+k_1(\eta_2+2\eta_2\theta_2)^2]^2} \tag{3-54}$$

式（3-54）中分母大于 0，故$\frac{\partial e_1^{C^*}}{\partial\theta_2}$的正负主要由分子决定，分析易知，当$\frac{\eta_2^2/k_2}{\eta_1^2/k_1}>\frac{(1+2\theta_1)(3+4\theta_2+2\theta_1)}{(1+2\theta_2)^2}$时，$\frac{\partial e_1^{C^*}}{\partial\theta_2}>0$；当$\frac{\eta_2^2/k_2}{\eta_1^2/k_1}<\frac{(1+2\theta_1)(3+4\theta_2+2\theta_1)}{(1+2\theta_2)^2}$时，$\frac{\partial e_1^{C^*}}{\partial\theta_2}<0$。结合社会责任努力水平和履责收益分配比例为正时的约束，可得：

$\theta_1>\theta_2$ 时，当$\frac{(1+2\theta_1)(3+4\theta_2+2\theta_1)}{(1+2\theta_2)^2}<\frac{\eta_2^2/k_2}{\eta_1^2/k_1}<\frac{(1+2\theta_1)^2}{(\theta_1-\theta_2)(1+2\theta_2)}$时，$\frac{\partial e_1^{C^*}}{\partial\theta_2}>0$；当$\frac{\eta_2^2/k_2}{\eta_1^2/k_1}<\min\left(\frac{(1+2\theta_1)(3+4\theta_2+2\theta_1)}{(1+2\theta_2)^2},\ \frac{(1+2\theta_1)^2}{(\theta_1-\theta_2)(1+2\theta_2)}\right)=\frac{(1+2\theta_1)(3+4\theta_2+2\theta_1)}{(1+2\theta_2)^2}$时，$\frac{\partial e_1^{C^*}}{\partial\theta_2}<0$。

$\theta_1<\theta_2$ 时，当$\frac{(1+2\theta_1)(\theta_2-\theta_1)}{(1+2\theta_2)^2}<\frac{\eta_2^2/k_2}{\eta_1^2/k_1}<\frac{(1+2\theta_1)(3+4\theta_2+2\theta_1)}{(1+2\theta_2)^2}$时，$\frac{\partial e_1^{C^*}}{\partial\theta_2}<0$；当$\frac{\eta_2^2/k_2}{\eta_1^2/k_1}>\max\left(\frac{(1+2\theta_1)(\theta_2-\theta_1)}{(1+2\theta_2)^2},\ \frac{(1+2\theta_1)(3+4\theta_2+2\theta_1)}{(1+2\theta_2)^2}\right)=\frac{(1+2\theta_1)(3+4\theta_2+2\theta_1)}{(1+2\theta_2)^2}$时，$\frac{\partial e_1^{C^*}}{\partial\theta_2}>0$。

同理，施工方的最优社会责任努力水平对自身的公平感知系数 θ_1 求导，得：

$$\frac{\partial e_1^{C^*}}{\partial\theta_1}=\frac{\eta_2^2\eta_1\lambda(1+2\theta_1)[\eta_1^2k_2(1+2\theta_1)(3+4\theta_2+2\theta_1)-k_1\eta_2^2(1+2\theta_2)^2]}{[k_2(\eta_1+2\eta_1\theta_1)^2+k_1(\eta_2+2\eta_2\theta_2)^2]^2} \tag{3-55}$$

式（3-55）与$\frac{\partial e_1^{C^*}}{\partial\theta_1}$的变化趋势在同一个区间恰好相反，$e_1^{C^*}$ 随 θ_1、θ_2 的变化趋势类似，只是边界范围不同，此处不再赘述。证毕。

为了更直观地观察公平偏好下 Nash 讨价还价合作履责决策模型中，施工方的社会责任努力水平 $e_1^{C^*}$ 与双方公平感知系数 $\theta_i(i=1，2)$的关系，进行列表对比分析，具体如表 3-3 所示。

表 3-3　Nash 讨价还价合作履责决策下 $e_1^{C^*}$ 与 θ_i 的关系

		$\frac{\eta_2^2/k_2}{\eta_1^2/k_1}$范围	结果
观察 $e_1^{C^*}$ 随 θ_1 的变化趋势	$\theta_1>\theta_2$	$\left(0,\ \frac{(1+2\theta_1)(3+4\theta_2+2\theta_1)}{(1+2\theta_2)^2}\right)$	↑
		$\left(\frac{(1+2\theta_1)(3+4\theta_2+2\theta_1)}{(1+2\theta_2)^2},\ \frac{(1+2\theta_1)^2}{(\theta_1-\theta_2)(1+2\theta_2)}\right)$	↓
	$\theta_1<\theta_2$	$\left(\frac{(1+2\theta_1)(\theta_2-\theta_1)}{(1+2\theta_2)^2},\ \frac{(1+2\theta_1)(3+4\theta_2+2\theta_1)}{(1+2\theta_2)^2}\right)$	↑
		$\left(\frac{(1+2\theta_1)(3+4\theta_2+2\theta_1)}{(1+2\theta_2)^2},\ 1\right)$	↓
观察 $e_1^{C^*}$ 随 θ_2 的变化趋势	$\theta_1>\theta_2$	$\left(0,\ \frac{(1+2\theta_1)(3+4\theta_2+2\theta_1)}{(1+2\theta_2)^2}\right)$	↓
		$\left(\frac{(1+2\theta_1)(3+4\theta_2+2\theta_1)}{(1+2\theta_2)^2},\ \frac{(1+2\theta_1)^2}{(\theta_1-\theta_2)(1+2\theta_2)}\right)$	↑
	$\theta_1<\theta_2$	$\left(\frac{(1+2\theta_1)(\theta_2-\theta_1)}{(1+2\theta_2)^2},\ \frac{(1+2\theta_1)(3+4\theta_2+2\theta_1)}{(1+2\theta_2)^2}\right)$	↓
		$\left(\frac{(1+2\theta_1)(3+4\theta_2+2\theta_1)}{(1+2\theta_2)^2},\ 1\right)$	↑

命题 3.7 说明当$\frac{\eta_2^2/k_2}{\eta_1^2/k_1}$在一个较小的阈值范围时，设计方的社会责任投入产出效率较低。结合命题 3.5 可知，为了激励设计方提高社会责任投入产出，最优分配比例倾向于设计方，此时若设计方对收益分配的公平感知增加，会极大地抑制施工方的社会责任努力水平，施工方的努力水平会降低。当$\frac{\eta_2^2/k_2}{\eta_1^2/k_1}$在一个较大的阈值范围时，即设计方的社会责任投入产出效率逐步提升，结合命题 3.6 可知，此时收益分配会注重公平性，若设计方对收益分配的公平感知增加，会加剧双方的竞争，施工方则会提升自身社会责任努力水平来缩小竞争差距。由此可见，最优履责收益分配比例根据施工方和

设计方的社会责任投入产出效率和公平偏好的阈值综合调整，也可达到协调双方社会责任努力水平的目的。

四、对比分析

下面对主从博弈和Nash讨价还价博弈两种决策模式下的社会责任努力水平、履责收益分配比例和责任链上工程总收益进行列表比较（见表3-4）。

表3-4 主从博弈和Nash讨价还价博弈两种模式下的均衡值

	主从博弈合作履责决策模型	Nash讨价还价博弈合作履责决策模型
e_1^*	$\dfrac{\eta_1\eta_2^2\lambda(1+\theta_1+\theta_2)}{2k_1\eta_2^2(1+2\theta_2)-k_2\eta_1^2(1+2\theta_1)}$	$\dfrac{\eta_1\lambda[k_2\eta_1^2(1+2\theta_1)^2-\eta_2^2k_1(\theta_1-\theta_2)(1+2\theta_2)]}{k_1[k_2\eta_1^2(1+2\theta_1)^2+k_1\eta_2^2(1+2\theta_2)^2]}$
e_2^*	$\dfrac{\eta_2\lambda(1+\theta_1+\theta_2)[\eta_1^2k_2(1+2\theta_1)-k_1\eta_2^2(1+2\theta_2)]}{k_2(1+2\theta_1)[k_2\eta_1^2(1+2\theta_1)-2k_1\eta_2^2(1+2\theta_2)]}$	$\dfrac{\eta_2\lambda[k_1\eta_2^2(1+2\theta_2)^2-\eta_1^2k_2(1+2\theta_1)(\theta_1-\theta_2)]}{k_2[k_2\eta_1^2(1+2\theta_1)^2+k_1\eta_2^2(1+2\theta_2)^2]}$
β^*	$\dfrac{\eta_1^2k_2\theta_1(1+2\theta_1)-k_1\eta_2^2[1+\theta_2+\theta_1(3+4\theta_2)]}{(1+2\theta_1)[k_2\eta_1^2(1+2\theta_1)-2k_1\eta_2^2(1+2\theta_2)]}$	$\dfrac{\eta_1^2k_2(1+\theta_1)(1+2\theta_1)+\eta_2^2k_1\theta_2(1+2\theta_2)}{k_2\eta_1^2(1+2\theta_1)^2+k_1\eta_2^2(1+2\theta_2)^2}$
π^{S*}	$\overline{\omega}-C_1-C_2+\dfrac{\eta_2^2\lambda^2(1+\theta_1+\theta_2)\eta_2^2k_1[1+2\theta_1^2-\theta_2(1+4\theta_2)+\theta_1(5+6\theta_2)]}{2k_2(1+2\theta_1)^2[\eta_1^2k_2(1+2\theta_1)-2\eta_2^2k_1(1+2\theta_2)]^2}+\dfrac{\eta_2^2\lambda^2(1+\theta_1+\theta_2)[\eta_1^4k_2(1+2\theta_1)(1+\theta_1+\theta_2)+\eta_2^4k_1^2(3+7\theta-\theta_2)(1+2\theta_2)^2]}{2k_2(1+2\theta_1)^2[\eta_1^2k_2(1+2\theta_1)-2\eta_2^2k_1(1+2\theta_2)]^2}$	
π^{C*}	$\overline{\omega}-C_1-C_2+\dfrac{\lambda^2[\eta_1^4k_2^2(1+2\theta_1)^2+\eta_2^4k_1^2(1+2\theta_2)^2]}{2k_1k_2[k_2(\eta_1+2\eta_1\theta_1)^2+k_1(\eta_2+2\eta_2\theta_2)^2]}+\dfrac{\lambda^2\eta_1^2\eta_2^2k_1k_2[1+3\theta_1^2-2\theta_1(-1+\theta_2)+\theta_2(2+3\theta_2)]}{2k_1k_2[k_2(\eta_1+2\eta_1\theta_1)^2+k_1(\eta_2+2\eta_2\theta_2)^2]}$	

命题3.8 两种合作决策模式下，最优履责收益分配比例 β^* 均满足：$0<\beta^*<1$。

证明： 主从博弈合作决策模式下，最优分配比例 $\beta^{S^*}=\frac{\eta_1^2k_2\theta_1(1+2\theta_1)-\eta_2^2k_1[1+\theta_2+\theta_1(3+4\theta_2)]}{(1+2\theta_1)[\eta_1^2k_2(1+2\theta_1)-2\eta_2^2k_1(1+2\theta_2)]}$，如前所述，若双方社会责任努力水平和收益为正，需满足$\frac{\eta_2^2/k_2}{\eta_1^2/k_1}>\frac{1+2\theta_1}{1+2\theta_2}$和$k_1\eta_2^2>k_2\eta_1^2$，把此约束代入$\beta^{S^*}$中，可得$0<\beta^{S^*}<1$。

Nash 讨价还价博弈合作决策模式下，$\beta^{C^*}=\frac{\eta_1^2k_2(1+\theta_1)(1+2\theta_1)+\eta_2^2k_1\theta_2(1+2\theta_2)}{k_2\eta_1^2(1+2\theta_1)^2+k_1\eta_2^2(1+2\theta_2)^2}$，显然可得$\beta^{C^*}>0$，变换$\beta^{C^*}$的形式，即$\beta^{C^*}=\frac{(1+\theta_1)+\frac{k_1\eta_2^2}{k_2\eta_1^2}\frac{\theta_2(1+2\theta_2)}{1+2\theta_1}}{(1+2\theta_1)+\frac{k_1\eta_2^2}{k_2\eta_1^2}\frac{(1+2\theta_2)^2}{1+2\theta_1}}$，如前所述，其中$\frac{\eta_2^2/k_2}{\eta_1^2/k_1}>\frac{1+2\theta_1}{1+2\theta_2}$、$k_1\eta_2^2>k_2\eta_1^2$、$k_2\eta_1^2(1+2\theta_1)^2>\eta_2^2k_1(\theta_1-\theta_2)(1+2\theta_2)$以及$\eta_2^2k_1(1+2\theta_2)^2>k_2\eta_1^2(1+2\theta_1)(\theta_2-\theta_1)$，把此类约束条件代入$\beta^{C^*}$的变形式中，即可证明$\beta^{C^*}<1$。证毕。

命题 3.8 表示施工方和设计方的履责收益仅仅通过固定总价是无法激励其积极性的，收益必须分享，双方只有责任共担、收益共享才能更好地提升工程效益。且无论施工方和设计方采取主从博弈合作履责模式还是 Nash 讨价还价博弈合作履责决策模式，最优履责收益分配比例都与履责成本负相关，表明成本是制约双方履行社会责任的重要因素，双方应采用新工艺、新技术，依靠科学先进的管理模式，提高工作效率，降低履责成本。

下面比较主从博弈合作和 Nash 讨价还价博弈合作两种履责决策模式下的最优履责收益分配比例、施工方和设计方的社会责任努力水平以及责任链上工程总收益等均衡值。

命题 3.9　对比施工方和设计方在两种决策模式下的均衡值，满足如下关系：当 $\theta_1=\theta_2$ 时，$\pi^{C^*}>\pi^{S^*}$，$e_2^{C^*}>e_2^{S^*}$，$e_1^{C^*}<e_1^{S^*}$，$\beta^{C^*}<\beta^{S^*}$。

证明： 两种决策模式中，保证社会责任努力水平和履责收益分配比例为正的情形下，需满足 $k_2\eta_1^2(1+2\theta_1)^2>\eta_2^2k_1(\theta_1-\theta_2)(1+2\theta_2)$，$\eta_2^2k_1(1+2\theta_2)^2>$

$k_2\eta_1^2(1+2\theta_1)(\theta_2-\theta_1)$，$k_2\eta_1^2\theta_1(1+2\theta_1)<\eta_2^2k_1[1+\theta_2+\theta_1(3+4\theta_2)]$，$\eta_2^2k_1(1+2\theta_2)>k_2\eta_1^2(1+2\theta_1)$。此时，两种模式下的责任链上工程总收益之差为

$$\pi^{C^*}-\pi^{S^*}=\frac{\lambda^2[\eta_1^4k_2^2(1+2\theta_1)^3+\eta_2^4k_1^2(1+3\theta_1-\theta_2)(1+2\theta_2)^2]^2}{2k_1k_2(1+2\theta_1)^2[\eta_1^2k_2(1+2\theta_1)-2\eta_2^2k_1(1+2\theta_2)]^2[k_2(\eta_1+2\eta_1\theta_1)^2+k_1(\eta_2+2\eta_2\theta_2)^2]}+\frac{\lambda^2\{\eta_2^2\eta_1^2k_1k_2(1+2\theta_1)[-1+2\theta_1^2+2(-1+\theta_2)\theta_2-2\theta_1(1+4\theta_2)]\}^2}{2k_1k_2(1+2\theta_1)^2[\eta_1^2k_2(1+2\theta_1)-2\eta_2^2k_1(1+2\theta_2)]^2[k_2(\eta_1+2\eta_1\theta_1)^2+k_1(\eta_2+2\eta_2\theta_2)^2]}$$

（3-56）

$$e_2^{C^*}-e_2^{S^*}=\frac{\eta_2^2\eta_1^2k_1k_2(1+2\theta_1)[2\theta_1^2-1+2(\theta_2-1)\theta_2-2\theta_1(1+4\theta_2)]}{-k_2(1+2\theta_1)[\eta_1^2k_2(1+2\theta_1)-2\eta_2^2k_1(1+2\theta_2)][k_2(\eta_1+2\eta_1\theta_1)^2+k_1(\eta_2+2\eta_2\theta_2)^2]}+\frac{\eta_2\lambda(1+2\theta_2)\eta_1^4k_2^2(1+2\theta_1)^3+\eta_2^4k_1^2(1+3\theta_1-\theta_2)(1+2\theta_2)^2}{-k_2(1+2\theta_1)[\eta_1^2k_2(1+2\theta_1)-2\eta_2^2k_1(1+2\theta_2)][k_2(\eta_1+2\eta_1\theta_1)^2+k_1(\eta_2+2\eta_2\theta_2)^2]}$$

（3-57）

$$e_1^{C^*}-e_1^{S^*}=\frac{\lambda\eta_1[\eta_1^4k_2^2(1+2\theta_1)^3-\eta_2^4k_1^2(1+3\theta_1-\theta_2)(1+2\theta_2)^2]}{-k_1[-k_2\eta_1^2(1+2\theta_1)+2\eta_2^2k_1(1+2\theta_2)][k_2\eta_1^2(1+2\theta_1)^2+k_1\eta_2^2(1+2\theta_2)^2]}+\frac{\lambda\eta_1\eta_2^2\eta_1^2k_1k_2[2\theta_1^2-1+2(\theta_2-1)\theta_2-2\theta_1(1+4\theta_2)]}{-k_1[-k_2\eta_1^2(1+2\theta_1)+2\eta_2^2k_1(1+2\theta_2)][k_2\eta_1^2(1+2\theta_1)^2+k_1\eta_2^2(1+2\theta_2)^2]}$$

（3-58）

$$\beta^{C^*}-\beta^{S^*}=\frac{k_2^2\eta_1^4(1+2\theta_1)^3+k_1^2\eta_2^4(1+3\theta_1-\theta_2)(1+2\theta_2)^2}{(1+2\theta_1)[\eta_1^2k_2(1+2\theta_1)-2\eta_2^2k_1(1+2\theta_2)][k_2(\eta_1+2\eta_1\theta_1)^2+k_1(\eta_2+2\eta_2\theta_2)^2]}+\frac{k_2\eta_1^2\eta_2^2(1+2\theta_1)[2\theta_1^2-1+2(\theta_2-1)\theta_2-2\theta_1(1+4\theta_2)]}{(1+2\theta_1)[\eta_1^2k_2(1+2\theta_1)-2\eta_2^2k_1(1+2\theta_2)][k_2(\eta_1+2\eta_1\theta_1)^2+k_1(\eta_2+2\eta_2\theta_2)^2]}$$

（3-59）

显然，两种合作模式下的均衡值之差比较复杂，且由命题 3.5、命题 3.7 可知，施工方和设计方的公平偏好对两种模式下的社会责任努力水平、履责收益分配的关系已阐述，故为了便于比较两种模式下各均衡值的大小，取 $\theta_1=\theta_2=\theta$，且满足 $k_1\eta_2^2>k_2\eta_1^2$，化简式（3-56）~式（3-59）可得：

$$\pi^{C^*}-\pi^{S^*}=\frac{\lambda^2(\eta_1^4k_2^2-k_1k_2\eta_1^2\eta_2^2+\eta_2^4k_1^2)^2}{2k_1k_2(\eta_1^2k_2-2\eta_2^2k_1)^2(\eta_1^2k_2+\eta_2^2k_1)}>0 \tag{3-60}$$

$$e_2^{C^*}-e_2^{S^*}=\frac{2\lambda\eta_2(k_2^2\eta_1^4-k_1k_2\eta_1^2\eta_2^2+k_1^2\eta_2^4)}{k_2(2\eta_2^2k_1-\eta_1^2k_2)(k_2\eta_1^2+k_1\eta_2^2)}>0 \tag{3-61}$$

$$e_1^{C^*}-e_1^{S^*}=\frac{\lambda\eta_1(k_2^2\eta_1^4-k_1k_2\eta_1^2\eta_2^2+k_1^2\eta_2^4)}{k_1(\eta_1^2k_2-2\eta_2^2k_1)(k_2\eta_1^2+k_1\eta_2^2)}<0 \tag{3-62}$$

$$\beta^{C^*}-\beta^{S^*}=\frac{k_2^2\eta_1^4-k_1k_2\eta_1^2\eta_2^2+k_1^2\eta_2^4}{(1+2\theta)(\eta_1^2k_2-2\eta_2^2k_1)(k_2\eta_1^2+k_1\eta_2^2)}<0 \tag{3-63}$$

证毕。

命题3.9说明施工方和设计方公平关切程度相同时，Nash讨价还价合作模式下设计方的社会责任努力水平显著提高，进而获得的履责收益也提高。对于施工方而言，由于其作为牵头方，主从博弈合作履责模式下具有领导和先行优势，故Nash讨价还价合作履责模式下的社会责任努力水平和履责收益分配比例稍有下降，但责任链上工程总收益较主从博弈合作履责模式有显著提高。因此，施工方作为牵头方，应从全局出发，通过与设计方积极合作，充分激发设计方更好地承担社会责任，进而提高责任链上工程总收益。

五、数值分析

为了分析总承包商内部责任链上工程总收益、社会责任努力水平以及履责收益分配比例与公平感知系数、履责成本系数以及社会责任绩效转化系数的关系，下面通过数值算例来阐述。前面论述已通过解析方法证明验证了履责收益分配比例、社会责任努力水平与公平偏好、成本系数、社会责任转化系数的关系，此处主要数值分析责任链上工程总收益随公平感知系数、成本系数的关系。相关参数取值如下：首先，由于业主给总承包商的合同固定总价以及双方完成最低标准工作的成本是固定的，此常数不影响两种模式下努力水平和工程总收益的比较，故设$\overline{\omega}-C_1-C_2=0$[196]。其次，施工方和设计方一方公平感知系数太大，会明显抑制另一方的积极性，故施工方和设计方的公平感知系数相差不是很大，不妨设 $\theta_1=0.5$，$\theta_2=0.6$。最后，由于大型工程项目影响重大且深远，若施工方和设计方在社会责任方面的努力带来生态环境的有效保护、技术工艺创新的重大突破等，业主愿意给予较高的奖励，故设 λ 不会太小，不妨设 $\lambda=0.8$。下面主要考虑 Nash 讨价还价合作履责决策模式下社会责任成本系数、公平感知系数等因素对责任链上总收益的影响，具体如图 3-1 所示。

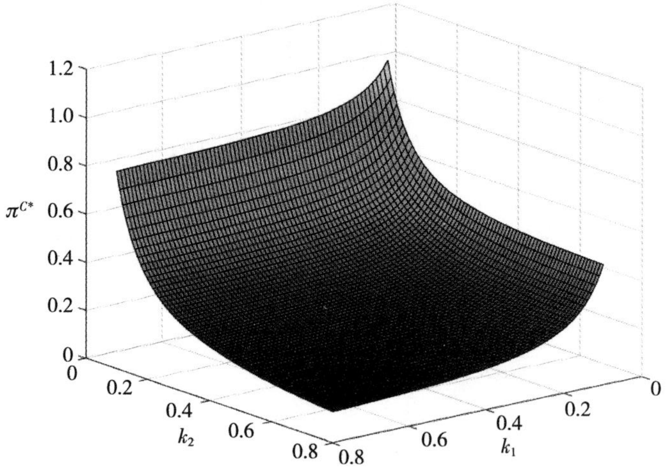

图 3-1　履责成本系数对责任链总收益的影响

图 3-1 表明责任链上的工程总效益与双方社会责任成本系数成反比，即双方在履责过程中，较大的履责成本会抑制双方的积极性，进而降低责任链上的总收益。面对此情形，一方面需要业主给予一定的奖励来补偿付出社会责任产生的巨大成本；另一方面施工方和设计方必须采用新工艺、新技术，依靠科学先进的管理模式，降低成本，提高工作效率。

为了研究责任链上工程总收益与一方公平感知系数（不妨取 θ_2）的关系是否受到另一方公平感知系数大小（不妨取 θ_1）的影响，分别取不同的

θ_1 值绘制图像，具体如图 3-2 所示。

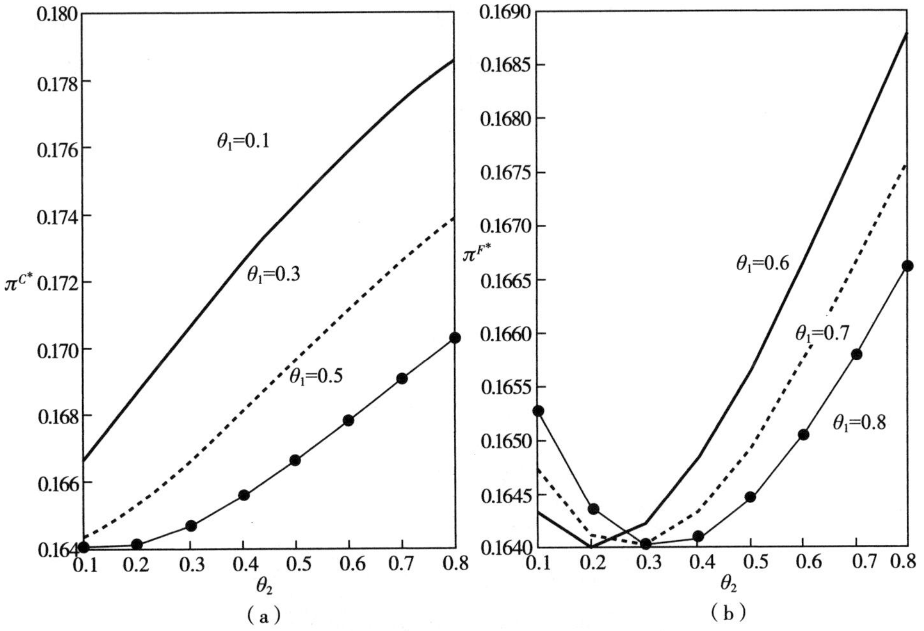

图 3-2　公平感知系数对责任链上总收益的影响

图 3-2 表明当施工方的公平感知系数较小时，责任链上工程总收益随着设计方公平关切程度的增加而增加。这是因为当施工方公平偏好较小时，作为牵头方为了整体工程的可持续发展，会让渡部分收益来弥补设计方由于公平偏好带来的收益落差，从而激励设计方提高社会责任努力水平与投入产出效率，最终实现工程总收益增加。但当施工方的公平系数较大时，若设计方的公平偏好较小，施工方作为牵头单位在收益分配上会倾向己方，这样会抑制设计方社会责任投入的积极性，工程总收益会降低。随着两者的公平关切程度接近，收入分配上更倾向于根据双方的社会责任投入产出效率而定，双方形成有效的竞争关系，从而确保责任链工程总收益逐步增加。

图 3-3 在数值 k_1、k_2、η_1、η_2 取值满足双方收益为正，且公平感知系数差别不是很大的情形下绘制而成，由图 3-3 可知，Nash 讨价还价博弈合作模式下的工程总收益显著高于主从博弈合作履责模式下的工程总收益。故施工方作为牵头方，要充分考虑设计方（成员方）的谈判能力，从工程全局出发，才能达到责任和工程总收益的双赢。

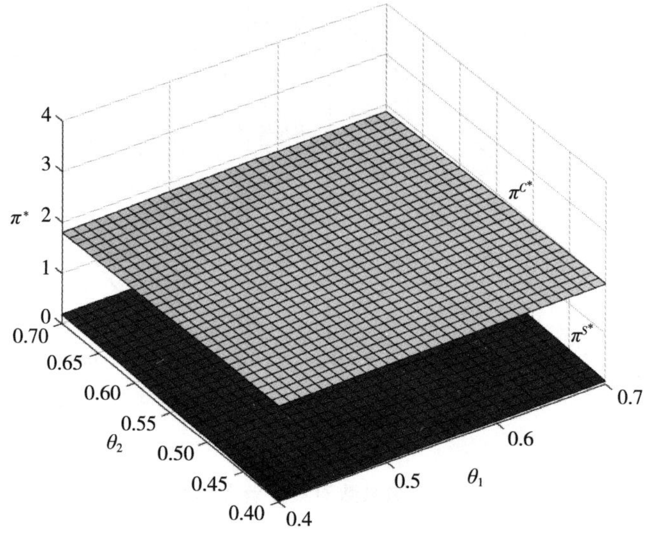

图 3-3　两种模式下的责任链上总收益的比较

六、本章小结

本章针对“设计方—施工方”组成的总承包商的社会责任内部合作问题，考虑双方均具有公平偏好的情形下，结合其履责互动性特征，分别构造了主从博弈合作履责决策模型和 Nash 讨价还价合作履责决策模型，并通过模型求解和数值分析，探讨了施工方和设计方公平偏好下的社会责任投入和履责收益分配策略。考察了不同合作模式下公平偏好、履责成本、激励力度、社会责任绩效转化系数以及谈判能力等对双方社会责任努力水平以及责任链上工程总收益的影响，通过对两种模型均衡解进行对比分析，得出以下结论：

（1）Nash 讨价还价合作履责决策模式下，双方的社会责任努力水平和履责收益分配比例与自身社会责任投入产出效率正相关，且社会责任努力水平与业主对总承包商的履责激励力度正相关。

（2）Nash 讨价还价合作履责决策模式下施工方和设计方的社会责任努力水平和履责收益分配与公平感知系数的关系，同时受到双方社会责任投入产出效率的影响，呈现非单调关系，此结论补充了朱建波等[15]的结论。履责收益分配收益比例是协调双方履行社会责任的重要工具，只有根据双方的社会责任投入产出效率和公平感知系数的阈值综合调整，兼顾公平和效率，才能达到协调双方社会责任水平的目的，进而促进提高责任链工程总收益。

（3）与主从博弈合作履责模式相比，Nash 讨价还价博弈合作模式下设计方的社会责任努力水平和责任链上工程总收益均有显著提高。

本章的启示如下：首先，大型工程高度复杂，影响深远，常常面临一些无先例可循的“卡脖子”问题。故业主在招标过程中应筛选行业较杰出的企业或设计施工联合体来承接项目，不仅要求业务能力强，而且要有非常强的社会责任意识，达成社会责任共识、建立工程共同体。其次，设计施工联合体，在关注自身收益最大化的同时，更加注重与其他主体的收益差距，无论是提高还是降低自身的投入，都是为了拉近不同主体间的收益差距。作为决策者，履责收益分配需考虑设计方和施工方的公平偏好，识别并系统把握设计方和施工方的公平感知系数和投入产出效率。兼顾公平和效率，把握好两者协调的临界点，通过动态调整分配比例激励设计方和施工方提高社会责任。最后，大型工程高度复杂导致社会责任信息不对称严重，主管部门监督体系不完善，设计方和施工方难免会产生机会主义行为，Nash 讨价还价博弈的合作模式可以有效抑制机会主义行为，进而提高工程总收益。

第四章　创新驱动下“牵头方—协同方”社会责任的内部合作机制

第三章研究了总承包模式下，设计方和施工方均具有公平偏好时如何通过合理分配履责收益，减少双边道德风险行为，实现责任链上的总收益最优。现实中，某些工程在污染控制、环境保护、生态修复等方面具有高度复杂性和特殊性，如港珠澳大桥保护白海豚、青藏铁路保护高原环境等，其社会责任的实现需要施工方、设计方、新材料供应商及其他专业机构组成更广泛意义的总承包商通过协同创新来实现。例如，港珠澳大桥中难度最大的岛隧工程是以中国交通建设股份有限公司（以下简称中交集团）为牵头方，联合中交公路规划设计院有限公司、丹麦科威国际咨询公司、艾奕康有限公司以及动态嵌入的气象、海洋环境管理局等国内外众多协同方组成总承包商。不同于第三章由设计方和施工方组成的传统的总承包商在履责收益分配上存在公平关注问题，牵头方和协同方组成的广泛意义的总承包商内部更多地聚焦于如何通过技术创新更好地实现社会责任和工程的可持续发展。在此情景下，创新是异质性特征引发的矛盾冲突的主要因素，也是解决履责冲突的主要切入点。基于此背景，本章主要研究创新驱动下，牵头方和协同方社会责任的合作履责决策和影响机制。

针对有特殊要求的大型工程，牵头方和协同方不仅需要承担普适性的社会责任，还需要通过技术创新来实现特殊性的社会责任。例如，在港珠澳大桥的建设过程中，总承包商除了较好地履行了维护公共安全、减少环境污染等社会责任，还通过创新手段，采用声驱方式和深插式快速成岛技术等，大大减少了施工对白海豚生存环境的干扰[36, 216]，实现了特殊社会责任的产出绩效，获得社会各界的广泛赞誉。再如，青藏铁路建设过程中，面临独特且十分脆弱的青藏高原生态环境，业主（政府）设置了15亿元专项资金，鼓励实施主体努力研发、协同创新。牵头方和协同方等除了承担普适性的社会责任，还通过设置专门的野生动物迁徙通道，移植建设高寒草甸人造湿地，采用“热棒”及“以桥带路”等一系列技术创新举措，实现了“高原生态环境不受破坏，江河源水质不受污染，野生动物迁徙不受影响”的环保目标[217]。

由于牵头方和协同方均存在专业优势，创新和责任共担需要双方的共同努力才能实现，故履责具有互补性特征。同时，社会责任和创新投入等隐性因素无法衡量，容易产生双边道德风险，进而使总承包商的实际产出和期望目标有异，导致工程项目实施效率低下，工程整体可持续受损。产生双边道德风险的原因之一在于双方社会责任和创新的付出与收益分配不匹配。那么，应如何刻画和构建创新驱动下的社会责任合作履责决策模型，以规避和减少双边道德风险？何种合作履责决策模式可实现总绩效最优？社会责任和创新以及工程可持续绩效具有怎样的关系？

为了回答以上问题，首先，结合牵头方和协同方的互补性履责特征，构建创新驱动下的主从博弈合作和Nash讨价还价博弈合作履责决策模型，求解最优履责收益分配比例、社会责任投入等均衡值，探讨履责成本、创新成本、谈判能力等因素对履责收益分配比例社会责任和创新投入的影响，剖析创新、社会责任与可持续绩效的相互关系。其次，构建无创新驱动的Nash讨价还价合作履责决策模型，求解社会责任努力水平、履责收益分配比例、工程可持续绩效等均衡值，并与创新驱动的Nash讨价还价合作履责决策模式下均衡值进行对比分析，获取社会责任和可持续绩效最优的条件。

一、创新驱动下“牵头方—协同方”社会责任的内部合作机制模型描述

大型工程部分社会责任的实现，需牵头方和协同方组成的总承包商通过创新来实现，牵头方作为创新和履责的主体和领导者，既要积极承担社会责任，投身技术创新，又需统筹协调整个项目的运行。其他企业协同牵头方实现可持续目标，虽然协同方很多，但是在创新过程中的地位和性质类似。故不失一般性地，本章研究的决策主体为一个牵头方和一个协同方。

激励合同一般分为基础部分和奖励部分两部分[199]，其中基础部分是总承包商按照最低标准（工期、成本、质量）完成项目得到的固定金额，用 $\overline{\omega}$ 表示。奖励部分为业主（政府）为激励总承包商积极履行社会责任而给予的补贴或奖金，用 S 表示，故业主与总承包商的合同形式为：$W=\overline{\omega}+S$，其中 S 与业主对总承包商履责的激励程度和总承包商的履行社会责任产生的绩效有关。为了方便表述，本章用 $\lambda(0<\lambda<1)$ 表示业主对总承包商的履责激励力度，M 为双方付出社会责任和创新后产生的可持续绩效[153]，故 $W=\overline{\omega}+\lambda M$[196]。

完成工程基本目标时，牵头方分配的固定收益为 p_1，协同方的固定收益为 p_2，$p_1+p_2=\overline{\omega}$。由于双方在创新和履行社会责任方面整体表现良好，可获得业主的奖励绩效，此时，牵头方具有分配权利，设履责收益分配比例为 β，则牵头方的履责收益分配额为 $\beta\lambda M$。协同方的履责收益分配额为 $(1-\beta)\lambda M$。

设 $e_i(i=1,2)$ 为牵头方和协同方的社会责任努力水平，此参数代表了双方履行社会责任过程中所投入的各种资源（人力、资本、设备、知识等）和行动。由于牵头方和协同方在履责过程中具有互补性，故可持续绩效

$M(e_1, e_2)$应满足当e_1，$e_2>0$时，$M(e_1, e_2) \geqslant M(e_1, 0)+M(0, e_2)$。此外，由于大型工程可持续绩效具有不确定性，故具有随机误差。借鉴已有文献结论[218]，柯布—道格拉斯函数作为可持续绩效函数完全满足以上性质，即$M(e_1, e_2)=Ae_1^{\alpha}e_2^{1-\alpha}+\varepsilon$，其中，$A(0 \leqslant A \leqslant 1)$是双方履责合作程度。$A$越大，表示双方合作程度越高，可持续绩效越高。$\alpha(0<\alpha<1)$是牵头方付出社会责任对可持续绩效的贡献权重，$1-\alpha$是协同方付出社会责任对可持续绩效的贡献权重。$\varepsilon$是可持续绩效随机误差，不妨设$\varepsilon \sim N(0, \sigma^2)$，其中$N$表示正态分布，$\sigma^2$表示可持续绩效产出风险。同时易看出$\frac{\partial^2 M}{\partial e_1 \partial e_2}=\frac{\partial^2 M}{\partial e_2 \partial e_1}>0$，这是由于大型工程牵头方和协同方履行社会责任的互补性，使一方增加社会责任努力会提高另一方的边际产出绩效。

参照已有文献[212, 219]对社会责任成本的处理方式，$\rho>1$时，ke^{ρ}是关于e的凹函数，符合大型工程社会责任成本产生的实际过程，而$\rho=1$是最常见的情形。借鉴这一思路，设牵头方和协同方的社会责任努力成本分别为$\frac{1}{2}k_1e_1{}^2$和$\frac{1}{2}k_2e_2{}^2$。其中，k_1、$k_2(k_1$、$k_2>0)$分别为牵头方和协同方的社会责任努力成本系数，$k_i(i=1, 2)$越大，表示履责成本越高。

在社会责任共担过程中，双方为了既定目标，除了付出社会责任努力外，还需要创新。创新对社会责任具有积极的促进作用，这种促进作用体现在创新可以减少履行社会责任成本[52, 152]。例如，前面所述的港珠澳大桥的快速成岛技术，新技术的应用，通过计算项目总计节约燃油量约24088吨，折合标准煤约35099吨，除了对海洋的污染降到了最低，且比传统建设效率提高了五倍，大大降低了成本[220]。再如，青藏铁路解决冻土问题的热棒技术，在有效保护冻土的同时，比以桥代路方案每千米可节省投资3000多万元[221]。基于此，不妨设减少的成本为$2\mu_1e_1s_1$和$2\mu_2e_2s_2$，其中s_1、s_2(s_1、$s_2>0$)表示牵头方和协同方的创新努力水平，μ_1、μ_2表示牵头方和协同方的创新边际促进率。此外，创新也需要付出额外的成本，且创新成本与创新努力水平有关，参考已有文献对创新成本的刻画方式[218]，不妨设牵头方和协同方付出的创新成本为$\frac{1}{2}\theta_1 s_1^2$和$\frac{1}{2}\theta_2 s_2^2$。其中，$\theta_1$、$\theta_2$($\theta_1$、$\theta_2>0$)表示牵头方和协同方的创新努力成本系数。则创新驱动下牵头方和协同方的总成本分别为：$\frac{1}{2}k_1 e_1^2+\frac{1}{2}\theta_1 s_1^2-2\mu_1 e_1 s_1$和$\frac{1}{2}k_2 e_2^2+\frac{1}{2}\theta_2 s_2^2-2\mu_2 e_2 s_2$。

为了便于表述和比较，本章所用的符号及相关说明如表4-1所示。

表4-1　符号及相关说明

符号	相关说明
β	履责收益分配比例
M	牵头方和协同方共同努力获得的可持续绩效
p_1	牵头方的合同固定收益
p_2	协同方的合同固定收益
e_1	牵头方的社会责任努力水平
e_2	协同方的社会责任努力水平
λ	业主对总承包商履行社会责任的激励力度
$\overline{\omega}$	总承包商达到最低的质量、工期、成本标准后得到的固定总价
α	牵头方对可持续绩效的贡献权重
A	牵头方和协同方的履责合作程度
k_1	牵头方的社会责任努力成本系数
k_2	协同方的社会责任努力成本系数
s_1	牵头方的创新努力水平
s_2	协同方的创新努力水平
θ_1	牵头方的创新努力成本系数
θ_2	协同方的创新努力成本系数
μ_1	牵头方的创新边际促进率
μ_2	协同方的创新边际促进率

基于以上假设，创新驱动下牵头方的履责收益为Π_1，协同方的履责收益为Π_2，牵头方和协同方形成的责任链上的总收益为Π。则：

牵头方的履责期望收益 Π_1 为：

$$\Pi_1=p_1+\beta\lambda Ae_1^{\alpha}e_2^{1-\alpha}-\frac{1}{2}(k_1e_1^2+\theta_1s_1^2-2\mu_1e_1s_1) \tag{4-1}$$

协同方的履责期望收益 Π_2 为：

$$\Pi_2=p_2+(1-\beta)\lambda Ae_1^{\alpha}e_2^{1-\alpha}-\frac{1}{2}(k_2e_2^2+\theta_2s_2^2-2\mu_2e_2s_2) \tag{4-2}$$

责任链上总收益 Π 为：

$$\Pi=\overline{\omega}+\lambda Ae_1^{\alpha}e_2^{1-\alpha}-\frac{1}{2}(k_1e_1^2+\theta_1s_1^2-2\mu_1e_1s_1)-\frac{1}{2}(k_2e_2^2+\theta_2s_2^2-2\mu_2e_2s_2) \tag{4-3}$$

二、创新驱动下的合作履责决策模型

（一）创新驱动下主从博弈合作履责决策模型

牵头方在工程建设阶段负责项目的组织和协调工作，其在工程管理、社会责任投入方面的带头和示范作用，极大地影响协同方的社会责任投入。牵头方先决定履责收益分配比例 β 和自身的社会责任努力水平 e_1 以及创新努力水平 s_1，协同方在观察到牵头方做出的决策后再确定自身的社会责任努力水平 e_2 和创新努力水平 s_2。由逆推归纳法，可求出相应均衡值。

式（4-2）对社会责任努力水平 e_2 和创新努力水平 s_2 一阶求导并令其为0，得：

$$e_2=\left[\frac{(1-\alpha)(1-\beta)\lambda A\theta_2e_1^{\alpha}}{k_2\theta_2-\mu_2^2}\right]^{\frac{1}{1+\alpha}} \tag{4-4}$$

$$s_2=\frac{\mu_2}{\theta_2}\left[\frac{(1-\alpha)(1-\beta)\lambda A\theta_2e_1^{\alpha}}{k_2\theta_2-\mu_2^2}\right]^{\frac{1}{1+\alpha}} \tag{4-5}$$

把式（4-4）和式（4-5）代入式（4-1），可得：

$$\Pi_1=\overline{\omega}-p_2+\beta\lambda Ae_1^{\alpha}\left[\frac{(1-\alpha)(1-\beta)\lambda A\theta_2 e_1^{\alpha}}{k_2\theta_2-\mu_2^2}\right]^{\frac{1-\alpha}{1+\alpha}}-\frac{1}{2}(k_1e_1^2+\theta_1s_1^2-2\mu_1e_1s_1) \quad (4-6)$$

式（4-6）分别对 e_1、s_1 以及 β 求导得：

$$\frac{\partial\Pi_1}{\partial e_1}=\beta\lambda A\frac{2\alpha}{1+\alpha}\left[\frac{(1-\alpha)(1-\beta)\lambda A\theta_2}{k_2\theta_2-\mu_2^2}\right]^{\frac{1-\alpha}{1+\alpha}}e_1^{\frac{\alpha-1}{1+\alpha}}-(k_1e_1-\mu_1s_1)=0 \quad (4-7)$$

$$\frac{\partial\Pi_1}{\partial s_1}=-\theta_1s_1+\mu_1e_1=0 \quad (4-8)$$

$$\frac{\partial\Pi_1}{\partial\beta}=A\lambda\left[\frac{(1-\alpha)(1-\beta)A\lambda\theta_2}{k_2\theta_2-\mu_2^2}\right]^{\frac{1-\alpha}{1+\alpha}}e_1^{\frac{2\alpha}{1+\alpha}}=0 \quad (4-9)$$

解式（4-7）~式（4-9）得最优履责收益分配比例 β^{**} 值为：

$$\beta^{**}=0 \text{ 或 } \beta^{**}=1 \quad (4-10)$$

式（4-10）说明主从博弈合作履责决策模式下不存在最优均衡解。这是由于牵头方和协同方的互补特征，需要双方协同合作和创新才能更好地履行社会责任，若牵头方不考虑协同方在共担责任过程中的作用、履责能力，直接决定履责收益分配比例，会极大地抑制协同方的履责积极性，进而导致合作履责无法继续。

事实上，牵头方和协同方各有优势，其在创新投入、知识分享以及履责努力等隐性要素投入均不可观测，导致双方存在道德风险问题，即双方都有“搭便车”和“偷懒”的动机和可能。且通过主从博弈履责合作结果可知，牵头方应充分考虑协同方的履责能力和作用，故在收益分配上与协同方共同商议决定。下面考虑 Nash 讨价还价合作履责决策模式。

（二）创新驱动下 Nash 讨价还价博弈合作履责决策模型

设牵头方和协同方履责过程中的谈判能力分别为 τ_1、τ_2，满足 $0\leqslant\tau_1$、$\tau_2\leqslant1$，且 $\tau_1+\tau_2=1$。则创新驱动下考虑双边道德风险的 Nash 讨价还价博弈合作履责决策模型表示如下（记为 P1）：

$$\max(\Pi_1-\underline{\omega})^{\tau_1}(\Pi_2-\underline{p})^{\tau_2} \quad (4-11)$$

$$\Pi_1 \geqslant \underline{\omega} \tag{4-12}$$

$$\Pi_2 \geqslant \underline{p} \tag{4-13}$$

$$\{e_1^*、s_1^*\} \in \arg\max_{e_1、s_1}\left[\overline{\omega}-p_2+\beta\lambda Ae_1^{\alpha}e_2^{1-\alpha}-\frac{1}{2}(k_1e_1^2+\theta_1s_1^2-2\mu_1e_1s_1)\right] \tag{4-14}$$

$$\{e_2^*、s_2^*\} \in \arg\max_{e_2、s_2}\left[p_2+(1-\beta)\lambda Ae_1^{\alpha}e_2^{1-\alpha}-\frac{1}{2}(k_2e_2^2+\theta_2s_2^2-2\mu_2e_2s_2)\right] \tag{4-15}$$

其中，式（4-11）为目标函数，表示牵头方和协同方按照纳什均衡解分享履责合作剩余，$\underline{\omega}$、$\underline{p}$ 分别为牵头方和协同方的保留效用，也是谈判威胁点。$\Pi_1-\underline{\omega}$ 和 $\Pi_2-\underline{p}$ 为双方履责的净剩余。式（4-12）和式（4-13）为双方参与约束，式（4-14）和式（4-15）为激励相容约束。

参照代建生等[47] 和王鼎等[49] 的解法，接下来证明 P1 解的存在性。首先满足激励相容约束，双方选择自身的社会责任努力水平 e_i 和创新努力水平 s_i 最大化其收益，故式（4-14）和式（4-15）分别对 e_i 和 s_i（$i=1, 2$）求导得：

$$\frac{\partial\Pi_1}{\partial e_1}=\beta\lambda A\alpha e_1^{\alpha-1}e_2^{1-\alpha}-k_1e_1+\mu_1s_1=0 \tag{4-16}$$

$$\frac{\partial\Pi_1}{\partial s_1}=\mu_1e_1-\theta_1s_1=0 \tag{4-17}$$

$$\frac{\partial\Pi_2}{\partial e_2}=(1-\beta)\lambda A(1-\alpha)e_1^{\alpha}e_2^{-\alpha}-k_2e_2+\mu_2s_2=0 \tag{4-18}$$

$$\frac{\partial\Pi_2}{\partial s_2}=\mu_2e_2-\theta_2s_2=0 \tag{4-19}$$

由于连乘函数取对数后不影响其单调性和极值点，为了计算方便，将式（4-11）取对数，将其变形为 $\tau_1\ln(\Pi_1-\underline{\omega})+\tau_2\ln(\Pi_2-\underline{p})$。结合式（4-16）~式（4-19），则激励模型 P1 变化为 P2：

$$\max\tau_1\ln(\Pi_1-\underline{\omega})+\tau_2\ln(\Pi_2-\underline{p}) \tag{4-20}$$

$$
\begin{cases}
\Pi_1 \geqslant \underline{\omega},\ \Pi_2 \geqslant \underline{p} \\
\beta\lambda A\alpha e_1^{\alpha-1}e_2^{1-\alpha}-k_1e_1+\mu_1s_1=0 \\
\mu_1e_1-\theta_1s_1=0 \\
(1-\beta)\lambda A(1-\alpha)e_1^{\alpha}e_2^{-\alpha}-k_2e_2+\mu_2s_2=0 \\
\mu_2e_2-\theta_2s_2=0
\end{cases}
\tag{4-21}
$$

构造广义拉格朗日函数 F，求解激励模型 P2 的解：

$$
F=\tau_1\ln(\Pi_1-\underline{\omega})+\tau_2\ln(\Pi_2-\underline{p})+\varphi_1(\Pi_1-\underline{\omega})+\varphi_2(\Pi_2-\underline{p})+\xi_1(\beta\lambda A\alpha e_1^{\alpha-1}e_2^{1-\alpha}-k_1e_1+\mu_1s_1)+\xi_2[(1-\beta)\lambda A(1-\alpha)e_1^{\alpha}e_2^{-\alpha}-k_2e_2+\mu_2s_2]+\xi_3(\mu_1e_1-\theta_1s_1)+\xi_4(\mu_2e_2-\theta_2s_2)
\tag{4-22}
$$

其中，$\varphi_i(i=1,\ 2)$，$\xi_i(i=1,\ 2,\ 3,\ 4)$分别为收紧的参与约束和激励相容约束的拉格朗日乘数因子。F 对协同方的固定总价 p_2 一阶求导，并令其为 0，得：

$$
\frac{\partial F}{\partial p_2}=\left(\frac{-\tau_1}{\Pi_1-\underline{\omega}}-\varphi_1\right)+\left(\frac{\tau_2}{\Pi_2-\underline{p}}+\varphi_2\right)=0
\tag{4-23}
$$

命题 4.1　当 $\tau_i=0$ 时，$\varphi_i>0$；当 $\tau_1>0$ 且 $\tau_2>0$ 时，有 $\varphi_i=0(i=1,\ 2)$。

证明：由式（4-23）可知，$\frac{\tau_2}{\Pi_2-\underline{p}}+\varphi_2=\frac{\tau_1}{\Pi_1-\underline{\omega}}+\varphi_1$，即

$$
\frac{\tau_2}{\Pi_2-\underline{p}}-\frac{\tau_1}{\Pi_1-\underline{\omega}}=\varphi_1-\varphi_2
\tag{4-24}
$$

由于当 $\tau_1=0$ 时，$\tau_2=1$，式（4-24）左边为$\frac{1}{\Pi_2-\underline{p}}>0$，故右边 $\varphi_1>\varphi_2$。又因为 φ_1、$\varphi_2\geqslant 0$，故 $\varphi_1>0$。

相反，当 $\tau_2=0$ 时，$\tau_1=1$，式（4-24）左边为$-\frac{1}{\Pi_1-\underline{\omega}}<0$，故右边 $\varphi_1<\varphi_2$。又因为 φ_1、$\varphi_2\geqslant 0$，故 $\varphi_2>0$。

此外，式（4-23）中，若 $\varphi_i>0$ 表示收紧的参与约束是有约束力的，则 $\Pi_1=\underline{\omega}$，$\Pi_2=\underline{p}$。故当 $\tau_1>0$ 且 $\tau_2>0$ 时，目标函数$(\Pi_1-\underline{\omega})^{\tau_1}(\Pi_2-\underline{p})^{\tau_2}=0$，即谈

判的净剩余为0，失去谈判的意义。故当$\tau_1>0$且$\tau_2>0$时，有$\varphi_i=0(i=1, 2)$。证毕。

命题4.1说明，当牵头方和协同方仅一方的谈判能力为0时，此时参与约束具有约束力，模型退化为一般委托代理模型。当双方均具有谈判能力时，此时参与约束没有约束力，双方谈判的焦点聚焦于分配比例上。

命题4.2 牵头方和协同方所得的净剩余之比等于履责谈判能力之比。即

$$\frac{\Pi_1-\underline{\omega}}{\Pi_2-\underline{p}}=\frac{\tau_1}{\tau_2} \tag{4-25}$$

证明：由命题4.1可知，当双方均具有一定履责谈判能力时，$\varphi_i=0$。故式（4-24）变形为$\frac{\tau_2}{\Pi_2-\underline{p}}-\frac{\tau_1}{\Pi_1-\underline{\omega}}=0$，从而可得$\frac{\Pi_1-\underline{\omega}}{\Pi_2-\underline{p}}=\frac{\tau_1}{\tau_2}$。证毕。

命题4.2说明，牵头方和协同方的谈判能力越大，在Nash讨价还价博弈合作履责中获得的净剩余就越大，此结论与实际情形相符。在大型工程协同履责和创新中，谈判能力的大小更多体现在签订合同时，固定总价和履责收益分配的谈判。故谈判能力如何影响这两种因素以及与其他因素（如履责成本、合作程度等）是否有关系，下文将进一步讨论。

把式（4-1）和式（4-2）代入式（4-25），可得：

$$p_2=\tau_2\left[\overline{\omega}+\beta\lambda Ae_1^{\alpha}e_2^{1-\alpha}-\frac{1}{2}(k_1e_1^2+\theta_1s_1^2-2\mu_1e_1s_1)-\underline{\omega}\right]-\tau_1\left[(1-\beta)\lambda Ae_1^{\alpha}e_2^{1-\alpha}-\frac{1}{2}(k_2e_2^2+\theta_2s_2^2-2\mu_2e_2s_2)-\underline{p}\right] \tag{4-26}$$

把式（4-26）代入式（4-11），可得：

$$\max(\Pi_1-\underline{\omega})^{\tau_1}(\Pi_2-\underline{p})^{\tau_2}=\max{\tau_1}^{\tau_1}{\tau_2}^{\tau_2}\left[\overline{\omega}-\underline{\omega}-\underline{p}+\lambda Ae_1^{\alpha}e_2^{1-\alpha}-\frac{1}{2}(k_1e_1^2+\theta_1s_1^2-2\mu_1e_1s_1)\right]-\frac{1}{2}(k_2e_2^2+\theta_2s_2^2-2\mu_2e_2s_2) \tag{4-27}$$

结合命题4.1及式（4-27），修订式（4-22），得：

$$F=\tau_1^{\tau_1}\tau_2^{\tau_2}\Big\{\overline{\omega}+\lambda Ae_1^{\alpha}e_2^{1-\alpha}-\frac{1}{2}(k_1e_1^2+\theta_1s_1^2-2\mu_1e_1s_1)-\underline{\omega}-\frac{1}{2}(k_2e_2^2+\theta_2s_2^2-2\mu_2e_2s_2)-\underline{p}+\xi_1(\beta\lambda A\alpha e_1^{\alpha-1}e_2^{1-\alpha}-k_1e_1+\mu_1s_1)+\xi_2[(1-\beta)\lambda A(1-\alpha)e_1^{\alpha}e_2^{-\alpha}-k_2e_2+\mu_2s_2]+\xi_3(\mu_1e_1-\theta_1s_1)+\xi_4(\mu_2e_2-\theta_2s_2)\Big\} \tag{4-28}$$

式（4-28）中 F 分别对 e_i、$s_i(i=1, 2)$、β、$\xi_i(i=1, 2, 3, 4)$ 求偏导并令其为0，可得：

$$\frac{\partial F}{\partial e_1}=\tau_1^{\tau_1}\tau_2^{\tau_2}(\lambda A\alpha e_1^{\alpha-1}e_2^{1-\alpha}-k_1e_1+\mu_1s_1)+\xi_1[\beta\lambda A\alpha(\alpha-1)e_1^{\alpha-2}e_2^{1-\alpha}-k_1]+\xi_2(1-\beta)\lambda A(1-\alpha)\alpha e_1^{\alpha-1}e_2^{-\alpha}-\xi_3\mu_1=0 \tag{4-29}$$

$$\frac{\partial F}{\partial e_2}=\tau_1^{\tau_1}\tau_2^{\tau_2}[\lambda A(1-\alpha)e_1^{\alpha}e_2^{-\alpha}-k_2e_2+\mu_2s_2]+\xi_1\beta\lambda A\alpha(1-\alpha)e_1^{\alpha-1}e_2^{-\alpha}+\xi_2[(1-\beta)\lambda A(1-\alpha)(-\alpha)e_1^{\alpha}e_2^{-\alpha-1}-k_2]-\xi_4\mu_2=0 \tag{4-30}$$

$$\frac{\partial F}{\partial s_1}=\tau_1^{\tau_1}\tau_2^{\tau_2}(-\theta_1s_1+\mu_1e_1)+\xi_1\mu_1+\xi_3\theta_1=0 \tag{4-31}$$

$$\frac{\partial F}{\partial s_2}=\tau_1^{\tau_1}\tau_2^{\tau_2}(-\theta_2s_2+\mu_2e_2)+\xi_2\mu_2+\xi_4\theta_2=0 \tag{4-32}$$

$$\frac{\partial F}{\partial \beta}=\xi_1\lambda A\alpha e_1^{\alpha-1}e_2^{1-\alpha}-\xi_2\lambda A(1-\alpha)e_1^{\alpha}e_2^{-\alpha}=0 \tag{4-33}$$

式（4-28）中 F 分别对 ξ_i（$i=1, 2, 3, 4$）求偏导的结果等价于式（4-16）~式（4-19），整理其得：

$$\beta\lambda A\alpha e_1^{\alpha-1}e_2^{1-\alpha}=k_1e_1-\mu_1s_1 \tag{4-34}$$

$$(1-\beta)\lambda A(1-\alpha)e_1^{\alpha}e_2^{-\alpha}=k_2e_2-\mu_2s_2 \tag{4-35}$$

$$\mu_1e_1=\theta_1s_1 \tag{4-36}$$

$$\mu_2e_2=\theta_2s_2 \tag{4-37}$$

把式（4-36）、式（4-37）代入式（4-31）、式（4-32），得：

$$\xi_1\mu_1=-\xi_3\theta_1 \tag{4-38}$$

$$\xi_2\mu_2=-\xi_4\theta_2 \tag{4-39}$$

整理式（4-34）~式（4-35），可得：

$$\frac{\beta\alpha e_2^2}{(1-\beta)(1-\alpha)e_1^2}=\frac{(k_1\theta_1-\mu_1^2)\theta_2}{(k_2\theta_2-\mu_2^2)\theta_1} \tag{4-40}$$

$$\xi_1\alpha e_2=\xi_2(1-\alpha)e_1 \tag{4-41}$$

整理合并式（4-29）、式（4-30），可得：

$$\frac{\lambda A\alpha e_1^{\alpha-1}e_2^{1-\alpha}-k_1e_1+\mu_1s_1}{\lambda A(1-\alpha)e_1^{\alpha}e_2^{-\alpha}-k_2e_2+\mu_2s_2}=\frac{\xi_3\mu_1-\xi_1[\beta\lambda A\alpha(\alpha-1)e_1^{\alpha-2}e_2^{1-\alpha}-k_1]-\xi_2(1-\beta)\lambda A(1-\alpha)\alpha e_1^{\alpha-1}e_2^{-\alpha}}{\xi_4\mu_2-\xi_1\beta\lambda A\alpha(1-\alpha)e_1^{\alpha-1}e_2^{-\alpha}+\xi_2[(1-\beta)\lambda A(1-\alpha)\alpha e_1^{\alpha}e_2^{-\alpha-1}+k_2]} \tag{4-42}$$

将式（4-34）、式（4-35）代入式（4-41），可得：

$$\frac{\alpha(1-\beta)e_2}{(1-\alpha)\beta e_1}=\frac{\xi_3\mu_1+\xi_1k_1+\alpha\dfrac{k_2e_2-\mu_2s_2}{(1-\beta)e_1^2}[\xi_1\beta e_2-\xi_2(1-\beta)e_1]}{\xi_4\mu_2+\xi_2k_2-(1-\alpha)\dfrac{k_1e_1-\mu_1s_1}{\beta e_2^2}[\xi_1\beta e_2-\xi_2(1-\beta)e_1]} \tag{4-43}$$

将式（4-38）、式（4-39）、式（4-41）代入式（4-43），化简整理得：

$$\frac{\alpha(1-\beta)}{(1-\alpha)\beta}=\frac{[\alpha(1-\beta)\theta_2^2(k_1\theta_1-\mu_1^2)\xi_1^2+(k_2\theta_2-\mu_2^2)\xi_2^2(1-\alpha)(\beta-\alpha)\theta_1\theta_2]\beta\theta_1\alpha\xi_1e_2}{[\beta\theta_1(k_2\theta_2-\mu_2^2)\xi_2^2(1-\alpha)-(k_1\theta_1-\mu_1^2)\xi_1^2\alpha(\beta-\alpha)\theta_2](1-\alpha)(1-\beta)\xi_2\theta_1\theta_2e_1} \tag{4-44}$$

整理式（4-34）、式（4-40）、式（4-41），可得：

$$\frac{2\beta-\alpha}{1-2\beta+\alpha}=\frac{\alpha(1-\beta)}{(1-\alpha)\beta} \tag{4-45}$$

解式（4-45）得：

$$\beta^*=\begin{cases}\dfrac{1}{2}, & \alpha=\dfrac{1}{2}\\[2ex] \dfrac{\alpha+\alpha^2-\sqrt{2\alpha-\alpha^2-2\alpha^3+\alpha^4}}{2(2\alpha-1)}, & \alpha\neq\dfrac{1}{2}\end{cases} \tag{4-46}$$

命题 4.3 最优履责收益分配比例与贡献权重有关，与牵头方和协同方的谈判能力、创新和履责成本系数均无关，且满足 $0<\beta^*<1$。

证明： 由式（4-46）可知，当 $\alpha=\frac{1}{2}$ 时，$\beta^*=\frac{1}{2}$。

当 $\alpha\in\left(0,\ \frac{1}{2}\right)$ 时，$\beta^*=\frac{\alpha+\alpha^2-\sqrt{2\alpha-\alpha^2-2\alpha^3+\alpha^4}}{2(2\alpha-1)}$，分母 $2\alpha-1<0$，记分子

$$\alpha+\alpha^2-\sqrt{2\alpha-\alpha^2-2\alpha^3+\alpha^4}=f(\alpha) \tag{4-47}$$

为了求解式（4-47）中 $f(\alpha)$ 的正负，只需要看 $\alpha+\alpha^2$ 与 $\sqrt{2\alpha-\alpha^2-2\alpha^3+\alpha^4}$ 的大小。比较两表达式的平方大小并作差，即 $(\alpha+\alpha^2)^2-(2\alpha-\alpha^2-2\alpha^3+\alpha^4)=2\alpha(\alpha+1)(2\alpha-1)<0$ 故 $\beta^*>0$。

此外，要证 $\frac{\alpha+\alpha^2-\sqrt{2\alpha-\alpha^2-2\alpha^3+\alpha^4}}{2(2\alpha-1)}<1$，相当于证明 $\frac{\sqrt{2\alpha-\alpha^2-2\alpha^3+\alpha^4}-(\alpha+\alpha^2)}{2(1-2\alpha)}<1$，由于分子分母都大于 0，故只需证 $\sqrt{2\alpha-\alpha^2-2\alpha^3+\alpha^4}-(\alpha+\alpha^2)<2(1-2\alpha)$。即证：

$$2\alpha-\alpha^2-2\alpha^3+\alpha^4<\alpha^2-3\alpha+2 \tag{4-48}$$

当 $\alpha\in\left(0,\ \frac{1}{2}\right)$ 时，式（4-48）显然成立。当 $\alpha\in\left(\frac{1}{2},\ 1\right)$ 时，证明与证 $\beta^*>0$ 类似，故不再赘述。证毕。

命题 4.3 表明大型工程协同履责与创新过程中，当协同方具有一定的谈判能力时，牵头方仅通过固定支付不能调动协同方履行社会责任的积极性，需要通过固定支付和履责收益分享共同协调，进而促进协同方积极履行社会责任。同时，履责收益分配比例与创新和社会责任成本系数、业主给予的奖励以及双方的谈判能力均无关，主要由于一方面这些因素在开始谈判固定总价时已考虑。另一方面这些因素虽然对收益分配没有直接影响，但是会通过双方的社会责任和创新的努力水平间接影响分配比例。故只与双方的贡献权重有关的分配比例，若协同合作中双方对社会责任的贡献没有实质性的变化，则最优分配比例就不必改变。

命题 4.4 当 $0<\alpha<\frac{1}{2}$ 时，$\frac{d\beta^*}{d\alpha}>0$，$\frac{d^2\beta^*}{d\alpha^2}<0$；当 $\frac{1}{2}<\alpha<1$ 时，$\frac{d\beta^*}{d\alpha}>0$，$\frac{d^2\beta^*}{d\alpha^2}>0$；当 $\alpha=\frac{1}{2}$ 时，$\frac{d\beta^*}{d\alpha}=\frac{d^2\beta^*}{d\alpha^2}=0$。

证明： 由式(4-46)可知，当$\beta^*=\frac{1}{2}$时，显然$\frac{d\beta^*}{d\alpha}=\frac{d^2\beta^*}{d\alpha^2}=0$。

当$0<\alpha<\frac{1}{2}$或$\frac{1}{2}<\alpha<1$时

$$\frac{d\beta^*}{d\alpha}=\frac{[-1+2(\alpha-1)\alpha][-1+\alpha-\alpha^2+\sqrt{(-2+\alpha)(-1+\alpha)\alpha(1+\alpha)}]}{2(1-2\alpha)^2\sqrt{(-2+\alpha)(-1+\alpha)\alpha(1+\alpha)}} \tag{4-49}$$

结合命题4.3的证明过程，易证式（4-49）中$\frac{d\beta^*}{d\alpha}>0$。

$$\frac{d^2\beta^*}{d\alpha^2}=\frac{1+2(\alpha-1)\alpha\{6-6\sqrt{(\alpha-2)(\alpha-1)\alpha(1+\alpha)}+(\alpha-1)\alpha[5(\alpha-1)\alpha]\}}{2(\alpha-2)(\alpha-1)\alpha(\alpha+1)^{3/2}(2\alpha-1)^3}+$$

$$\frac{6(\alpha-1)^2\alpha^2[\sqrt{(\alpha-2)(\alpha-1)\alpha(1+\alpha)}-1]}{2(\alpha-2)(\alpha-1)\alpha(\alpha+1)^{\frac{3}{2}}(2\alpha-1)^3} \tag{4-50}$$

式（4-50）中，当$0<\alpha<\frac{1}{2}$时，易知$\frac{d^2\beta^*}{d\alpha^2}<0$；当$\frac{1}{2}<\alpha<1$时，易知$\frac{d^2\beta^*}{d\alpha^2}>0$。

证毕。

命题4.4说明大型工程协同履责过程中，最优分配比例介于牵头方和协同方达到最大社会责任努力的分配比例之间，合理设置分配可协调双方的社会责任努力水平，且与其相对重要性或贡献权重正相关。但是这种关系不是简单的线性递增关系，而是比较复杂的关系。当$\alpha=\frac{1}{2}$时，$\beta=\frac{1}{2}$，两者贡献权重相同时，履责收益平分。当$0<\alpha<\frac{1}{2}$，牵头方的分配比例会随着贡献权重α的增加而增加，但当α趋于$\frac{1}{2}$时，边际分配率$\frac{d\beta^*}{d\alpha}$会降低。当$\frac{1}{2}<\alpha<1$时，虽然牵头方在履责中发挥更重要的作用，分配比例随着重要性的增加而增加，但此时满足$\frac{d^2\beta^*}{d\alpha^2}>0$，即履责分配比例是关于贡献权重的凹函数，说明考虑到大型工程的可持续性是通过牵头方和协同方协作履责、共同创新来实现的，牵头方会放弃更多的利润给协同方，以激励协同方提高社会责任和创新努力水平，进而减轻履责和创新的瓶颈效应。

下面探究求解出均衡值β^*后，社会责任努力水平、创新努力水平以及责任链上总收益之间的相互关系。

把β^*代入式（4-16）~式（4-19）中，可得双方最优社会责任和创新努力水平为：

$$e_1^*=A\lambda\left(\frac{\alpha\beta^*\theta_1}{k_1\theta_1-\mu_1^2}\right)^{\frac{1+\alpha}{2}}\left[\frac{(1-\alpha)(1-\beta^*)\theta_2}{k_2\theta_2-\mu_2^2}\right]^{\frac{1-\alpha}{2}} \tag{4-51}$$

$$s_1^*=\frac{\mu_1A\lambda}{\theta_1}\left(\frac{\alpha\beta^*\theta_1}{k_1\theta_1-\mu_1^2}\right)^{\frac{1+\alpha}{2}}\left[\frac{(1-\alpha)(1-\beta^*)\theta_2}{k_2\theta_2-\mu_2^2}\right]^{\frac{1-\alpha}{2}} \tag{4-52}$$

$$e_2^*=A\lambda\left(\frac{\alpha\beta^*\theta_1}{k_1\theta_1-\mu_1^2}\right)^{\frac{\alpha}{2}}\left[\frac{(1-\alpha)(1-\beta^*)\theta_2}{k_2\theta_2-\mu_2^2}\right]^{\frac{2-\alpha}{2}} \tag{4-53}$$

$$s_2^*=\frac{\mu_2A\lambda}{\theta_2}\left(\frac{\alpha\beta^*\theta_1}{k_1\theta_1-\mu_1^2}\right)^{\frac{\alpha}{2}}\left[\frac{(1-\alpha)(1-\beta^*)\theta_2}{k_2\theta_2-\mu_2^2}\right]^{\frac{2-\alpha}{2}} \tag{4-54}$$

把式（4-51）~式（4-54）代入式（4-26），可得：

$$p_2=\tau_2\left[\overline{\omega}+\beta^*\lambda Ae_1^{*\alpha}e_2^{*(1-\alpha)}-\frac{1}{2}(k_1e_1^{*2}+\theta_1s_1^{*2}-2\mu_1e_1^*s_1^*)-\underline{\omega}\right]-$$
$$\tau_1\left[(1-\beta)\lambda Ae_1^{*\alpha}e_2^{*(1-\alpha)}-\frac{1}{2}(k_2e_2^{*2}+\theta_2s_2^{*2}-2\mu_2e_2^*s_2^*)-\underline{p}\right] \tag{4-55}$$

命题 4.5　（1）$\beta=0$或$\beta=1$时，$e_1^*=e_2^*=0$。

（2）$\frac{\partial e_i^*}{\partial A}>0$，$\frac{\partial e_i^*}{\partial\lambda}>0$，$\frac{\partial e_i^*}{\partial\mu_i}>0$，$\frac{\partial e_i^*}{\partial k_i}<0$，$\frac{\partial e_i^*}{\partial\theta_i}<0$。

证明：（1）当$\beta=0$或$\beta=1$时，代入式$e_1^*=A\lambda\left(\frac{\alpha\beta^*\theta_1}{k_1\theta_1-\mu_1^2}\right)^{\frac{1+\alpha}{2}}\left[\frac{(1-\alpha)(1-\beta^*)\theta_2}{k_2\theta_2-\mu_2^2}\right]^{\frac{1-\alpha}{2}}$中，可得$\left(\frac{\alpha\beta^*\theta_1}{k_1\theta_1-\mu_1^2}\right)^{\frac{1+\alpha}{2}}$或$\left[\frac{(1-\alpha)(1-\beta^*)\theta_2}{k_2\theta_2-\mu_2^2}\right]^{\frac{1-\alpha}{2}}$为0，故此时$e_1^*=e_2^*=0$。

（2）$\frac{\partial e_1^*}{\partial A}=\lambda\left(\frac{\alpha\beta^*\theta_1}{k_1\theta_1-\mu_1^2}\right)^{\frac{1+\alpha}{2}}\left[\frac{(1-\alpha)(1-\beta^*)\theta_2}{k_2\theta_2-\mu_2^2}\right]^{\frac{1-\alpha}{2}}$，如前所述 $k_1\theta_1-\mu_1^2>0$，$k_2\theta_2-\mu_2^2>0$，$0<\alpha<1$，$0<\beta<1$，故$\frac{\partial e_1^*}{\partial A}>0$。同样可得其余变量求导函数以及大小关系，具体如下：

$$\frac{\partial e_1^*}{\partial \lambda}=A\left(\frac{\alpha\beta^*\theta_1}{k_1\theta_1-\mu_1^2}\right)^{\frac{1+\alpha}{2}}\left[\frac{(1-\alpha)(1-\beta^*)\theta_2}{k_2\theta_2-\mu_2^2}\right]^{\frac{1-\alpha}{2}}>0;$$

$$\frac{\partial e_1^*}{\partial \mu_1}=\frac{A(1+\alpha)\lambda\mu_1}{k_1\theta_1-\mu_1^2}\left(\frac{\alpha\beta^*\theta_1}{k_1\theta_1-\mu_1^2}\right)^{\frac{1+\alpha}{2}}\left[\frac{(1-\alpha)(1-\beta^*)\theta_2}{k_2\theta_2-\mu_2^2}\right]^{\frac{1-\alpha}{2}}>0;$$

$$\frac{\partial e_1^*}{\partial \mu_2}=\frac{A\lambda\mu_2}{\theta_2(1-\beta^*)}\left(\frac{\alpha\beta^*\theta_1}{k_1\theta_1-\mu_1^2}\right)^{\frac{1+\alpha}{2}}\left[\frac{(1-\alpha)(1-\beta^*)\theta_2}{k_2\theta_2-\mu_2^2}\right]^{\frac{3-\alpha}{2}}>0;$$

$$\frac{\partial e_1^*}{\partial k_1}=-\frac{A(1+\alpha)\lambda\theta_1}{2(k_1\theta_1-\mu_1^2)}\left(\frac{\alpha\beta^*\theta_1}{k_1\theta_1-\mu_1^2}\right)^{\frac{1+\alpha}{2}}\left[\frac{(1-\alpha)(1-\beta^*)\theta_2}{k_2\theta_2-\mu_2^2}\right]^{\frac{1-\alpha}{2}}<0;$$

$$\frac{\partial e_1^*}{\partial k_2}=-\frac{A\lambda}{2(1-\beta^*)}\left(\frac{\alpha\beta^*\theta_1}{k_1\theta_1-\mu_1^2}\right)^{\frac{1+\alpha}{2}}\left[\frac{(1-\alpha)(1-\beta^*)\theta_2}{k_2\theta_2-\mu_2^2}\right]^{\frac{3-\alpha}{2}}<0;$$

$$\frac{\partial e_1^*}{\partial \theta_1}=-\frac{A(1+\alpha)\lambda\mu_1^2}{2\alpha\theta_1^2\beta^*}\left(\frac{\alpha\beta^*\theta_1}{k_1\theta_1-\mu_1^2}\right)^{\frac{3+\alpha}{2}}\left[\frac{(1-\alpha)(1-\beta^*)\theta_2}{k_2\theta_2-\mu_2^2}\right]^{\frac{1-\alpha}{2}}<0;$$

$$\frac{\partial e_1^*}{\partial \theta_2}=-\frac{A\lambda\mu_2^2}{2\theta_2^2(1-\beta^*)}\left(\frac{\alpha\beta^*\theta_1}{k_1\theta_1-\mu_1^2}\right)^{\frac{1+\alpha}{2}}\left[\frac{(1-\alpha)(1-\beta^*)\theta_2}{k_2\theta_2-\mu_2^2}\right]^{\frac{3-\alpha}{2}}<0。$$

e_2^* 与各变量的关系证明与 e_1^* 类似，在此不再赘述。证毕。

命题 4.5（1）表明牵头方和协同方一方独揽履责收益时，完全抑制了另一方的参与积极性，故对方的社会责任努力水平为 0。又因牵头方和协同方的互补性，仅靠一方的力量无法完成既定社会责任目标，进而自身的努力水平也为 0。命题 4.5（2）表明，牵头方和协同方的最优社会责任努力水平 e_i^* 随着双方履责合作程度 A 以及双方的创新边际促进率 μ_i 的增加而增加，随双方的履责成本系数 k_i 和创新成本系数 θ_i 的增加而减少。即业主给予社会责任激励力度较大时，可以有效促进牵头方和协同方承担社会责任，同时双方的社会责任努力水平与合作程度成正比，且当合作程度 $A=0$ 时，$e_1^*=e_2^*=0$。基于这一结论可知，在大型工程协同履行社会责任中，应鼓励牵头方和协同方加强交流，资源互通，实现高效合作，进而提高可持续绩效。此外，牵头方和协同方的社会责任努力与业主对社会责任和创新的奖励系数 λ 成正比。现实中，我国大型工程的政府（业主）高度重视对实施主体社会责任的激励。例如，港珠澳大桥自建设以来，专门成立了安全环保部，引入环保顾问咨询团队，定期评估工程对生态环境和中华白海豚的影响，直接投入白海豚生态补偿费用 8000 万元，环保检测和顾问费用 5037 万元，以及其他环保专项资金约 3.4 亿元。在政府的高度重视和大力支持下，以中交集团为首的总承包商圆满完成任务，获得了荣誉、专利以及奖金等多项奖励。

此外，社会责任努力水平与双方的履责成本系数均成反比。这是由于既定社会责任目标需要合作双方的相互依赖协同创新，若牵头方和协同方一方的社会责任成本较高，不仅会抑制自身的努力水平，也会抑制对方的积极性。同时，大型工程的社会责任努力随着双方创新边际促进率 μ_i 的增加而增加，创新边际促进率越大，说明创新对社会责任促进作用越强，牵头方和协同方社会责任努力就越大，且一方的创新边际促进率不仅可以促进己方的社会责任努力水平，还可以促进对方的社会责任努力水平，说明在社会责任实施过程中协同创新具有外部溢出效应。

命题 4.6　牵头方的固定合同价格 p_2 与双方谈判能力 $\tau_i(i=1,\ 2)$ 满足如下关系：$\frac{\partial p_2}{\partial \tau_2}\geqslant 0$，$\frac{\partial p_2}{\partial \tau_1}\leqslant 0$。

证明： 式（4-55）中 p_2 对谈判能力 τ_2 求导，可得：

$$\frac{\partial p_2}{\partial \tau_2}=\overline{\omega}+\beta^*\lambda A e_1^{\alpha} e_2^{1-\alpha}-\left(\frac{1}{2}k_1 e_1^2+\frac{1}{2}\theta_1 s_1^2-2\mu_1 e_1 s_1\right)-\underline{\omega} \tag{4-56}$$

式（4-56）中显然 $\overline{\omega}+\beta^*\lambda A e_1^{\alpha} e_2^{1-\alpha}-\left(\frac{1}{2}k_1 e_1^2+\frac{1}{2}\theta_1 s_1^2-2\mu_1 e_1 s_1\right)\geqslant\underline{\omega}$，即 $\frac{\partial p_2}{\partial \tau_2}\geqslant 0$。

同理，

$$\frac{\partial p_2}{\partial \tau_1}=-\left[(1-\beta)\lambda A e_1^{*\alpha} e_2^{*(1-\alpha)}-\frac{1}{2}(k_2 e_2^{*2}+\theta_2 s_2^{*2}-2\mu_2 e_2^* s_2^*)-\underline{p}\right] \tag{4-57}$$

式（4-57）中，显然$(1-\beta)\lambda A e_1^{*\alpha} e_2^{*(1-\alpha)}-\frac{1}{2}(k_2 e_2^{*2}+\theta_2 s_2^{*2}-2\mu_2 e_2^* s_2^*)\geqslant \underline{p}$，即$\frac{\partial p_2}{\partial \tau_1}\leqslant 0$。证毕。

命题 4.6 表明牵头方和协同方履行社会责任过程中，协同方的固定合同价格与双方的谈判能力有关，与牵头方的谈判能力成反比，与协同方的谈判能力成正比，而谈判能力一般与履责能力、创新能力均有关系。

命题 4.7 最优社会责任努力水平之比$\frac{e_1^*}{e_2^*}$与合作程度 A 和业主奖励系数 λ 无关，与贡献权重之比$\frac{\alpha}{1-\alpha}$、分配比值$\frac{\beta}{1-\beta}$正相关，与综合努力成本系数之比$\frac{k_1\theta_1-\mu_1^2}{k_2\theta_2-\mu_2^2}$负相关，与双方社会责任投入产出效率之比$\frac{\alpha/(k_1\theta_1-\mu_1^2)}{1-\alpha/(k_2\theta_2-\mu_2^2)}$正相关。

证明：由式（4-51）和式（4-52）可知，$e_1^*=A\lambda\left(\frac{\alpha\beta^*\theta_1}{k_1\theta_1-\mu_1^2}\right)^{\frac{1+\alpha}{2}}\left[\frac{(1-\alpha)(1-\beta^*)\theta_2}{k_2\theta_2-\mu_2^2}\right]^{\frac{1-\alpha}{2}}$，$e_2^*=A\lambda\left(\frac{\alpha\beta^*\theta_1}{k_1\theta_1-\mu_1^2}\right)^{\frac{\alpha}{2}}\left[\frac{(1-\alpha)(1-\beta^*)\theta_2}{k_2\theta_2-\mu_2^2}\right]^{\frac{2-\alpha}{2}}$，最优社会责任努力水平之比$\frac{e_1^*}{e_2^*}=\frac{\left(\frac{\alpha\beta^*\theta_1}{k_1\theta_1-\mu_1^2}\right)^{\frac{1}{2}}}{\left[\frac{(1-\alpha)(1-\beta^*)\theta_2}{k_2\theta_2-\mu_2^2}\right]^{\frac{1}{2}}}$，显然可知，$\frac{e_1^*}{e_2^*}$与合作程度 A 和业主奖励系数 λ 无关，且对$\frac{e_1^*}{e_2^*}$变形得$\frac{e_1^*}{e_2^*}=\left(\frac{\theta_1}{1-\theta_2}\right)^{\frac{1}{2}}\left(\frac{\alpha}{1-\alpha}\right)^{\frac{1}{2}}\left(\frac{\beta^*}{1-\beta^*}\right)^{\frac{1}{2}}$

$\left(\frac{k_2\theta_2-\mu_2^2}{k_1\theta_1-\mu_1^2}\right)^{\frac{1}{2}}$，显然可知与贡献权重之比$\frac{\alpha}{1-\alpha}$、分配比值$\frac{\beta}{1-\beta}$正相关，与综合努力成本系数之比$\frac{k_1\theta_1-\mu_1^2}{k_2\theta_2-\mu_2^2}$负相关，与双方社会责任投入产出效率之比$\frac{\alpha/(k_1\theta_1-\mu_1^2)}{1-\alpha/(k_2\theta_2-\mu_2^2)}$正相关。证毕。

命题 4.7 说明在大型工程社会责任共担过程中，社会责任成本低，社会责任转化能力强的一方，应当承担更多的社会责任，发挥更好的带头表率作用。但当牵头方的社会责任产出效率$\frac{\alpha}{k_1\theta_1-\mu_1^2}$远远大于协同方的社会责任产出效率$\frac{1-\alpha}{k_2\theta_2-\mu_2^2}$时，即$\frac{\alpha}{k_1\theta_1-\mu_1^2}>\frac{1-\alpha}{k_2\theta_2-\mu_2^2}$，牵头方与合作企业的社会责任产出效率悬殊太大，应选择独立完成该工程或改选履责能力差不多的企业；同理，当协同方的社会责任投入产出效率远远大于牵头方的社会责任产出效率时，即$\frac{1-\alpha}{k_2\theta_2-\mu_2^2}>\frac{\alpha}{k_1\theta_1-\mu_1^2}$，牵头方应该将全部工程任务外包给协同方。

命题 4.8 （1）大型工程牵头方和协同方的社会责任努力和创新努力具有双向促进作用，创新成本系数 θ_i 与边际促进率 μ_i 起到一定的调节作用。

（2）牵头方和协同方的创新努力水平与各因素的关系类似于社会责任努力水平与各因素的关系。即$\frac{\partial s_i^*}{\partial A}>0$，$\frac{\partial s_i^*}{\partial \lambda}>0$，$\frac{\partial s_i^*}{\partial \mu_i}>0$，$\frac{\partial s_i^*}{\partial k_i}<0$，$\frac{\partial s_i^*}{\partial \theta_i}<0$。

证明：（1）如上所述，为保证努力水平为正，需满足 $k_i\theta_i-\mu_i^2>0$，即$\frac{\theta_i}{\mu_i}>\frac{\mu_i}{k_i}$。在此条件下：

$$e_i^*=\frac{\theta_i}{\mu_i}s_i^* \tag{4-58}$$

由式（4-58）显然可知，e_i^* 与 s_i^* 正相关。

（2）化解式（4-52）得：

$$s_1^*=A\lambda\mu_1\left(\frac{\alpha\beta^*}{k_1\theta_1-\mu_1^2}\right)^{\frac{1+\alpha}{2}}\frac{1}{\theta_1^{\frac{1-\alpha}{2}}}\left[\frac{(1-\alpha)(1-\beta^*)}{k_2-\frac{\mu_2^2}{\theta_2}}\right]^{\frac{1-\alpha}{2}} \tag{4-59}$$

其中，$\frac{\partial s_i^*}{\partial A}>0$，$\frac{\partial s_i^*}{\partial \lambda}>0$，$\frac{\partial s_i^*}{\partial \mu_i}>0$，$\frac{\partial s_i^*}{\partial k_i}<0$，$\frac{\partial s_i^*}{\partial \theta_i}<0$。

$\frac{\partial s_1^*}{\partial A}=\lambda\mu_1\left(\frac{\alpha\beta^*}{k_1\theta_1-\mu_1^2}\right)^{\frac{1+\alpha}{2}}\frac{1}{\theta_1^{\frac{1-\alpha}{2}}}\left[\frac{(1-\alpha)(1-\beta^*)}{k_2-\frac{\mu_2^2}{\theta_2}}\right]^{\frac{1-\alpha}{2}}$，如(1)所述 $k_i\theta_i-\mu_i^2>0$，即 $\frac{\theta_i}{\mu_i}>\frac{\mu_i}{k_i}$，此时显然可得$\frac{\partial s_1^*}{\partial A}>0$。同理，$s_1^*$ 同样可得其余变量求导函数以及大小关系，具体如下：

$$\frac{\partial s_1^*}{\partial \lambda}=A\lambda\mu_1\left(\frac{\alpha\beta^*}{k_1\theta_1-\mu_1^2}\right)^{\frac{1+\alpha}{2}}\frac{1}{\theta_1^{\frac{1-\alpha}{2}}}\left[\frac{(1-\alpha)(1-\beta^*)}{k_2-\frac{\mu_2^2}{\theta_2}}\right]^{\frac{1-\alpha}{2}}>0;$$

$$\frac{\partial s_1^*}{\partial \mu_1}=\frac{A\lambda(k_1\theta_1+\alpha\mu_1^2)}{k_1\theta_1-\mu_1^2}\left(\frac{\alpha\theta_1\beta^*}{k_1\theta_1-\mu_1^2}\right)^{\frac{1+\alpha}{2}}\left[\frac{(1-\alpha)\theta_2(1-\beta^*)}{k_2\theta_2-\mu_2^2}\right]^{\frac{1-\alpha}{2}}>0;$$

$$\frac{\partial s_1^*}{\partial \mu_2}=\frac{A\lambda\mu_1\mu_2}{\theta_2(1-\beta^*)}\left(\frac{\alpha\theta_1\beta^*}{k_1\theta_1-\mu_1^2}\right)^{\frac{1+\alpha}{2}}\left[\frac{(1-\alpha)\theta_2(1-\beta^*)}{k_2\theta_2-\mu_2^2}\right]^{\frac{3-\alpha}{2}}>0;$$

$$\frac{\partial s_1^*}{\partial k_1}=-\frac{A(1+\alpha)\lambda\mu_1\theta_1}{2(k_1\theta_1-\mu_1^2)}\left[\frac{(1-\alpha)(1-\beta^*)\theta_2}{k_2\theta_2-\mu_2^2}\right]^{\frac{1-\alpha}{2}}\left(\frac{\alpha\beta^*\theta_1}{k_1\theta_1-\mu_1^2}\right)^{\frac{1+\alpha}{2}}<0;$$

$$\frac{\partial s_1^*}{\partial k_2}=-\frac{A\lambda\mu_1}{2(1-\beta^*)}\left(\frac{(1-\alpha)(1-\beta^*)\theta_2}{k_2\theta_2-\mu_2^2}\right)^{\frac{3-\alpha}{2}}\left(\frac{\alpha\beta^*\theta_1}{k_1\theta_1-\mu_1^2}\right)^{\frac{1+\alpha}{2}}<0;$$

$$\frac{\partial s_1^*}{\partial \theta_1}=-\frac{A(1+\alpha)\lambda\mu_1^3}{2\alpha\theta_1^2\beta^*}\left[\frac{(1-\alpha)(1-\beta^*)\theta_2}{k_2\theta_2-\mu_2^2}\right]^{\frac{1-\alpha}{2}}\left(\frac{\alpha\beta^*\theta_1}{k_1\theta_1-\mu_1^2}\right)^{\frac{3+\alpha}{2}}<0;$$

$$\frac{\partial s_1^*}{\partial \theta_2}=-\frac{A\lambda\mu_1\mu_2^2}{2\theta_2^2(1-\beta^*)}\left[\frac{(1-\alpha)(1-\beta^*)\theta_2}{k_2\theta_2-\mu_2^2}\right]^{\frac{3-\alpha}{2}}\left(\frac{\alpha\beta^*\theta_1}{k_1\theta_1-\mu_1^2}\right)^{\frac{1+\alpha}{2}}<0。$$

综上可知，s_1^* 随双方合作程度 A、业主的奖励系数 λ、创新边际促进率 $\mu_i(i=1,\ 2)$ 的增加而增加，随双方社会责任成本系数 $k_i(i=1,\ 2)$ 和创新成本系数 $\theta_i(i=1,\ 2)$ 的增加而减少。同理可证 s_2^* 与上述参数关系类似。证毕。

命题 4.8（1）的结论与 He 等[154] 的结论类似，大型工程通过创新改进了工艺流程，研发了绿色材料，降低了环境污染，进而也会促进社会责任的提升。而大型工程的社会属性和深远影响，要求参与方在建造过程中，必须考虑承担维护社会稳定、保护生态环境以及促进可持续发展等社会责任，这些社会责任目标的实现促使工程利益相关者必须打造全新的工程管理模式、先进的工程技术和工艺，从而驱动创新的开展，故社会责任可以促进创新。大型工程领域创新和社会责任是相互促进的，形成了良性循环，两者共同实施为大型工程可持续发展提供重要保障。此外，创新和社会责任的双向促进程度受到 θ_i、μ_i 的影响，故社会责任成本系数和创新边际促进效率对两者的关系具有一定的调节作用。命题 4.8（2）说明协同创新和社会责任都与合作程度和业主奖励正相关，此结论说明适当的激励和高效交流合作是促进实施主体履行社会责任和创新的重要手段。此外，该命题还说明创新和社会责任的投入成本太高，均会抑制其积极性，这种抑制作用具有外部溢出效应。

命题 4.9　牵头方和协同方的社会责任努力水平均随履责收益分配比例 β 先增加后减少，且当 $\beta=\bar{\beta}^*=\dfrac{1+\alpha}{2}$ 时，牵头方的社会责任努力水平达到最大；当 $\beta=\underline{\beta}^*=\dfrac{\alpha}{2}$ 时，协同方的社会责任努力水平达到最大。

证明： 由 $\dfrac{\partial e_1^*}{\partial\beta}=A\lambda\left(\dfrac{\alpha\theta_1}{k_1\theta_1-\mu_1^2}\right)^{\frac{1+\alpha}{2}}\left[\dfrac{(1-\alpha)\theta_2}{k_2\theta_2-\mu_2^2}\right]^{\frac{1-\alpha}{2}}\dfrac{1+\alpha-2\beta}{2\beta^{\frac{1-\alpha}{2}}(1-\beta)^{\frac{1+\alpha}{2}}}$ 可知，当 $0<\beta<\dfrac{1+\alpha}{2}$ 时，$\dfrac{\partial e_1^*}{\partial\beta}>0$ 即牵头方的社会责任努力水平随 β 的增加而增加。当 $\dfrac{1+\alpha}{2}<$

$\beta<1$ 时，$\frac{\partial e_1^*}{\partial \beta}<0$，即牵头方的社会责任努力水平随 β 的增加而减少。综上可知，牵头方的社会责任努力水平随着履责收益分配比例先增加后减少，当 $\bar{\beta}^*=\frac{1+\alpha}{2}$时，$\frac{\partial e_1^*}{\partial \beta}=0$，牵头方的社会责任努力水平达到了最大。

同理，由$\frac{\partial e_2^*}{\partial \beta}=A\lambda\left(\frac{\alpha\theta_1}{k_1\theta_1-\mu_1^2}\right)^{\frac{\alpha}{2}}\left[\frac{(1-\alpha)\theta_2}{k_2\theta_2-\mu_2^2}\right]^{\frac{2-\alpha}{2}}\frac{\alpha-2\beta}{2\beta^{\frac{2-\alpha}{2}}(1-\beta)^{\frac{\alpha}{2}}}$可知，当 $0<\beta<\frac{\alpha}{2}$时，$\frac{\partial e_2^*}{\partial \beta}>0$，协同方的社会责任水平随着分配比例 β 的增加而增加。当 $\frac{\alpha}{2}<\beta<1$ 时，$\frac{\partial e_2^*}{\partial \beta}<0$，协同方的社会责任水平随着分配比例的增加而减少。当 $\beta=\bar{\beta}^*=\frac{\alpha}{2}$时，$\frac{\partial e_2^*}{\partial \beta}=0$，协同方的社会责任努力水平达到了最大。证毕。

命题 4. 9 说明当履责收益分配比例 β 从 0 开始逐渐增加时，决策模式从一方独揽工程，变成了双方协同合作。此决策调动了双方的社会责任积极性，双方均通过积极投入社会责任和创新来提高可持续绩效，进而达到提高收益的目的。但当履责收益分配比例增加到$\frac{\alpha}{2}$时，此时协同方的努力水平达到了最大，如进一步增加履责收益分配比例，收益分配会倾向牵头方，协同方的社会责任努力水平会降低。当分配比例继续增加到$\frac{1+\alpha}{2}$时，此时牵头方的社会责任努力水平达到了最大，随着履责收益分配比例继续增加，虽然牵头方的分配比例持续增加，但是由于履责互补性特征，协同方的过度消极会降低可持续总绩效的产出，进而也减少了牵头方的履责收益。此外，牵头方达到最大社会责任努力水平时的履责收益分配比例高于协同方达到最大社会责任努力水平时的履责收益分配比例。这是因为牵头方是领导者，具有一定的调配权力和领导权利，其除了投入社会责任和创新外，还需统筹决策、协调服务、管理指挥其他企业投入资源以及动态嵌入，故牵头方付出最大努力时分配比例稍大符合实际背景。

命题 4.10　创新驱动下联合承包商履责和创新中，责任链上的总收益以及牵头方和协同方的社会责任努力和创新努力水平均与谈判能力无关。但牵头方和协同方的各自履责收益与谈判能力有关。

证明：把式（4-46）、式（4-51）~式（4-54）代入式（4-3）中，可得：

$$\Pi=\overline{\omega}+\lambda Ae_1^{*\alpha}e_2^{*(1-\alpha)}-\frac{1}{2}(k_1e_1^{*2}+\theta_1s_1^{*2}-2\mu_1e_1^*s_1^*)-\frac{1}{2}(k_2e_2^{*2}+\theta_2s_2^{*2}-2\mu_2e_2^*s_2^*) \tag{4-60}$$

由 e_i^* 和 s_i^* 可知，最优社会责任努力和创新努力与谈判能力无关，故式（4-60）中 Π 与谈判能力无关。但牵头方的履责收益 $\Pi_1^*=\overline{\omega}-p_2^*+\beta\lambda Ae_1^{*\alpha}e_2^{*(1-\alpha)}-\frac{1}{2}(k_1e_1^{*2}+\theta_1s_1^{*2}-2\mu_1e_1^*s_1^*)$，协同方的履责收益 $\Pi_2^*=p_2^*+(1-\beta)\lambda Ae_1^{*\alpha}e_2^{*(1-\alpha)}-\frac{1}{2}(k_2e_2^{*2}+\theta_2s_2^{*2}-2\mu_2e_2^*s_2^*)$ 均含有 p_2^*，而 p_2^* 与牵头方的谈判能力负相关，与协同方的谈判能力正相关。故牵头方的履责收益与牵头方的谈判能力正相关，与协同方的谈判能力负相关。相反，协同方的履责收益与牵头方的谈判能力负相关，与协同方的谈判能力正相关。证毕。

将式（4-51）和式（4-53）代入 M 中，即可得 M^* 为：

$$M^*=A^2\lambda\left(\frac{\alpha\beta^*\theta_1}{k_1\theta_1-\mu_1^2}\right)^{\alpha}\left[\frac{(1-\alpha)(1-\beta^*)\theta_2}{k_2\theta_2-\mu_2^2}\right]^{1-\alpha} \tag{4-61}$$

命题 4.11　创新驱动下的 Nash 讨价还价博弈合作履责模式下，可持续绩效存在最优解 M^*，且 $\frac{\partial M^*}{\partial\lambda}>0$，$\frac{\partial M^*}{\partial A}>0$，$\frac{\partial M^*}{\partial\mu_i}>0$，$\frac{\partial M^*}{\partial k_i}<0$，$\frac{\partial M^*}{\partial\theta_i}<0$。

证明：$\frac{\partial M^*}{\partial\lambda}=A^2\left(\frac{\alpha\beta^*\theta_1}{k_1\theta_1-\mu_1^2}\right)^{\alpha}\left[\frac{(1-\alpha)(1-\beta^*)\theta_2}{k_2\theta_2-\mu_2^2}\right]^{1-\alpha}$，式（4-61）中 $\frac{\alpha\beta^*\theta_1}{k_1\theta_1-\mu_1^2}$ 和 $\frac{(1-\alpha)(1-\beta^*)\theta_2}{k_2\theta_2-\mu_2^2}$ 均大于 0，故 $\frac{\partial M^*}{\partial\lambda}>0$。同理可得：

$$\frac{\partial M^*}{\partial A}=2A\lambda\left(\frac{\alpha\beta^*\theta_1}{k_1\theta_1-\mu_1^2}\right)^{\alpha}\left[\frac{(1-\alpha)(1-\beta^*)\theta_2}{k_2\theta_2-\mu_2^2}\right]^{1-\alpha}>0;$$

$$\frac{\partial M^*}{\partial \mu_1}=\frac{2A^2\alpha^2\lambda\theta_1\mu_1\left[\frac{(1-\alpha)(1-\beta^*)\theta_2}{k_2\theta_2-\mu_2^2}\right]^{1-\alpha}\beta^*}{\left(\frac{\alpha\beta^*\theta_1}{k_1\theta_1-\mu_1^2}\right)^{1-\alpha}(k_1\theta_1-\mu_1^2)^2}>0;$$

$$\frac{\partial M^*}{\partial \mu_2}=\frac{2A^2(1-\alpha)^2\lambda\theta_2\mu_2(1-\beta^*)\left(\frac{\alpha\beta^*\theta_1}{k_1\theta_1-\mu_1^2}\right)^{\alpha}}{\left[\frac{(1-\alpha)(1-\beta^*)\theta_2}{k_2\theta_2-\mu_2^2}\right]^{\alpha}(k_2\theta_2-\mu_2^2)^2}>0;$$

$$\frac{\partial M^*}{\partial k_1}=-\frac{A^2\alpha^2\lambda\theta_1^2\left[\frac{(1-\alpha)(1-\beta^*)\theta_2}{k_2\theta_2-\mu_2^2}\right]^{1-\alpha}\beta^*}{\left(\frac{\alpha\beta^*\theta_1}{k_1\theta_1-\mu_1^2}\right)^{1-\alpha}(k_1\theta_1-\mu_1^2)^2}<0;$$

$$\frac{\partial M^*}{\partial k_2}=-\frac{A^2(1-\alpha)^2\lambda\theta_2\mu_2(1-\beta^*)\left(\frac{\alpha\beta^*\theta_1}{k_1\theta_1-\mu_1^2}\right)^{\alpha}}{\left[\frac{(1-\alpha)(1-\beta^*)\theta_2}{k_2\theta_2-\mu_2^2}\right]^{\alpha}(k_2\theta_2-\mu_2^2)^2}<0;$$

$$\frac{\partial M^*}{\partial \theta_1}=\frac{A^2\alpha\lambda\left[\frac{(1-\alpha)(1-\beta^*)\theta_2}{k_2\theta_2-\mu_2^2}\right]^{1-\alpha}}{\left(\frac{\alpha\beta^*\theta_1}{k_1\theta_1-\mu_1^2}\right)^{1-\alpha}}\left[\frac{\alpha\beta^*}{k_1\theta_1-\mu_1^2}-\frac{\alpha\beta^*k_1\theta_1}{(k_1\theta_1-\mu_1^2)^2}\right]。$$

在此式中，前半部分$\frac{A^2\alpha\lambda\left[\frac{(1-\alpha)(1-\beta^*)\theta_2}{k_2\theta_2-\mu_2^2}\right]^{1-\alpha}}{\left(\frac{\alpha\beta^*\theta_1}{k_1\theta_1-\mu_1^2}\right)^{1-\alpha}}$显然大于0，后半部分$\frac{\alpha\beta^*}{k_1\theta_1-\mu_1^2}-\frac{\alpha\beta^*k_1\theta_1}{(k_1\theta_1-\mu_1^2)^2}$化解可得$-\frac{\alpha\beta^*\mu_1^2}{(k_1\theta_1-\mu_1^2)^2}<0$，因此两部分相乘之后所得的$\frac{\partial M^*}{\partial \theta_1}<0$。

$$\frac{\partial M^*}{\partial \theta_2}=\frac{A^2(1-\alpha)\lambda\left(\frac{\alpha\beta^*\theta_1}{k_1\theta_1-\mu_1^2}\right)^{\alpha}}{\left[\frac{(1-\alpha)(1-\beta^*)\theta_2}{k_2\theta_2-\mu_2^2}\right]^{\alpha}}\left[\frac{(1-\alpha)(1-\beta^*)}{k_2\theta_2-\mu_2^2}-\frac{(1-\alpha)(1-\beta^*)k_2\theta_2}{(k_2\theta_2-\mu_2^2)^2}\right]$$，同样，在此式中，前半部分 $\frac{A^2(1-\alpha)\lambda\left(\frac{\alpha\beta^*\theta_1}{k_1\theta_1-\mu_1^2}\right)^{\alpha}}{\left[\frac{(1-\alpha)(1-\beta^*)\theta_2}{k_2\theta_2-\mu_2^2}\right]^{\alpha}}$ 显然大于 0，后半部分 $\frac{(1-\alpha)(1-\beta^*)}{k_2\theta_2-\mu_2^2}-\frac{(1-\alpha)(1-\beta^*)k_2\theta_2}{(k_2\theta_2-\mu_2^2)^2}$ 化简可得 $-\frac{(1-\alpha)(1-\beta^*)\mu_2^2}{(k_2\theta_2-\mu_2^2)^2}<0$，因此两部分相乘之后所得的 $\frac{\partial M^*}{\partial \theta_2}<0$。证毕。

命题 4.11 表明，当创新驱动下的 Nash 讨价还价博弈合作履责模型存在最优的履责收益分配比例均衡解时，把 β^* 代入 M 中，即可求出最优的社会责任绩效 M^*。相较于创新驱动下的主从博弈合作履责模式，可知合理的履责收益分配下，合作可促进可持续绩效的提高，此结论区别于 Ma 等[56] 认为的大型工程的主要利益相关者（施工方和设计方、供应商等）的互动会减弱大型工程社会责任对工程绩效的影响。这是因为 Ma 等聚焦于大型工程全生命周期，认为与次要利益相关者（政府、公众）相比，主要利益相关者互动过程中，其更加注重自身的发展，为了取得更多的经济收益，主要利益相关者的互动可能会增加一些不道德行为的可能性，进而减弱社会责任对可持续绩效的影响。结论的差异主要是由于本结论的合作参与方主要集中于总承包商内部的牵头方和协同方，相对 Ma 等的全生命周期下的利益主体相对较少，且承包商和协同方 Nash 讨价还价博弈合作履责放大社会责任对可持续绩效的前提是合理的履责收益分配条件下，故由于条件边界的不同，此结论与 Ma 等的结论存在一定差异。从责任客体的角度而言，总承包模式下若牵头方和协同方交互深入、资源、要素融合，则有利于工程可持续绩效的提高。环境可以得到更好的保护，资源可以得到更好的利用。

例如，港珠澳大桥牵头方中交集团与其他协作单位通力合作，从方案设计到施工建设，从工程管理到技术研究，高度合作，协同创新，实现了海洋环境“零污染”和白海豚“零伤亡”目标。

此外，根据 M^* 与各因素的关系，可知可持续绩效与业主奖励力度、创新边际促进率等正相关，与双方的社会责任成本系数和创新成本系数负相关。

三、无创新驱动的 Nash 讨价还价博弈合作履责决策模型

下面考虑牵头方和协同方为了完成既定社会责任目标，积极履行社会责任，合理利用资源，及时披露信息、相互交流沟通。但并未通过创新来驱动提升社会责任的情景。此时，牵头方、协同方的履责收益以及责任链上的总收益分别为 Π_1^N、Π_2^N 和 Π^N，具体如下：

牵头方驱动的履责收益 Π_1^N 为：

$$\Pi_1^N=\overline{\omega}-p_2+\beta\lambda Ae_1^{\alpha}e_2^{1-\alpha}-\frac{1}{2}k_1e_1^2 \tag{4-62}$$

协同方驱动的履责收益 Π_2^N 为：

$$\Pi_2^N=p_2+(1-\beta)\lambda Ae_1^{\alpha}e_2^{1-\alpha}-\frac{1}{2}k_2e_2^2 \tag{4-63}$$

无创新驱动的责任链上总收益 Π^N 为：

$$\Pi^N=\overline{\omega}+\lambda Ae_1^{\alpha}e_2^{1-\alpha}-\frac{1}{2}k_1e_1^2-\frac{1}{2}k_2e_2^2 \tag{4-64}$$

构建无创新驱动下的 Nash 讨价还价博弈合作履责决策模型，记作 P3：

$$\max(\Pi_1^N-\underline{\omega})^{\tau_1}(\Pi_2^N-\underline{p})^{\tau_1} \tag{4-65}$$

$$\Pi_1^N\geqslant\underline{\omega},\ \Pi_2^N\geqslant\underline{p} \tag{4-66}$$

$$e_1^{N*} \in \arg\max_{e_1} \Pi_1^N = \arg\max_{e_1}\left(\overline{\omega}-p_2+\beta\lambda A e_1^{\alpha} e_2^{1-\alpha}-\frac{1}{2}k_1 e_1^2\right) \tag{4-67}$$

$$e_2^{N*} \in \arg\max_{e_2} \Pi_2^N = \arg\max_{e_2}\left[p_2+(1-\beta)\lambda A e_1^{\alpha} e_2^{1-\alpha}-\frac{1}{2}k_2 e_2^2\right] \tag{4-68}$$

求解 P3 模型的方法类似于模型 P2 的方法，故此处直接给出相关均衡结果，具体如下：

$$\beta^* = \begin{cases} \dfrac{1}{2}, & \alpha=\dfrac{1}{2} \\ \dfrac{\alpha+\alpha^2-\sqrt{2\alpha-\alpha^2-2\alpha^3+\alpha^4}}{2(2\alpha-1)}, & \alpha\neq\dfrac{1}{2} \end{cases} \tag{4-69}$$

$$e_1^{N*} = A\lambda\left(\frac{\alpha\beta}{k_1}\right)^{\frac{1+\alpha}{2}}\left[\frac{(1-\alpha)(1-\beta)}{k_2}\right]^{\frac{1-\alpha}{2}} \tag{4-70}$$

$$e_2^{N*} = A\lambda\left(\frac{\alpha\beta}{k_1}\right)^{\frac{\alpha}{2}}\left[\frac{(1-\alpha)(1-\beta)}{k_2}\right]^{\frac{2-\alpha}{2}} \tag{4-71}$$

由式（4-69）可知，无创新驱动下的最优履责收益分配比例，只与权重系数 α 有关系，与创新驱动下 Nash 讨价还价博弈履责决策模式下的收益分配比例相同，两者的主要区别在于创新对社会责任努力水平和责任链总绩效的影响。

四、对比分析

为了更好地比较，把有无创新驱动两种情形下的社会责任努力水平、可持续绩效等均衡值进行比较，具体如表 4-2 所示。

命题 4.12 对比创新驱动和无创新驱动两种情形下的合作履责决策模型的均衡值，满足：$e_i^* \geqslant e_i^{N*}(i=1, 2)$，$M^* \geqslant M^{N*}$。

表 4-2　两种情形下 Nash 讨价还价博弈合作履责决策模式的均衡值

	创新驱动情形	无创新驱动情形
e_1^*	$A\lambda\left(\frac{\alpha\beta\theta_1}{k_1\theta_1-\mu_1^2}\right)^{\frac{1+\alpha}{2}}\left[\frac{(1-\alpha)(1-\beta)\theta_2}{k_2\theta_2-\mu_2^2}\right]^{\frac{1-\alpha}{2}}$	$A\lambda\left(\frac{\alpha\beta}{k_1}\right)^{\frac{1+\alpha}{2}}\left[\frac{(1-\alpha)(1-\beta)}{k_2}\right]^{\frac{1-\alpha}{2}}$
e_2^*	$A\lambda\left(\frac{\alpha\beta\theta_1}{k_1\theta_1-\mu_1^2}\right)^{\frac{\alpha}{2}}\left[\frac{(1-\alpha)(1-\beta)\theta_2}{k_2\theta_2-\mu_2^2}\right]^{\frac{2-\alpha}{2}}$	$A\lambda\left(\frac{\alpha\beta}{k_1}\right)^{\frac{\alpha}{2}}\left[\frac{(1-\alpha)(1-\beta)}{k_2}\right]^{\frac{2-\alpha}{2}}$
M^*	$A^2\lambda\left(\frac{\alpha\beta\theta_1}{k_1\theta_1-\mu_1^2}\right)^{\alpha}\left[\frac{(1-\alpha)(1-\beta)\theta_2}{k_2\theta_2-\mu_2^2}\right]^{1-\alpha}$	$A^2\lambda\left(\frac{\alpha\beta}{k_1}\right)^{\alpha}\left[\frac{(1-\alpha)(1-\beta)}{k_2}\right]^{1-\alpha}$

证明：当$\mu_1<\sqrt{k_1\theta_1}$，$\mu_2<\sqrt{k_2\theta_2}$时，

$$\frac{e_1^*}{e_1^{N*}}=\left(\frac{k_1\theta_1}{k_1\theta_1-\mu_1^2}\right)^{\frac{1+\alpha}{2}}\left(\frac{k_2\theta_2}{k_2\theta_2-\mu_2^2}\right)^{\frac{1-\alpha}{2}}>1$$

$$\frac{e_2^*}{e_2^{N*}}=\left(\frac{k_1\theta_1}{k_1\theta_1-\mu_1^2}\right)^{\frac{\alpha}{2}}\left(\frac{k_2\theta_2}{k_2\theta_2-\mu_2^2}\right)^{\frac{2-\alpha}{2}}>1$$

$$\frac{M^*}{M^{N*}}=\left(\frac{k_1\theta_1}{k_1\theta_1-\mu_1^2}\right)^{\alpha}\left(\frac{k_2\theta_2}{k_2\theta_2-\mu_2^2}\right)^{1-\alpha}>1$$

证毕。

命题 4. 12 表明：与无创新驱动的合作履责决策模型相比，创新驱动下牵头方和协同方的社会责任水平和可持续绩效均显著提高，说明社会责任不仅可以直接促进工程可持续绩效，还可以通过创新间接提高工程可持续绩效，创新在社会责任和可持续绩效之间具有调节作用。

五、数值分析

为进一步揭示大型工程社会责任实施过程中贡献权重、履责成本系数、创新边际促进率等因素对社会责任努力水平、可持续绩效、履责收益分配

比例以及双方策略选择的影响，本部分通过数值分析对前文所求得的结论进行验证和补充。

由于大型工程影响重大且深远，若牵头方和协同方通过创新和履行社会责任在生态环境有效保护、瓶颈技术重大突破、工程可持续发展等方面取得成绩，业主愿意给予较高的奖励。例如，港珠澳大桥的岛隧工程建设中，牵头方中交集团会同协同方驻扎现场设计七年，不断深化、调整前期设计，对岛隧工程初步设计 90%以上的方案进行了优化变更，重点解决了工程的超期服役问题，实现了长寿耐久。为此岛隧项目在相应费用调整受到总包合同限制的情况下，补贴和奖励共三倍以上的费用[7]，故设 λ 不会太小，不妨取 $\lambda=0.8$。为了研究履责成本系数是否影响社会责任努力与收益分配的关系，取双方的贡献权重、创新边际促进率相同且满足 $k_1\theta_1>\mu_1^2$，$k_2\theta_2>\mu_2^2$ 约束条件。不妨取 $\alpha=0.5$，$\theta_1=\theta_2=0.8$，$\mu_1=\mu_2=0.4$，$k_1=k_2=0.3$、0.5、0.7。绘制牵头方和协同方的社会责任努力水平 e_i^* 与履责收益分配比例 β 的关系图，具体如图 4-1 所示。

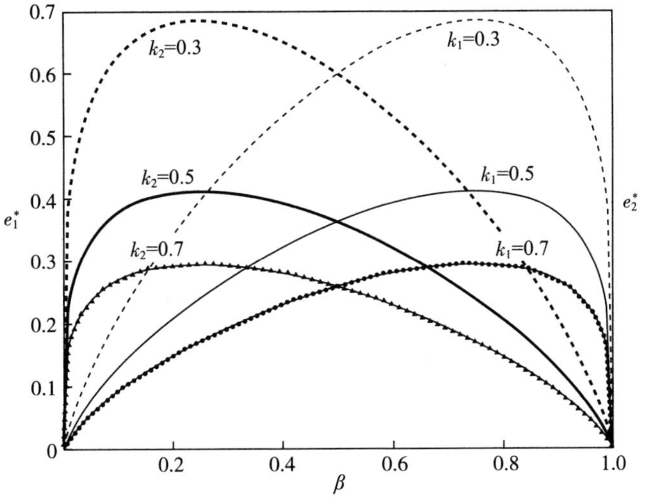

图 4-1 e_i^* 与 β 的关系（k_1 与 k_2 相同）

图 4-1 说明牵头方和协同方的社会责任努力水平均随履责收益分配比例 β 先增加后减少，且协同方率先达到最大努力。这是因为当 $0<\beta<0.5$ 随着分配比例 β 的进一步增加，履责收益分配应兼顾公平。此时，履责收益分配比例应根据对可持续绩效的贡献权重来进行分配。当双方贡献权重相当时，此时分配比例为 0.5，双方的社会责任努力水平也相当。随着分配比例的进一步增加，当 $0.5<\beta<1$ 时，虽然牵头方的贡献权重越来越大，但是分配比例却没有按照线性关系递增，而是为了协同攻关，让渡一部分收益给协同方。

图 4-2 主要揭示了最优履责收益分配比例 β^* 与贡献权重 α 的关系，表明最优履责收益分配比例 β^* 随着贡献权重系数 α 的增加而增加，但这种增加不是简单的线性关系。当 $0.5<\alpha<1$ 时，牵头方在社会责任和创新中的贡献权重更大，分配理应更多，但分配比例 β^* 却是关于 α 的凸函数，即低于完全按照线性增长关系时的分配比例，这说明牵头方为了协同攻关会让渡一部分利润给协同方。当 $0<\alpha<0.5$ 时，$\frac{d^2\beta^*}{d\alpha^2}<0$。即 $\frac{d\beta^*}{d\alpha}$ 随着 α 的增加呈递减趋势，即当双方贡献权重越接近时，与贡献权重相关的边际分配会越来越低，此时契约设计更注重公平。

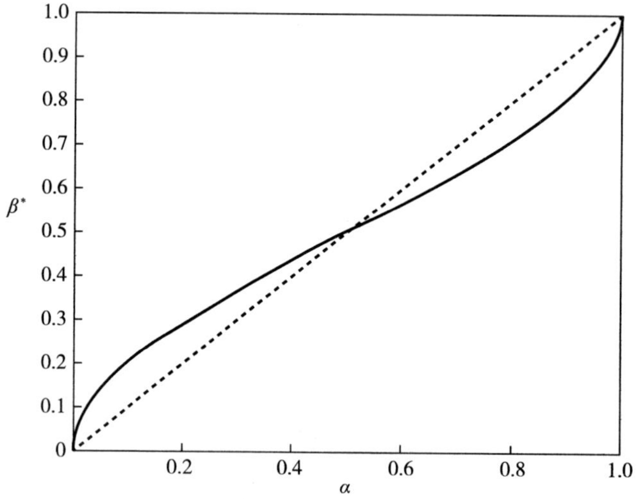

图 4-2 β^* 与 α 的关系

图 4-3 说明当其他影响因素相同时，社会责任成本低的一方，会更加努力。同时，牵头方和协同方的社会责任努力水平均随双方的社会责任成本系数的增加而减少。这是由于履行社会责任由创新的互补性和依赖性决定，但自身的社会责任和创新成本系数对履责和创新努力影响要更大一些。因此牵头方和协同方应资源共享，协同创新，降低整体的社会责任成本，尤其需利用专业优势，不断推进新工艺和新技术来降低自身成本。

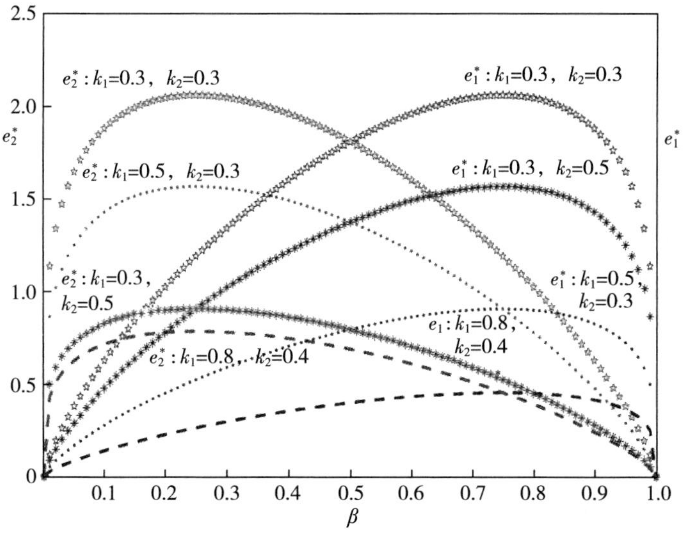

图 4-3 e_i^* 与 β 的关系（k_1 与 k_2 不同）

下面针对有无创新驱动两种情形下的责任链上的总收益进行对比，由于业主跟总承包签订合同的固定总价 $\overline{\omega}$ 是完成最低标准所得到的固定总额，不影响创新与其他因素之间的关系，故不妨取 $\overline{\omega}=10$。为了考察创新成本系数对责任链工程总收益和贡献权重的关系是否有影响，分别取创新努力成本系数 $\theta_1=\theta_2=0.4$、0.6、0.8，绘制图 4-4 并进行分析。

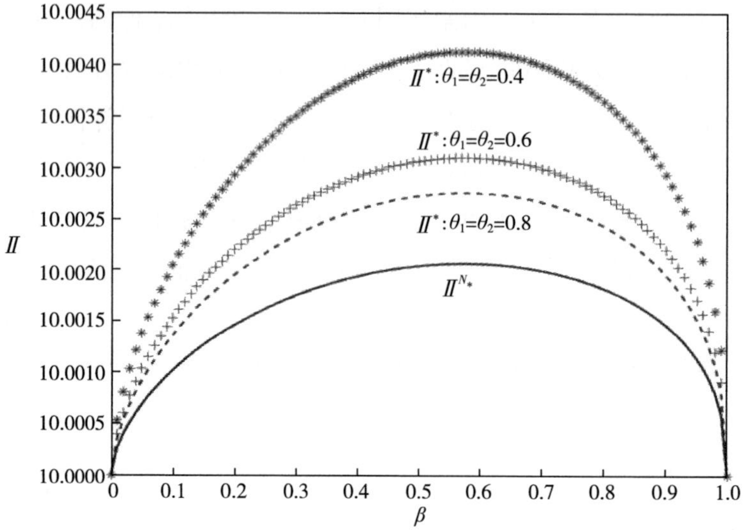

图 4-4 两种模型下工程责任链上总收益对比

由图 4-4 可以看出，工程责任链上总收益与履责收益分配比例的关系仍然是先增加后减少，进一步说明了设定合理的履责收益分配比例的重要性。此外，创新驱动下的工程责任链上总收益随着创新成本系数的增加而减少，但始终高于无创新驱动时的总收益。此结论说明创新对工程责任链上总收益具有显著正向影响。

图 4-5 说明当贡献权重确定时，工程可持续绩效与履责成本负相关。当履责成本固定时，可持续绩效与贡献权重正相关。记$\frac{\alpha}{k_1}$为牵头方的社会责任投入产出效率，$\frac{1-\alpha}{k_2}$为协同方的社会责任投入产出效率，由图 4-5 易知，可持续绩效与社会责任投入产出效率正相关，这也是现实中为什么实力相当、社会责任形象好的工程企业拥有更多的机会参与大型工程建设项目。

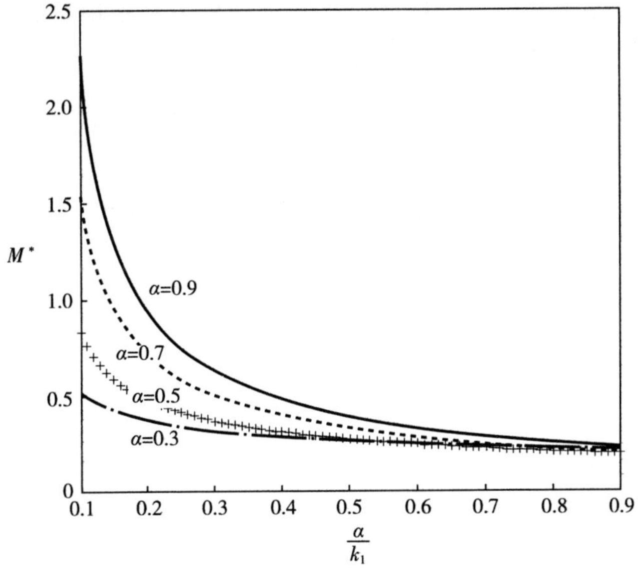

图 4-5　可持续绩效 M^* 与社会责任投入产出效率 $\frac{\alpha}{k_1}$ 关系

六、本章小结

本章针对大型工程创新驱动下，牵头方和协同方组成的总承包商在责任共担工程中，存在双边道德风险的合作履责问题，将创新作为异质性带来的履责冲突解决的切入点，利用委托代理与讨价还价理论，结合其互补性的特点，分别构建了创新驱动下的主从博弈合作履责模型与 Nash 讨价还价博弈合作履责决策模型，探讨了牵头方和协同方的社会责任与创新投入的影响要素和策略选择，厘清了创新、社会责任与可持续绩效的关系。并与无创新驱动下的 Nash 讨价还价博弈合作履责决策模型进行对比，主要结论如下：

（1）牵头方和协同方的社会责任和创新努力水平均与业主激励力度、双方合作程度、贡献权重以及创新边际促进率正相关，与双方的创新和社会责任投入成本系数负相关，且相较于对方的成本系数，自身的成本系数对其影响更大。

（2）合理的履责收益分配条件下，牵头方和协同方的互动合作会增强社会责任对工程绩效的影响，此结论一定程度上补充了 Ma 等[56] 通过实证研究得出的结论。

（3）最优履责收益分配是关于贡献权重的复杂函数，为了大型工程可持续发展，牵头方需对协同方进行让利，以减轻创新和履责的瓶颈效应。

（4）创新努力和社会责任努力水平具有双向促进作用，创新不仅可以直接促进社会责任的提升，还可以放大社会责任和可持续绩效之间的正向影响，故创新在社会责任和可持续绩效的关系中具有调节作用。

本章研究内容的管理启示如下：首先，对于牵头方和协同方而言，提高社会责任投入产出能力、降低创新和履责成本、加强主体间的交流合作是提高可持续绩效的重要途径。其次，牵头方作为领导者，不仅要通过合理设置分配比例协调协同方的社会责任努力水平，更需克服合同的局限性，考虑社会责任、创新与可持续绩效的关系和影响，为了工程可持续发展，面对一些“卡脖子”技术，应适当让利，以减轻协同创新研发的“瓶颈”效应。最后，对于业主而言，应建立合理的激励监督机制，加大对总承包商履行社会责任的激励力度，注重对总承包商社会责任意识的培育，将社会责任融入工程创新整体流程中，规范参与主体社会责任行为，制定工程建设主体社会责任尽职与治理绩效指标。只有从思想到行动高度一体化，才能促进工程高质量和可持续发展。

第五章　总承包商主导下单一分包商社会责任的激励机制

第三章和第四章的研究表明，合理的合作模式和收益分配，是促使总承包商内部成员提升社会责任努力水平、提高社会责任绩效的重要途径。现实中，随着大型工程项目实施的日益专业和复杂，总承包商将其承担的部分非核心工程再合法分包成为一种必然选择。故本章从第三章和第四章总承包商内部成员方的合作研究延伸至外部对分包商的激励，考察总承包商主导下的分包商在履责过程中存在信息不对称时的社会责任激励契约设计问题。

在总承包模式下，分包商的社会责任具有从属性特征。具体表现在以下两个方面：第一，分包商的社会责任主要体现为维护总承包商利益、保护施工环境、披露责任信息、维持员工安全等方面，由于分包商的全部工作由总承包商对业主负责，故在地位上分包商的社会责任从属于总承包商。第二，分包商作为经济和责任的“双元体”，履行社会责任与其盈利相比处于次要地位，故在与利益比较的关系上分包商的社会责任具有从属性[38, 39]。

此外，相对于业主和总承包商而言，分包商社会责任的从属性使其履责意识更加淡薄，为了获得更高的经济收益，分包商在社会责任承担过程中，会隐瞒或虚报相关责任信息，从而造成社会责任信息不对称。在该情形下，信息不对称可能会成为总承包商和分包商履责冲突的重要影响因素[40]。那么，信息不对称对总承包商和分包商的履责策略具有怎样的影响?

总承包商作为工程建设的核心主体和社会责任的主导方，如何通过激励契约设计促进分包商披露责任信息，提升社会责任？

为了回答上述问题，首先，本章通过构建信息对称和不对称情形下单阶段履责决策模型，分析信息不对称程度、履责成本等因素对激励系数、总承包商和分包商的履责收益的影响，探讨两种情形下总承包商和分包商的社会责任策略选择；并通过对两种情形下双方的履责收益进行对比分析，剖析总承包商激励分包商提升社会责任的动机。其次，本章构建双指标两阶段社会责任激励模型，求解激励系数、社会责任努力水平等均衡解，探讨通过契约设计提升分包商社会责任的激励机制。最后，本章通过与单阶段履责决策模型进行对比，验证双指标两阶段社会责任激励模型的优越性。

一、总承包商主导下单一分包商社会责任的激励机制模型描述

总承包模式下，大型工程社会责任的实现，既需要总承包商内部成员的协同合作，也需要总承包商和分包商的共担。在总承包商将部分工程分包给分包商完成时，总承包商具有一致对外性[34]。为了研究方便，将其看作一个整体，故本章的社会责任决策主体为一个总承包商和一个分包商。

业主（政府）只负责整体管控，且只与总承包商签订总承包合同。激励合同一般分为基础部分和奖励部分。其中基础部分是总承包商按照最低标准（工期、成本、质量）完成项目给予的金额，用 $\overline{\omega}$ 表示；奖励部分是业主（政府）为激励总承包商积极履行社会责任，对取得较好社会责任绩效而给予的补贴或奖金，用 S 表示。业主与总承包商的合同形式为：$W=\overline{\omega}+S$。其中，S 与业主对总承包商履责的激励力度和总承包商履行社会责任产生的绩效有关。为了方便表述，本章用 $\lambda(0<\lambda<1)$ 表示业主对总承包商社会责任

的激励系数，反映激励力度。M 为总承包商付出社会责任后带来的工程社会责任总绩效，故 $W=\overline{\omega}+\lambda M$[196, 199]。

总承包商把部分非核心工程分包给分包商，故社会责任总绩效 M 一部分由总承包商内部成员通过努力产生，记为 M_c，另一部分由分包商通过努力产生，记为 M_s。在供应链研究模型中，有两种常见的刻画社会责任的模型：一是社会责任以线性方式直接影响产品的需求函数[60, 203]；二是通过引入了消费者剩余来描述企业的社会责任行为，社会责任通过消费者剩余间接影响需求函数[211, 219]。大型工程的社会责任不同于企业社会责任只影响产品需求，其影响工程社会责任总绩效和工程可持续性。He 等[154]提出大型工程社会责任对社会责任绩效有直接的显著正向影响，且实施主体的社会责任付出与其努力水平成正比。参照以上文献及工程背景，本章设总承包商履行社会责任带来的社会责任绩效 $M_c=\eta e_c+\xi_c$，分包商履行社会责任带来的社会责任绩效 $M_s=\gamma e_s+\xi_s$。其中，e_c 和 e_s 分别为总承包商和分包商付出的社会责任努力水平，η、γ(η、$\gamma>0$)分别为总承包商和分包商的社会责任绩效转化系数，ξ_c 和 ξ_s 分别为总承包商和分包商社会责任绩效随机误差。不失一般性地，令其期望 $E(\xi_c)=E(\xi_s)=0$，则总承包商和分包商社会责任总绩效为 $M=E(M_c+M_s)=\eta e_c+\gamma e_s$。

参考相关文献[60, 212] 对社会责任成本的刻画方式，本章设 ke^{ρ} 为社会责任成本，其中 k 表示社会责任成本系数。由于大型工程社会责任存在成本和边际成本递增效应，故当 $\rho>1$ 时，即 ke^{ρ} 是关于 e 的凸函数时，符合大型工程社会责任成本产生的实际过程，而 $\rho=2$ 是最常见的情形。借鉴这一思路，本章设总承包商和分包商的社会责任努力成本分别为 $c(e_c)=\frac{1}{2}k_ce_c^2$ 和 $c(e_s)=\frac{1}{2}k_se_s^2$，其中，$k_c$、$k_s$($k_c$、$k_s>0$)分别为总承包商和分包商的社会责任努力成本系数。

由于分包商的社会责任具有从属性，其在履行社会责任方面表现突出，可取得较好的社会责任绩效，总承包商也可得到业主更多的奖励。故，为了激励分包商更好地履行社会责任，总承包商以同样的方式与分包商签订固定总价加奖金合同，合同形式为 $P=\bar{p}+t\lambda M$。其中，P 为总承包商给分包商的合同总价；$\bar{p}$ 为分包商按照最低要求完成分包工程得到的固定总价；$t\lambda M$ 为分包商因在施工环境保护、绿色材料使用与推广、员工健康和培训等社会责任方面做出贡献而得到的激励奖金；t 为总承包商对分包商的激励系数。本章所用到的符号及相关说明如表 5-1 所示。

表 5-1　符号及相关说明

符号	相关说明
M	社会责任总绩效
P	总承包商与分包商签订的合同总价
$\bar{p}$	分包商按照最低要求完成分包工程得到的固定总价
e_c	总承包商付出的社会责任努力水平
e_s	分包商付出的社会责任努力水平
t	总承包商对分包商的社会责任激励系数
π_c	总承包商的履责收益
π_s	分包商的履责收益
λ	业主对总承包商的社会责任激励系数
$\bar{\omega}$	总承包商达到最低的质量、工期、成本标准后得到的固定总价
η	总承包商的社会责任绩效转化系数
γ	分包商的社会责任绩效转化系数
ξ	社会责任绩效随机误差
k_c	总承包商的社会责任努力成本系数
k_s	分包商的社会责任努力成本系数
$\bar{k}_s$	信息不对称情形下分包商社会责任成本的上限值
ε	信息不对称情形下分包商社会责任信息不对称程度

基于以上模型描述，下面考虑总承包商仅通过激励系数 t 一个指标对分包商的社会责任进行激励的情景。

二、单指标单阶段履责决策模型

（一）信息对称下单阶段履责决策模型

社会责任信息对称下，总承包商的履责收益函数为：

$$\pi_c^S=\overline{\omega}+(1-t)\lambda(\eta e_c+\gamma e_s)-\overline{p}-\frac{1}{2}k_c e_c^2 \tag{5-1}$$

分包商的履责收益函数为：

$$\pi_s^S=\overline{p}+t\lambda(\eta e_c+\gamma e_s)-\frac{1}{2}k_s e_s^2 \tag{5-2}$$

在大型工程中，总承包商是领导者，具有主导权，决定了激励系数 t 和自身的社会责任努力水平 e_c。分包商是追随者，在总承包商做出决策后确定自身的社会责任努力水平 e_s。由逆推归纳法，可求出子博弈精炼纳什均衡。

式（5-2）对 e_s 一阶求导，并令其为 0，可得：

$$e_s=\frac{t\lambda\gamma}{k_s} \tag{5-3}$$

把式（5-3）代入式（5-1），可得：

$$\pi_c^S=\overline{\omega}+\lambda(1-t)\left[\eta e_c+\frac{(1-\beta)\lambda\gamma^2}{k_s}\right]-\overline{p}-\frac{1}{2}k_c e_c^2 \tag{5-4}$$

总承包商同时决策 e_c、t，即式（5-4），分别对 e_c、t 求导，得出 Hessian 矩阵为：

$$H^S=\begin{bmatrix}\dfrac{\partial^2\pi_c}{\partial e_c^2} & \dfrac{\partial^2\pi_c}{\partial e_c\partial t}\\ \dfrac{\partial^2\pi_c}{\partial t\partial e_c} & \dfrac{\partial^2\pi_c}{\partial t^2}\end{bmatrix}=\begin{bmatrix}-k_c & -\lambda\eta\\ -\lambda\eta & -\dfrac{2\lambda^2\gamma^2}{k_s}\end{bmatrix} \tag{5-5}$$

当满足 $2\gamma^2k_c>\eta^2k_s$ 时，Hessian 矩阵负定。利用式（5-4）分别对 e_c、t 求偏导，并令其为 0，可得：

$$\begin{cases}\dfrac{\partial\pi_c^S}{\partial e_c}=(1-t)\lambda\eta-e_ck_c=0\\[2ex]\dfrac{\partial\pi_c^S}{\partial t}=\lambda\left[\dfrac{(1-2t)\lambda\gamma^2}{k_s}-\eta e_c\right]=0\end{cases}\tag{5-6}$$

解得：

$$t^{S*}=\frac{k_c\gamma^2-k_s\eta^2}{2k_c\gamma^2-k_s\eta^2}\tag{5-7}$$

$$e_c^{S*}=\frac{\lambda\eta\gamma^2}{2k_c\gamma^2-k_s\eta^2}\tag{5-8}$$

把式（5-7）、式（5-8）代入式（5-3）中，可得：

$$e_s^{S*}=\frac{\lambda\gamma}{k_s}\frac{k_c\gamma^2-k_s\eta^2}{2k_c\gamma^2-k_s\eta^2}\tag{5-9}$$

把式（5-7）、式（5-8）、式（5-9）代入式（5-1）、式（5-2）中，可得：

$$\pi_c^{S*}=\bar{\omega}-\bar{p}+\frac{k_c\lambda^2\gamma^4}{2k_s(2k_c\gamma^2-k_s\eta^2)}\tag{5-10}$$

$$\pi_s^{S*}=\bar{p}+\frac{\lambda^2\gamma^2(k_c\gamma^2-k_s\eta^2)(k_c\gamma^2+k_s\eta^2)}{2k_s(2k_c\gamma^2-k_s\eta^2)^2}\tag{5-11}$$

考虑总承包商和分包商的社会责任努力水平和履责收益为正时，需满足 $k_c\gamma^2>k_s\eta^2$，即 $\frac{\gamma^2}{k_s}>\frac{\eta^2}{k_c}$，也就是说，分包商的社会责任投入产出效率大于总承包商的社会责任投入产出效率。这是由于大型工程具有高度复杂性的特征，部分高难度工程单凭总承包商是无法完成的，总承包商会筛选行业比较杰出的分包商协同合作、共同完成，故 $\frac{\gamma^2}{k_s}>\frac{\eta^2}{k_c}$ 符合实际情况。后续关于信息对称下的证明都基于此条件进行。

命题 5.1　信息对称的单阶段履责决策模型中：

①$\frac{\partial e_c^{S^*}}{\partial k_c}<0$，$\frac{\partial e_s^{S^*}}{\partial k_s}<0$。

②$\frac{\partial t^{S^*}}{\partial \eta}<0$，$\frac{\partial t^{S^*}}{\partial \gamma}>0$。

③$\frac{\partial t^{S^*}}{\partial k_s}<0$，$\frac{\partial t^{S^*}}{\partial k_c}>0$。

证明：由于 $k_c\gamma^2>k_s\eta^2$，易证：

$$\frac{\partial e_c^{S^*}}{\partial k_c}=-\frac{2\gamma^4\eta\lambda}{(2k_c\gamma^2-k_s\eta^2)^2}<0,\quad \frac{\partial e_s^{S^*}}{\partial k_s}=-\frac{\gamma\lambda(2\gamma^4k_c^2-2\gamma^2\eta^2k_ck_s+\eta^4k_s^2)}{k_s^2(-2k_c\gamma^2+k_s\eta^2)^2}<0;$$

$$\frac{\partial t^{S^*}}{\partial \eta}=-\frac{2\gamma^2\eta k_ck_s}{(2k_c\gamma^2-k_s\eta^2)^2}<0,\quad \frac{\partial t^{S^*}}{\partial \gamma}=-\frac{2\gamma\eta^2k_ck_s}{(-2k_c\gamma^2+k_s\eta^2)^2}>0;$$

$$\frac{\partial t^{S^*}}{\partial k_s}=-\frac{\gamma^2\eta^2k_c}{(2k_c\gamma^2-k_s\eta^2)^2}<0,\quad \frac{\partial t^{S^*}}{\partial k_c}=\frac{\gamma^2\eta^2k_s}{(-2k_c\gamma^2+k_s\eta^2)^2}>0。$$

证毕。

命题 5.1 说明在信息对称的单阶段履责决策模型中，较高的社会责任成本会抑制总承包商和分包商社会责任投入的积极性，且社会责任激励系数 t^{S^*} 与业主的激励力度无关，与双方社会责任绩效转化和履责成本有关，即与社会责任投入产出有关系，而社会责任的投入产出在某种程度上体现了该组织履行社会责任的能力和效率。故命题 5.1 说明信息对称的单阶段收益模型中，分包商履责能力越强，总承包商对其的奖励也越高。

（二）信息不对称下单阶段履责决策模型

现实中，由于大型工程建设周期长、工程高度复杂，总承包商难以准确把握分包商在施工环境、绿色材料的使用、员工关怀等社会责任方面的付出，分包商为了获得更高的经济收益，会隐瞒或虚报相关信息，故存在严重的信息不对称问题。不妨设总承包商对分包商的社会责任成本缺乏完全的信息，但由于大型工程建设周期长，总承包商可根据以往经验对分包商的成本有大致了解，因此不妨设分包商的社会责任成本系数 k_s 服从均匀分布[60]，即 $k_s \sim U[\bar{k}_s-\varepsilon,\ \bar{k}_s+\varepsilon]$，其分布函数为 $F(k_s)$，则概率密度函数 $f(k_s)=\frac{1}{2\varepsilon}$，$0<\varepsilon<\bar{k}_s$。其中，$\bar{k}_s$ 是社会责任成本的上限值；ε 表示信息不对称程度，ε 越大，表示分包商的社会责任成本信息越不透明，总承包商对分包商的信息把握程度越低。总承包商作为领导者，将先预测分包商的反应，再决定社会责任激励系数和社会责任努力水平。本章结合社会责任信息对称情形下的变量和表达式，处理信息不对称的情形。由式（5-4）可知，$\pi_c^S=\bar{\omega}-\bar{p}+\lambda(1-t)\left(\eta e_c+\frac{t\lambda\gamma^2}{k_s}\right)-\frac{1}{2}k_c e_c^2$，转换为信息不对称下的期望收益为：

$$\begin{aligned}\pi_c^A &= \int_{\bar{k}_s-\varepsilon}^{\bar{k}_s+\varepsilon}\left[\bar{\omega}+\lambda(1-t)\left(\eta e_c+\frac{t\lambda\gamma^2}{k_s}\right)-\bar{p}-\frac{1}{2}k_c e_c^2\right]f(k_s)\,dk_s \\ &=\bar{\omega}+\lambda(1-t)\eta e_c-\bar{p}-\frac{1}{2}k_c e_c^2+\frac{t(1-t)\lambda^2\gamma^2}{2\varepsilon}\ln\frac{\bar{k}_s+\varepsilon}{\bar{k}_s-\varepsilon}\end{aligned} \tag{5-12}$$

令 $h(\varepsilon)=\ln\frac{\bar{k}_s+\varepsilon}{\bar{k}_s-\varepsilon}/\varepsilon$，则：

$$\pi_c^A=\bar{\omega}+\lambda(1-t)\eta e_c-\bar{p}-\frac{1}{2}k_c e_c^2+\frac{t(1-t)\lambda^2\gamma^2}{2}h(\varepsilon) \tag{5-13}$$

分别对 t 和 e_c 求二阶偏导，得 Hessian 矩阵 H^A 为：

$$H^A=\begin{bmatrix}\frac{\partial^2\pi_c}{\partial e_c^2} & \frac{\partial^2\pi_c}{\partial e_c\partial t} \\ \frac{\partial^2\pi_c}{\partial t\partial e_c} & \frac{\partial^2\pi_c}{\partial t^2}\end{bmatrix}=\begin{bmatrix}-k_c & -\lambda\eta \\ -\lambda\eta & -\gamma^2\lambda^2 h(\varepsilon)\end{bmatrix} \tag{5-14}$$

当满足 $h(\varepsilon)>\frac{\eta^2}{k_c\gamma^2}$ 时，H^A 负定。求出均衡解为：

$$t^{A*}=\frac{k_c\gamma^2\ln\frac{\bar{k}_s+\varepsilon}{\bar{k}_s-\varepsilon}-2\varepsilon\eta^2}{2\left(k_c\gamma^2\ln\frac{\bar{k}_s+\varepsilon}{\bar{k}_s-\varepsilon}-\varepsilon\eta^2\right)} \tag{5-15}$$

$$e_c^{A*}=\frac{\lambda\eta\gamma^2\ln\frac{\bar{k}_s+\varepsilon}{\bar{k}_s-\varepsilon}}{2\left(k_c\gamma^2\ln\frac{\bar{k}_s+\varepsilon}{\bar{k}_s-\varepsilon}-\varepsilon\eta^2\right)} \tag{5-16}$$

将式（5-15）和式（5-16）分别代入式（5-3），求出 e_s^{A*} 后代入式（5-2）、式（5-12），得：

$$e_s^{A*}=\frac{\lambda\gamma\left(k_c\gamma^2\ln\frac{\bar{k}_s+\varepsilon}{\bar{k}_s-\varepsilon}-2\varepsilon\eta^2\right)}{2k_s\left(k_c\gamma^2\ln\frac{\bar{k}_s+\varepsilon}{\bar{k}_s-\varepsilon}-\varepsilon\eta^2\right)} \tag{5-17}$$

$$\pi_c^{A*}=\bar{\omega}-\bar{p}+\frac{\gamma^4\lambda^2\left(\ln\frac{\bar{k}_s+\varepsilon}{\bar{k}_s-\varepsilon}\right)^2k_c}{8\varepsilon\left(\gamma^2\ln\frac{\bar{k}_s+\varepsilon}{\bar{k}_s-\varepsilon}k_c-\varepsilon\eta^2\right)} \tag{5-18}$$

$$\pi_s^{A*}=\bar{p}+\frac{\gamma^2\lambda^2\left(\gamma^2k_c\ln\frac{\bar{k}_s+\varepsilon}{\bar{k}_s-\varepsilon}-2\varepsilon\eta^2\right)\left(\gamma^2k_c\ln\frac{\bar{k}_s+\varepsilon}{\bar{k}_s-\varepsilon}-2\eta^2\varepsilon+2\eta^2k_s\ln\frac{\bar{k}_s+\varepsilon}{\bar{k}_s-\varepsilon}\right)}{8k_s\left(\gamma^2k_c\ln\frac{\bar{k}_s+\varepsilon}{\bar{k}_s-\varepsilon}-\varepsilon\eta^2\right)^2} \tag{5-19}$$

考虑履责收益和社会责任努力水平为正，需满足 $k_c\gamma^2\ln\frac{\bar{k}_s+\varepsilon}{\bar{k}_s-\varepsilon}>2\varepsilon\eta^2$，即 $h(\varepsilon)>\frac{2\eta^2}{k_c\gamma^2}$。

命题 5.2　在信息不对称的单阶段履责决策模型中，当 $h(\varepsilon)>\frac{2\eta^2}{k_c\gamma^2}$时，$\frac{\partial e_c^{A*}}{\partial k_c}<0$，$\frac{\partial e_s^{A*}}{\partial k_s}<0$，$\frac{\partial e_c^{A*}}{\partial\varepsilon}<0$，$\frac{\partial t^{A*}}{\partial\varepsilon}>0$。

证明：式（5-16）、式（5-17）中 $e_c^{A^*}$ 分别对 k_c、k_s 求导，得：

$$\frac{\partial e_c^{A^*}}{\partial k_c}=-\frac{\gamma^4\eta\lambda\left(\ln\frac{\bar{k}_s+\varepsilon}{\bar{k}_s-\varepsilon}\right)^2}{2\left(-\varepsilon\eta^2+\gamma^2\ln\frac{\bar{k}_s+\varepsilon}{\bar{k}_s-\varepsilon}k_c\right)^2} \tag{5-20}$$

$$\frac{\partial e_s^{A^*}}{\partial k_s}=-\frac{\gamma\lambda\left(\gamma^2k_c\ln\frac{\bar{k}_s+\varepsilon}{\bar{k}_s-\varepsilon}-2\varepsilon\eta^2\right)}{2\left(\gamma^2\ln\frac{\bar{k}_s+\varepsilon}{\bar{k}_s-\varepsilon}k_c-\varepsilon\eta^2\right)k_s^2} \tag{5-21}$$

当 $h(\varepsilon)>\frac{2\eta^2}{k_c\gamma^2}$ 时，式(5-20)中 $\frac{\partial e_c^{A^*}}{\partial k_c}<0$、式(5-21)中 $\frac{\partial e_s^{A^*}}{\partial k_s}<0$ 显然成立。

式（5-16）中 $e_c^{A^*}$ 对 ε 求导，得：

$$\frac{\partial e_c^{A^*}}{\partial \varepsilon}=\frac{\gamma^2\eta^3\lambda\left[(\bar{k}_s-\varepsilon)(\bar{k}_s+\varepsilon)\ln\frac{\bar{k}_s+\varepsilon}{\bar{k}_s-\varepsilon}-2\bar{k}_s\varepsilon\right]}{2(\bar{k}_s-\varepsilon)(\bar{k}_s+\varepsilon)\left(\varepsilon\eta^2-\gamma^2\ln\frac{\bar{k}_s+\varepsilon}{\bar{k}_s-\varepsilon}k_c\right)^2} \tag{5-22}$$

式（5-22）中的分母满足 $2(\bar{k}_s-\varepsilon)(\bar{k}_s+\varepsilon)\left(\varepsilon\eta^2-\gamma^2\ln\frac{\bar{k}_s+\varepsilon}{\bar{k}_s-\varepsilon}k_c\right)^2>0$，分子中，令 $g(\varepsilon)=2\bar{k}_s\varepsilon-(\bar{k}_s-\varepsilon)(\bar{k}_s+\varepsilon)\ln\frac{\bar{k}_s+\varepsilon}{\bar{k}_s-\varepsilon}$，由于 $\frac{\partial g(\varepsilon)}{\partial\varepsilon}=2\varepsilon\ln\frac{\bar{k}_s+\varepsilon}{\bar{k}_s-\varepsilon}>0$，且 $g(0)=0$，故当 $\varepsilon>0$ 时，$g(\varepsilon)>0$，从而 $\frac{\partial e_c^{A^*}}{\partial\varepsilon}<0$。

同理：

$$\frac{\partial t^{A^*}}{\partial \varepsilon}=\frac{\gamma^2\eta^2\left[-2\bar{k}_s\varepsilon+(\bar{k}_s-\varepsilon)(\bar{k}_s+\varepsilon)\ln\frac{\bar{k}_s+\varepsilon}{\bar{k}_s-\varepsilon}\right]k_c}{2(\bar{k}_s-\varepsilon)(\bar{k}_s+\varepsilon)\left(\varepsilon\eta^2-\gamma^2\ln\frac{\bar{k}_s+\varepsilon}{\bar{k}_s-\varepsilon}k_c\right)^2}$$

证毕。

命题 5.2 说明，与信息对称的单阶段履责决策模型类似，在信息不对称的单阶段履责决策模型中，较高的成本同样会抑制总承包商和分包商的社会责任投入的积极性。此外，分包商社会责任信息不对称程度越高，其越会利用信息不对称性获取更多的收益，从而损害总承包商的利益，进而导致总承包商履行社会责任的积极性降低。

（三）对比分析

下面比较社会责任信息对称和不对称两种情形下单阶段履责决策模型的均衡结果。为了更好地进行比较，本章把单阶段决策情景下信息对称和不对称两种情形下的社会责任努力水平、期望收益、社会责任激励系数等均衡值列表表示（见表 5-2）。

表 5-2　信息对称和不对称两种情形下单阶段履责决策均衡值

<table>
<tr><th></th><th>信息对称情形</th><th>信息不对称情形</th></tr>
<tr><td>e_c^*</td><td>$\frac{\lambda\eta\gamma^2}{2k_c\gamma^2-k_s\eta^2}$</td><td>$\frac{\lambda\eta\gamma^2\ln\frac{\bar{k}_s+\varepsilon}{\bar{k}_s-\varepsilon}}{2\left(k_c\gamma^2\ln\frac{\bar{k}_s+\varepsilon}{\bar{k}_s-\varepsilon}-\varepsilon\eta^2\right)}$</td></tr>
<tr><td>e_s^*</td><td>$\frac{\lambda\gamma}{k_s}\frac{k_c\gamma^2-k_s\eta^2}{2k_c\gamma^2-k_s\eta^2}$</td><td>$\frac{\lambda\gamma\left(k_c\gamma^2\ln\frac{\bar{k}_s+\varepsilon}{\bar{k}_s-\varepsilon}-2\varepsilon\eta^2\right)}{2k_s\left(k_c\gamma^2\ln\frac{\bar{k}_s+\varepsilon}{\bar{k}_s-\varepsilon}-\varepsilon\eta^2\right)}$</td></tr>
<tr><td>π_c^*</td><td>$\bar{\omega}-\bar{p}+\frac{k_c\lambda^2\gamma^4}{2k_s(2k_c\gamma^2-k_s\eta^2)}$</td><td>$\bar{\omega}-\bar{p}+\frac{\gamma^4\lambda^2\left(\ln\frac{\bar{k}_s+\varepsilon}{\bar{k}_s-\varepsilon}\right)^2k_c}{8\varepsilon\left(\gamma^2\ln\frac{\bar{k}_s+\varepsilon}{\bar{k}_s-\varepsilon}k_c-\varepsilon\eta^2\right)}$</td></tr>
</table>

续表

	信息对称情形	信息不对称情形
π_s^*	$\bar{p}+\frac{\lambda^2\gamma^2(k_c\gamma^2-k_s\eta^2)}{2k_s(2k_c\gamma^2-k_s\eta^2)^2}\times(k_c\gamma^2+k_s\eta^2)$	$\bar{p}+\frac{\gamma^2\lambda^2\left(\gamma^2k_c\ln\frac{\bar{k}_s+\varepsilon}{\bar{k}_s-\varepsilon}-2\varepsilon\eta^2\right)}{8k_s\left(\gamma^2k_c\ln\frac{\bar{k}_s+\varepsilon}{\bar{k}_s-\varepsilon}-\varepsilon\eta^2\right)^2}\times\left(\gamma^2k_c\ln\frac{\bar{k}_s+\varepsilon}{\bar{k}_s-\varepsilon}-2\eta^2\varepsilon+2\eta^2k_s\ln\frac{\bar{k}_s+\varepsilon}{\bar{k}_s-\varepsilon}\right)$
t^*	$\frac{k_c\gamma^2-k_s\eta^2}{2k_c\gamma^2-k_s\eta^2}$	$\frac{k_c\gamma^2\ln\frac{\bar{k}_s+\varepsilon}{\bar{k}_s-\varepsilon}-2\varepsilon\eta^2}{2\left(k_c\gamma^2\ln\frac{\bar{k}_s+\varepsilon}{\bar{k}_s-\varepsilon}-\varepsilon\eta^2\right)}$

命题 5.3 单阶段履责决策模型中，总承包商在信息对称与不对称情形下的履责收益差 $\pi_c^{S^*}-\pi_c^{A^*}$ 满足：当$\frac{2\eta^2}{k_c\gamma^2}<h(\varepsilon)<\frac{2}{k_s}$时，$\pi_c^{S^*}-\pi_c^{A^*}>0$；当$h(\varepsilon)>\frac{2}{k_s}$时，$\pi_c^{S^*}-\pi_c^{A^*}<0$。

证明：

$$\pi_c^{S^*}-\pi_c^{A^*}=\frac{\gamma^4\lambda^2k_c\left[4\varepsilon^2\eta^2-4\gamma^2\varepsilon\ln\frac{\bar{k}_s+\varepsilon}{\bar{k}_s-\varepsilon}k_c+2\gamma^2\left(\ln\frac{\bar{k}_s+\varepsilon}{\bar{k}_s-\varepsilon}\right)^2k_ck_s-\eta^2\left(\ln\frac{\bar{k}_s+\varepsilon}{\bar{k}_s-\varepsilon}\right)^2k_s^2\right]}{-8\varepsilon\left(\gamma^2\ln\frac{\bar{k}_s+\varepsilon}{\bar{k}_s-\varepsilon}k_c-\varepsilon\eta^2\right)k_s(2\gamma^2k_c-\eta^2k_s)}$$

（5-23）

式（5－23）中分母大于0；分子中 $4\varepsilon^2\eta^2-4\gamma^2\varepsilon\ln\frac{\bar{k}_s+\varepsilon}{\bar{k}_s-\varepsilon}k_c+2\gamma^2\left(\ln\frac{\bar{k}_s+\varepsilon}{\bar{k}_s-\varepsilon}\right)^2k_ck_s-\eta^2\left(\ln\frac{\bar{k}_s+\varepsilon}{\bar{k}_s-\varepsilon}\right)^2k_s^2$ 提$\frac{1}{\varepsilon^2}$后表示为，$\frac{1}{\varepsilon^2}[(2\gamma^2k_ck_s-\eta^2k_s^2)h^2(\varepsilon)-4\gamma^2k_ch(\varepsilon)+4\eta^2]$。其为 $h(\varepsilon)$的二次函数，二次项系数 $2\gamma^2k_ck_s-\eta^2k_s^2>0$，而：

$$\Delta=(4\gamma^2k_c)^2-4\times4\eta^2(2\gamma^2k_ck_s-\eta^2k_s^2)=16(\gamma^2k_c-\eta^2k_s)^2>0 \tag{5-24}$$

由式（5-24）可知，当 $h(\varepsilon)$ 落在 $\frac{2\eta^2}{2k_c\gamma^2-k_s\eta^2}$ 和 $\frac{2}{k_s}$ 两根中间时，分子 $\gamma^4\lambda^2k_c\left[4\varepsilon^2\eta^2-4\gamma^2\varepsilon\ln\frac{\bar{k}_s+\varepsilon}{\bar{k}_s-\varepsilon}k_c+2\gamma^2\left(\ln\frac{\bar{k}_s+\varepsilon}{\bar{k}_s-\varepsilon}\right)^2k_ck_s-\eta^2\left(\ln\frac{\bar{k}_s+\varepsilon}{\bar{k}_s-\varepsilon}\right)^2k_s^2\right]<0$；又因为 $h(\varepsilon)>\frac{2\eta^2}{k_c\gamma^2}$，而 $\frac{2\eta^2}{k_c\gamma^2}>\frac{2\eta^2}{2k_c\gamma^2-k_s\eta^2}$，故当 $\frac{2\eta^2}{k_c\gamma^2}<h(\varepsilon)<\frac{2}{k_s}$ 时，$\pi_c^{S^*}-\pi_c^{A^*}>0$。相反，当 $h(\varepsilon)>\frac{2}{k_s}$ 时，$\pi_c^{S^*}-\pi_c^{A^*}<0$。证毕。

命题 5.4　单阶段履责决策模型中，分包商在信息对称与不对称情形下的履责收益差 $\pi_s^{A^*}-\pi_s^{S^*}$ 满足：当 $h(\varepsilon)>\frac{2\eta^2}{k_c\gamma^2}$ 时，$\pi_s^{A^*}-\pi_s^{S^*}>0$，$\frac{\partial(\pi_s^{A^*}-\pi_s^{S^*})}{\partial\varepsilon}>0$。

证明：当 $h(\varepsilon)>\frac{2\eta^2}{k_c\gamma^2}$ 时，即 $\ln\frac{\bar{k}_s+\varepsilon}{\bar{k}_s-\varepsilon}>\frac{2\varepsilon\eta^2}{k_c\gamma^2}$。

$$\pi_s^{A^*}-\pi_s^{S^*}=\frac{\gamma^4\lambda^2\ln\frac{\bar{k}_s+\varepsilon}{\bar{k}_s-\varepsilon}\left[(\bar{k}_s-\varepsilon)(\bar{k}_s+\varepsilon)\ln\frac{\bar{k}_s+\varepsilon}{\bar{k}_s-\varepsilon}-2\bar{k}_s\varepsilon\right]k_c\left(2\varepsilon\eta^2-\gamma^2\ln\frac{\bar{k}_s+\varepsilon}{\bar{k}_s-\varepsilon}k_c\right)}{8(\bar{k}_s-\varepsilon)\varepsilon^2(\bar{k}_s+\varepsilon)\left(\varepsilon\eta^2-\gamma^2\ln\frac{\bar{k}_s+\varepsilon}{\bar{k}_s-\varepsilon}k_c\right)^2}>0 \tag{5-25}$$

式（5-25）对信息不对称程度 ε 求导，可得：

$$\frac{\partial(\pi_s^{A^*}-\pi_s^{S^*})}{\partial\varepsilon}=\frac{\gamma^2\eta^2\lambda^2\left[-2\bar{k}\varepsilon+(\bar{k}-\varepsilon)(\bar{k}+\varepsilon)\ln\frac{\bar{k}_s+\varepsilon}{\bar{k}_s-\varepsilon}\right]}{4(\bar{k}-\varepsilon)(\bar{k}+\varepsilon)\left(\varepsilon\eta^2-\gamma^2\ln\frac{\bar{k}_s+\varepsilon}{\bar{k}_s-\varepsilon}k_c\right)^3k_s}\times \left(-2\gamma^2\varepsilon\eta^2k_c+\gamma^4\ln\frac{\bar{k}_s+\varepsilon}{\bar{k}_s-\varepsilon}k_c^2+2\varepsilon\eta^4k_s\right) \tag{5-26}$$

显然，$h(\varepsilon)>\frac{2\eta^2}{k_c\gamma^2}$ 时，式（5-26）的分母大于 0，分子也大于 0。故可

得$\frac{\partial(\pi_s^{A^*}-\pi_s^{S^*})}{\partial\varepsilon}>0$。证毕。

命题5.3、命题5.4说明：当$\frac{2\eta^2}{k_c\gamma^2}<h(\varepsilon)<\frac{2}{k_s}$时，总承包商在信息不对称下的履责收益始终低于信息对称下的履责收益；当$h(\varepsilon)>\frac{2}{k_s}$时，虽然总承包商在信息不对称下的履责收益稍高于信息对称下的履责收益，但分包商不会和总承包商谈判。因为只要$h(\varepsilon)>\frac{2\eta^2}{k_c\gamma^2}$，对分包商总是有利的，且随着信息不对称程度$\varepsilon$的提高，信息不对称下与信息对称下的分包商的履责收益差距会越来越大，故分包商会故意隐瞒或虚报信息，从而获得更大的履责收益。

命题5.5 单阶段履责决策模型中，社会责任总绩效在信息对称与不对称两种情形下满足：当$\frac{2\eta^2}{k_c\gamma^2}<h(\varepsilon)<\frac{2}{k_s}$时，$M^{S^*}>M^{A^*}$。

证明：把式（5-8）、式（5-9）代入工程社会责任绩效M中，可得信息对称下的社会责任总绩效M^{S^*}为：

$$M^{S^*}=\eta e_c^{S^*}+\gamma e_s^{S^*}=\frac{\gamma^2\lambda\gamma^2 k_c}{(2\gamma^2 k_c-k_s\eta^2)k_s} \tag{5-27}$$

把式（5-16）、式（5-17）代入工程社会责任总绩效M中，可得信息不对称下社会责任总绩效M^{A^*}为：

$$M^{A^*}=\eta e_s^{A^*}+\gamma e_c^{A^*}=\frac{\gamma^2\lambda\left[-2\varepsilon\eta^2+\ln\frac{\bar{k}_s+\varepsilon}{\bar{k}_s-\varepsilon}(\gamma^2 k_c+\eta^2 k_s)\right]}{2\left(\gamma^2\ln\frac{\bar{k}_s+\varepsilon}{\bar{k}_s-\varepsilon}k_c-\varepsilon\eta^2\right)k_s} \tag{5-28}$$

式（5-27）与式（5-28）的差为：

$$M^{S^*}-M^{A^*}=\frac{\gamma^2\eta^2\lambda(\gamma^2k_c-\eta^2k_s)\left(2\varepsilon-\ln\frac{\bar{k}_s+\varepsilon}{\bar{k}_s-\varepsilon}k_s\right)}{2\left(\varepsilon\eta^2-\gamma^2\ln\frac{\bar{k}_s+\varepsilon}{\bar{k}_s-\varepsilon}k_c\right)k_s(-2\gamma^2k_c+\eta^2k_s)}>0 \tag{5-29}$$

当$\frac{2\eta^2}{k_c\gamma^2}<h(\varepsilon)<\frac{2}{k_s}$时，式（5-29）显然为正，即$M^{S^*}>M^{A^*}$。证毕。

命题 5.5 表明，单阶段履责决策模型中，当$\frac{2\eta^2}{k_c\gamma^2}<h(\varepsilon)<\frac{2}{k_s}$时，总承包商在信息不对称情形下的履责收益和工程社会责任总绩效均低于信息对称的情形，故总承包商无论基于自身还是全局角度，都有动机激励分包商披露社会责任信息。而在单阶段履责决策模型中，只有一个谈判变量 t，模型的激励适应性较差。下面本章将构建双指标两阶段社会责任激励契约。

三、信息不对称下双指标两阶段社会责任激励契约

为了激发分包商披露其社会责任信息，本章设计双指标两阶段激励契约。总承包商通过将履责奖励分为固定补贴 F 和社会责任激励系数 t 两个指标来协调分包商的社会责任努力水平。

双指标两阶段社会责任激励契约中总承包商的履责收益为：

$$\pi_c^{TIM}=\bar{\omega}+\lambda(1-t)(\eta e_c+\gamma e_s)-\bar{p}-\frac{1}{2}k_ce_c^2-F \tag{5-30}$$

分包商的履责收益为：

$$\pi_s^{TIM}=\bar{p}+t\lambda(\eta e_c+\gamma e_s)-\frac{1}{2}k_se_s^2+F \tag{5-31}$$

要想分包商披露社会责任信息，需满足双指标两阶段契约中分包商的履责收益不低于信息不对称下单阶段履责决策模型中分包商的履责收益，即：

$$\bar{p}+t\lambda(\eta e_c+\gamma e_s)-\frac{1}{2}k_s e_s^2+F\geqslant\pi_s^{A^*} \tag{5-32}$$

故双指标两阶段社会责任激励契约中的决策顺序为：第一阶段，确定总承包商和分包商谈判两个指标分包商决定是否接受。如果不接受则重新谈判；若接受，发放固定补贴 F，用于激励分包商积极投入社会责任以及减少其履责成本。第二阶段，在激励系数 t 的协调下，分包商决策其社会责任努力水平 e_s，总承包商根据分包商的努力水平决定自身的努力水平 e_c，最后双方按照约定进行履责收益分配。

按照逆推归纳法，总承包商决定自己的努力水平 e_c 使收益最大化，一阶求导其履责收益函数并令其为0，得：

$$e_c^{TIM}=\frac{\lambda(1-t)\eta}{k_c} \tag{5-33}$$

将式（5-33）代入分包商的履责收益中得：

$$\pi_s^{TIM}=\bar{p}+t\lambda\left[\frac{\lambda(1-\beta)\eta^2}{k_c}+\gamma e_s\right]-\frac{1}{2}k_s e_s^2 \tag{5-34}$$

式（5-34）中 π_s^{TIM} 对 e_s 一阶求导并令其为0，得：

$$e_s^{TIM}=\frac{t\lambda\gamma}{k_s} \tag{5-35}$$

把式（5-33）、式（5-35）代入分包商的履责收益 π_s^{TIM} 中得：

$$\pi_s^{TIM}=\bar{p}+t\lambda\left[\frac{\lambda(1-t)\eta^2}{k_c}+\frac{t\lambda\gamma^2}{k_s}\right]-\frac{1}{2}\frac{t^2\lambda^2\gamma^2}{k_s}+F \tag{5-36}$$

收紧式（5-32）的约束条件，可得：

$$\bar{p}+t\lambda\left[\frac{\lambda(1-t)\eta^2}{k_c}+\frac{t\lambda\gamma^2}{k_s}\right]-\frac{1}{2}\frac{t^2\lambda^2\gamma^2}{k_s}+F$$

$$=\bar{p}+\frac{\gamma^2\lambda^2\left(\gamma^2k_c\ln\frac{\bar{k}_s+\varepsilon}{\bar{k}_s-\varepsilon}-2\varepsilon\eta^2\right)\left(\gamma^2k_c\ln\frac{\bar{k}_s+\varepsilon}{\bar{k}_s-\varepsilon}-2\eta^2\varepsilon+2\eta^2k_s\ln\frac{\bar{k}_s+\varepsilon}{\bar{k}_s-\varepsilon}\right)}{8k_s\left(\gamma^2k_c\ln\frac{\bar{k}_s+\varepsilon}{\bar{k}_s-\varepsilon}-\varepsilon\eta^2\right)^2} \tag{5-37}$$

即：

$$F=\lambda^2\left[2(1-t)\varepsilon\eta^2+(2t-1)\gamma^2\ln\frac{\bar{k}_s+\varepsilon}{\bar{k}_s-\varepsilon}k_c\right]\times$$

$$\frac{(-2t-1)\gamma^4\ln\frac{\bar{k}_s+\varepsilon}{\bar{k}_s-\varepsilon}k_c^2-4t\varepsilon\eta^4k_s+2\gamma^2\eta^2k_c\left[(1+t)\varepsilon+(2t-1)\ln\frac{\bar{k}_s+\varepsilon}{\bar{k}_s-\varepsilon}k_s\right]}{8k_c\left(\varepsilon\eta^2-\gamma^2\ln\frac{\bar{k}_s+\varepsilon}{\bar{k}_s-\varepsilon}k_c\right)^2k_s} \tag{5-38}$$

把式（5-38）代入式（5-30），可得：

$$E(\pi_c^{TIM})=\frac{\bar{\omega}-\bar{p}+\left\{\lambda^2[(3-4)(1-t)^2]\gamma^6\ln\left(\frac{\bar{k}_s+\varepsilon}{\bar{k}_s-\varepsilon}\right)^2k_c^3+4(1-t^2)\varepsilon^2\eta^6k_s+2\gamma^4\eta^2\ln\frac{\bar{k}_s+\varepsilon}{\bar{k}_s-\varepsilon}k_c^2[2(2(1-t)^2-1)]\varepsilon\right\}}{8k_c\left(\varepsilon\eta^2-\gamma^2\ln\frac{\bar{k}_s+\varepsilon}{\bar{k}_s-\varepsilon}k_c\right)^2k_s}+$$

$$\frac{\left\{[2(1-t)^2-1]\ln\frac{\bar{k}_s+\varepsilon}{\bar{k}_s-\varepsilon}k_s+4\gamma^2\varepsilon\eta^4k_c\left[-(1-t)^2\varepsilon+2(t^2-1)\ln\frac{\bar{k}_s+\varepsilon}{\bar{k}_s-\varepsilon}k_s\right]\right\}}{8k_c\left(\varepsilon\eta^2-\gamma^2\ln\frac{\bar{k}_s+\varepsilon}{\bar{k}_s-\varepsilon}k_c\right)^2k_s} \tag{5-39}$$

式（5-39）对 t 一阶求导并令其为 0，可得：

$$t^{TIM*}=\frac{\gamma^2k_c}{\gamma^2k_c+\eta^2k_s} \tag{5-40}$$

把式（5-40）分别代入式（5-33）、式（5-35）、式（5-38）可得：

$$e_c^{TIM*}=\frac{\lambda\eta^3k_s}{k_c(\gamma^2k_c+\eta^2k_s)} \tag{5-41}$$

$$e_s^{TIM*}=\frac{\gamma^3\lambda k_c}{\gamma^2k_ck_s+\eta^2k_s^2} \tag{5-42}$$

$$F^{TIM*}=\gamma^2\lambda^2\left[2\varepsilon\eta^4k_s+\gamma^2\ln\frac{\bar{k}_s+\varepsilon}{\bar{k}_s-\varepsilon}k_c(\gamma^2k_c-\eta^2k_s)\right]\times$$

$$\frac{\left[3\gamma^4\ln\frac{\bar{k}_s+\varepsilon}{\bar{k}_s-\varepsilon}k_c^2+2\eta^4k_s\left(\varepsilon+\ln\frac{\bar{k}_s+\varepsilon}{\bar{k}_s-\varepsilon}k_s\right)-\gamma^2\eta^2k_c\left(4\varepsilon+\ln\frac{\bar{k}_s+\varepsilon}{\bar{k}_s-\varepsilon}k_s\right)\right]}{-8\left(\varepsilon\eta^2-\gamma^2\ln\frac{\bar{k}_s+\varepsilon}{\bar{k}_s-\varepsilon}k_c\right)^2k_s(\gamma^2k_c+\eta^2k_s)^2} \tag{5-43}$$

把式（5-40）~式（5-42）代入式（5-30）、式（5-36）中，可得：

$$\pi_s^{TIM*}=\bar{p}+\frac{\gamma^2\lambda^2\left(\gamma^2\ln\frac{\bar{k}_s+\varepsilon}{\bar{k}_s-\varepsilon}k_c-2\varepsilon\eta^2\right)\left[\gamma^2k_c\ln\frac{\bar{k}_s+\varepsilon}{\bar{k}_s-\varepsilon}-2\eta^2\left(\varepsilon-k_s\ln\frac{\bar{k}_s+\varepsilon}{\bar{k}_s-\varepsilon}\right)\right]}{8\left(\varepsilon\eta^2-\gamma^2k_c\ln\frac{\bar{k}_s+\varepsilon}{\bar{k}_s-\varepsilon}\right)^2k_s} \tag{5-44}$$

$$\pi_c^{TIM*}=\bar{\omega}-\bar{p}+\frac{\lambda^2\left[-4\gamma^2\varepsilon\eta^2\ln\frac{\bar{k}_s+\varepsilon}{\bar{k}_s-\varepsilon}k_c(\gamma^4k_c^2+\eta^4k_s^2)\right]}{8k_c\left(\varepsilon\eta^2-\gamma^2\ln\frac{\bar{k}_s+\varepsilon}{\bar{k}_s-\varepsilon}k_c\right)^2k_s(\gamma^2k_c+\eta^2k_s)}+$$

$$\frac{\lambda^2\left[4\varepsilon^2\eta^8k_s^2+\gamma^4\ln\left(\frac{\bar{k}_s+\varepsilon}{\bar{k}_s-\varepsilon}\right)^2k_c^2(3\gamma^4k_c^2+\gamma^2\eta^2k_ck_s+2\eta^4k_s^2)\right]}{8k_c\left(\varepsilon\eta^2-\gamma^2\ln\frac{\bar{k}_s+\varepsilon}{\bar{k}_s-\varepsilon}k_c\right)^2k_s(\gamma^2k_c+\eta^2k_s)} \tag{5-45}$$

四、对比分析

下面比较单阶段履责决策（信息对称和不对称）和信息不对称下双指标两阶段社会责任激励契约下的均衡值，为了更直观地进行比较，本章将几种情形下的社会责任努力水平、履责收益以及社会责任绩效列表表示，具体如表 5-3 所示。

表 5-3 单阶段和两阶段决策模式下的均衡值

	单阶段履责决策模式		双指标两阶段社会责任激励契约
	信息对称情形	信息不对称情形	
e_c^*	$\frac{\lambda\eta\gamma^2}{2k_c\gamma^2-k_s\eta^2}$	$\frac{\lambda\eta\gamma^2\ln\frac{\bar{k}_s+\varepsilon}{\bar{k}_s-\varepsilon}}{2\left(k_c\gamma^2\ln\frac{\bar{k}_s+\varepsilon}{\bar{k}_s-\varepsilon}-\varepsilon\eta^2\right)}$	$\frac{\lambda\eta^3 k_s}{k_c(\gamma^2 k_c+\eta^2 k_s)}$
e_s^*	$\frac{\lambda\gamma\ k_c\gamma^2-k_s\eta^2}{k_s\ 2k_c\gamma^2-k_s\eta^2}$	$\frac{\lambda\gamma\left(k_c\gamma^2\ln\frac{\bar{k}_s+\varepsilon}{\bar{k}_s-\varepsilon}-2\varepsilon\eta^2\right)}{2k_s\left(k_c\gamma^2\ln\frac{\bar{k}_s+\varepsilon}{\bar{k}_s-\varepsilon}-\varepsilon\eta^2\right)}$	$\frac{\gamma^3\lambda k_c}{\gamma^2 k_c k_s+\eta^2 k_s^2}$
M^*	$\frac{\gamma^2\lambda\gamma^2 k_c}{(2\gamma^2 k_c-k_s\eta^2)k_s}$	$\frac{\gamma^2\lambda\left[-2\varepsilon\eta^2+\ln\frac{\bar{k}_s+\varepsilon}{\bar{k}_s-\varepsilon}(\gamma^2 k_c+\eta^2 k_s)\right]}{2\left(\gamma^2\ln\frac{\bar{k}_s+\varepsilon}{\bar{k}_s-\varepsilon}k_c-\varepsilon\eta^2\right)k_s}$	$\frac{\lambda(\gamma^4 k_c+k_s\eta^4)}{k_c(\gamma^2 k_c+k_s\eta^2)}$
t^*	$\frac{k_c\gamma^2-k_s\eta^2}{2k_c\gamma^2-k_s\eta^2}$	$\frac{k_c\gamma^2\ln\frac{\bar{k}_s+\varepsilon}{\bar{k}_s-\varepsilon}-2\varepsilon\eta^2}{2\left(k_c\gamma^2\ln\frac{\bar{k}_s+\varepsilon}{\bar{k}_s-\varepsilon}-\varepsilon\eta^2\right)}$	$\frac{\gamma^2 k_c}{\gamma^2 k_c+\eta^2 k_s}$

命题 5.6 当$\frac{2\eta^2}{k_c\gamma^2}<h(\varepsilon)<\frac{2}{k_s}$时，$\pi_c^{TIM^*}-\pi_c^{A^*}>0$。

证明：

$$\pi_c^{TIM^*}-\pi_c^{A^*}=\frac{\lambda^2[-\gamma^6 k_c^3 k_s(\gamma^2 k_c+\eta^2 k_s)h(\varepsilon)^3+4\eta^8 k_s^2]}{8\varepsilon^4 k_c\left(\varepsilon\eta^2-\gamma^2\ln\frac{\bar{k}_s+\varepsilon}{\bar{k}_s-\varepsilon}k_c\right)^2 k_s(\gamma^2 k_c+\eta^2 k_s)}+$$

$$\frac{\lambda^2[\gamma^4k_c^2(3\gamma^4k_c^2+2\gamma^2\eta^2k_ck_s+3\eta^4k_s^2)h(\varepsilon)^2-4\gamma^2\eta^2k_c(\gamma^4k_c^2+\eta^4k_s^2)h(\varepsilon)]}{8\varepsilon^4k_c\left(\varepsilon\eta^2-\gamma^2\ln\frac{\bar{k}_s+\varepsilon}{\bar{k}_s-\varepsilon}k_c\right)^2k_s(\gamma^2k_c+\eta^2k_s)} \tag{5-46}$$

式（5-46）的分母大于0，分子中令：

$$\varphi[h(\varepsilon)]=-\gamma^6k_c^3k_s(\gamma^2k_c+\eta^2k_s)h(\varepsilon)^3+4\eta^8k_s^2+\gamma^4k_c^2(3\gamma^4k_c^2+2\gamma^2\eta^2k_ck_s+3\eta^4k_s^2)h(\varepsilon)^2-4\gamma^2\eta^2k_c(\gamma^4k_c^2+\eta^4k_s^2)h(\varepsilon) \tag{5-47}$$

式（5-47）为 $h(\varepsilon)$ 的三次函数，其中三次项系数 $-\gamma^6k_c^3k_s(\gamma^2k_c+\eta^2k_s)<0$，$\varphi[h(\varepsilon)]$ 对 $h(\varepsilon)$ 求导，可得：

$$\varphi'[h(\varepsilon)]=-3\gamma^6k_c^3k_s(\gamma^2k_c+\eta^2k_s)h(\varepsilon)^2+4\gamma^2\eta^2k_c(\gamma^4k_c^2+\eta^4k_s^2)+2\gamma^4k_c^2(3\gamma^4k_c^2+2\gamma^2\eta^2k_ck_s+3\eta^4k_s^2)h(\varepsilon) \tag{5-48}$$

式（5-48）为 $h(\varepsilon)$ 的二次函数，其中 $\Delta=4\gamma^8k_c^4(9\gamma^8k_c^4+10\gamma^4\eta^4k_c^2k_s^2-3\eta^8k_s^4)>0$，又 $\varphi\left(\frac{2}{k_s}\right)=\frac{4(\gamma^4k_c^2-\gamma^2\eta^2k_ck_s+\eta^4k_s^2)^2}{k_s^2}>0$。由三次方程的函数图像可知，当 $\frac{2\eta^2}{k_c\gamma^2}<h(\varepsilon)<\frac{2}{k_s}$ 时，$\pi_c^{TIM*}-\pi_c^{A*}>0$。证毕。

命题5.6说明，社会责任信息不对称情形下，“固定补贴+绩效奖励”的双指标两阶段发放激励机制下总承包商的履责收益大于单阶段下的履责收益，分包商的履责收益不低于单阶段时的履责收益。

命题5.7 双指标两阶段激励契约与单阶段决策模型相比，分包商的社会责任努力水平满足：当 $h(\varepsilon)>\frac{2\eta^2}{k_c\gamma^2}$ 时，$e_s^{TIM*}>e_s^{A*}$，$e_s^{TIM*}>e_s^{S*}$。

证明：对三种情形下的分包商的社会责任均衡值计算差值，得：

$$e_s^{TIM*}-e_s^{A*}=\frac{\lambda\gamma\left(\gamma^4\ln\frac{\bar{k}_s+\varepsilon}{\bar{k}_s-\varepsilon}k_c^2+2\varepsilon\eta^4k_s-\gamma^2\eta^2\ln\frac{\bar{k}_s+\varepsilon}{\bar{k}_s-\varepsilon}k_ck_s\right)}{2\left(\gamma^2\ln\frac{\bar{k}_s+\varepsilon}{\bar{k}_s-\varepsilon}k_c-\varepsilon\eta^2\right)k_s(\gamma^2k_c+\eta^2k_s)} \tag{5-49}$$

$$e_s^{S*}-e_s^{TIM*}=\frac{\lambda\gamma(\gamma^4k_c^2-\gamma^2\eta^2k_ck_s+\eta^4k_s^2)}{k_s(-2\gamma^2k_c+\eta^2k_s)(\gamma^2k_c+\eta^2k_s)} \tag{5-50}$$

显然，当 $h(\varepsilon)>\frac{2\eta^2}{k_c\gamma^2}$时，式（5-48）、式（5-50）中 $e_s^{TIM*}-e_s^{A*}>0$，$e_s^{S*}-e_s^{TIM*}<0$，即 $e_s^{TIM*}>e_s^{A*}$，$e_s^{TIM*}>e_s^{S*}$。证毕。

命题 5.7 表明，与信息对称和不对称两种情形中单一激励指标下的社会责任努力水平相比，双指标两阶段激励契约下分包商的社会责任努力水平显著提高。这说明通过“固定补贴+绩效奖励”的多指标激励模式可有效调动分包商的履责积极性，进而在促进分包商披露责任信息的同时提升社会责任。

命题 5.8　与单阶段决策模型相比，双指标两阶段激励契约下工程社会责任总绩效满足：当 $h(\varepsilon)>\frac{2\eta^2}{k_c\gamma^2}$时，$M^{TIM*}>M^{A*}$，$M^{TIM*}>M^{S*}$。

证明：

$$M^{TIM*}-M^{A*}=\frac{\lambda(\gamma^2k_c-\eta^2k_s)\left[2\varepsilon\eta^4k_s+\gamma^2\ln\frac{\bar{k}_s+\varepsilon}{\bar{k}_s-\varepsilon}k_c(\gamma^2k_c-\eta^2k_s)\right]}{2k_c\left(-\varepsilon\eta^2+\gamma^2\ln\frac{\bar{k}_s+\varepsilon}{\bar{k}_s-\varepsilon}k_ck_s(\gamma^2k_c+\eta^2k_s)\right)} \tag{5-51}$$

$$M^{TIM*}-M^{S*}=\frac{\lambda(\gamma^2k_c-\eta^2k_s)(\gamma^4k_c^2-\gamma^2\eta^2k_ck_s+\eta^4k_s^2)}{k_ck_s(2\gamma^2k_c-\eta^2k_s)(\gamma^2k_c+\eta^2k_s)} \tag{5-52}$$

当 $h(\varepsilon)>\frac{2\eta^2}{k_c\gamma^2}$时，式（5-51）、式（5-52）均为正，即 $M^{TIM*}>M^{A*}$，$M^{TIM*}>M^{S*}$。证毕。

命题 5.8 表明，双指标两阶段激励契约下工程社会责任总绩效均大于单阶段履责决策模型中社会责任总绩效。这是由于双指标两阶段激励契约不仅注重履责结果，而且注重履责过程，充分激发分包商履行社会责任的积极性；不仅有利于总承包商，而且可以有效提高工程整体社会责任绩效，从而达到共赢。

五、数值分析

由于前文已对信息对称和信息不对称下单阶段履责决策模型中，总承包商和分包商的履责收益与社会责任成本、信息不对称程度等参数的关系进行了阐述，故此部分主要通过数值分析考察双指标两阶段激励契约下分包商社会责任努力水平与成本系数和社会责任转化系数的关系，以及对比分析三种情形下总承包商和分包商的履责收益、社会责任努力水平以及社会责任绩效随信息不对称程度的变化趋势。

为了研究双指标两阶段下分包商的社会责任努力水平 $e_s^{TIM^*}$ 与其社会责任绩效转化系数 γ、履责成本系数 k_s 和总承包商的履责成本系数 k_c 的相互关系，分别取 $\eta=0.5$，$k_c=0.2$、$k_c=0.5$、$k_c=0.8$ 时，绘制分包商的社会责任努力水平 $e_s^{TIM^*}$ 与 k_s 和 γ 的关系图，具体如图 5-1 所示。

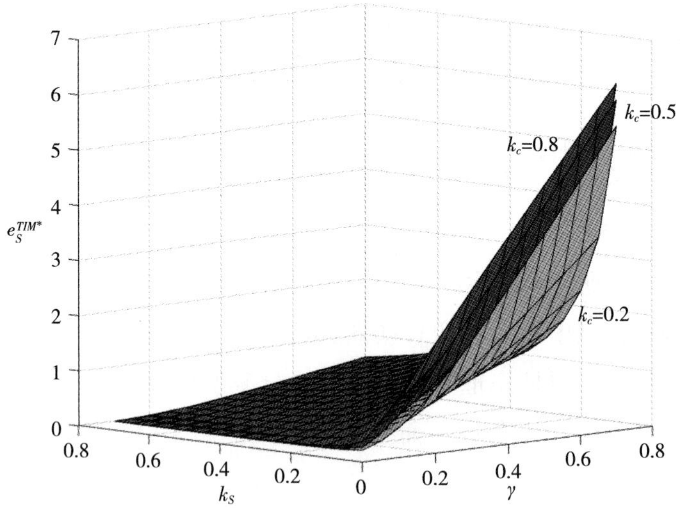

图 5-1 $e_s^{TIM^*}$ 随 γ 和 k_s 的变化趋势

图 5-1 说明，双指标两阶段激励契约下，分包商的社会责任努力水平仍与其履责成本负相关、与其社会责任绩效转化系数正相关，即与其社会责任投入产出效率正相关。同时，总承包商的社会责任绩效转化系数固定的情形下，其社会责任履责成本越大，分包商的社会责任努力越大。这是由于在分包过程中，若总承包商的社会责任投入产出效率较低，其需将更多的履责收益分配让渡给分包商，故分包商也越有动力提升其社会责任努力水平，双指标两阶段社会责任激励契约在一定程度上兼顾了公平与效率。

下面就三种不同模型下，总承包商和分包商的履责收益、社会责任努力水平，以及工程社会责任总绩效随信息不对称程度 ε 的变化趋势进行分析。固定总价是按照合同对成本、质量、工期的要求标准完成即可获得的，此参数并不影响比较结果和分析，故不妨取业主给总承包商的固定总价 $\overline{\omega}=10$ 亿元，总承包商给分包商的固定总价 $\overline{p}=5$ 亿元[196]。由于大型工程影响重大且深远，故若总承包商和分包商在社会责任方面的努力带来生态环境方面的有效保护、技术工艺创新等方面的突破，业主愿意给予较高的奖励，故设 λ 不会太小，不妨取 $\lambda=0.8$。此外，总承包商在筛选分包商时，一定是选取行业比较优秀的分包商来协同合作。故双方投入产出比 η/k_c、γ/k_s 相差不会太大，不妨取 $\gamma=0.6$、$\eta=0.5$、$k_c=0.75$、$\overline{k}_s=0.8$、$\underline{k}_s=0.1$。观察三种不同模型下双方的社会责任努力水平、收益等随不对称程度 ε 的变化趋势，如图 5-2、图 5-3、图 5-4 所示。

为了比较信息对称和不对称情形下单阶段决策下总承包商的履责收益，本书绘制了图 5-2（a）。由图 5-2（a）可知，在信息不对称情形下，虽然总承包商的履责收益在满足一定的条件时随着信息不对称程度有所增加，但始终低于信息对称情形下的收益，故总承包商无论基于现实中需承担分包商的连带责任考虑，还是基于总承包商的履责收益考虑，均有动力设计更合适的激励契约。由图 5-2（b）可以看出，双指标两阶段社会责任激励契约下总承包商的履责收益随分包商信息不对称程度的增加而减少，但始终大于单阶段决策模型中总承包商的履责收益。

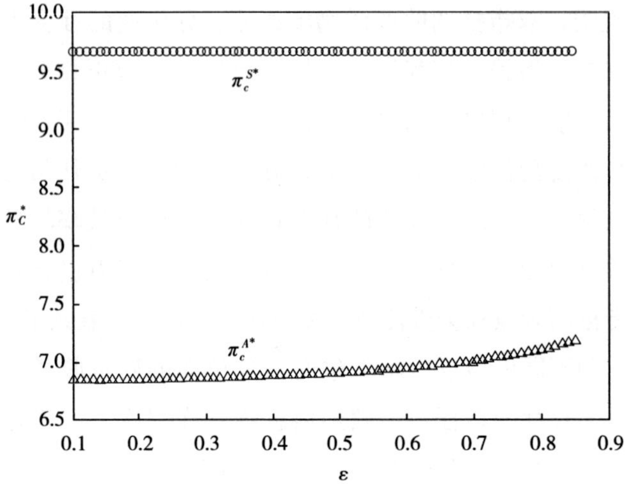

（a）三种情形

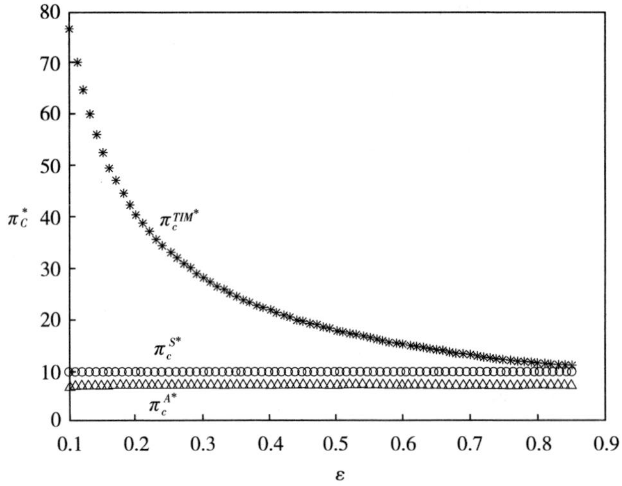

（b）两种情形（单阶段）

图 5-2　π_c^* 随 ε 的变化趋势

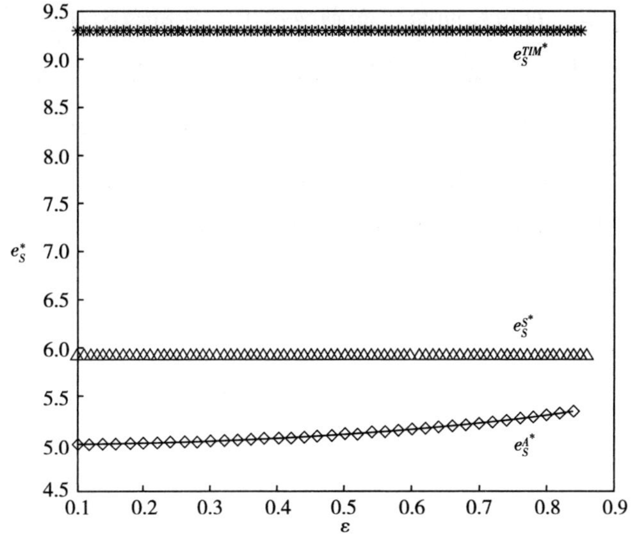

图 5-3　分包商的社会责任努力水平 e_s^* 与 ε 的关系

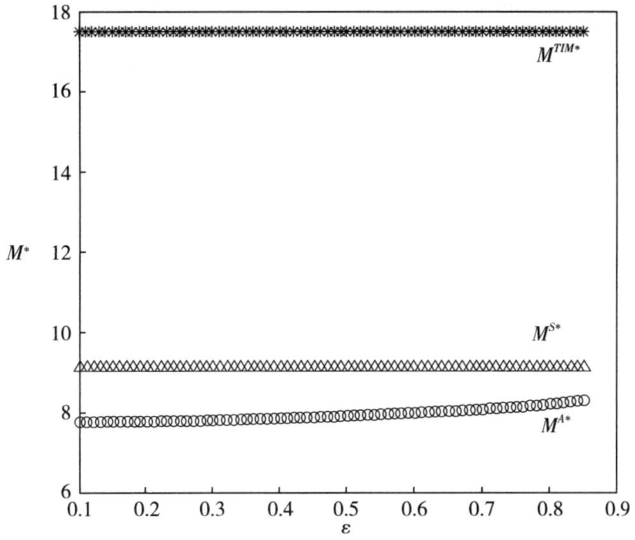

图 5-4　三种情形下社会责任总绩效 M^* 与 ε 的关系

图 5-3 表明，双指标两阶段激励契约中，分包商的社会责任努力水平高于单阶段决策模型的社会责任努力水平，这进一步说明两阶段激励契约可以促使分包商提高社会责任。图 5-4 表明，双指标两阶段激励契约下，工程社会责任总绩效高于单阶段履责决策模型的社会责任总绩效，这进一步说明两阶段激励契约可以促使提高社会责任绩效。

六、本章小结

本章针对大型工程中总承包模式下分包商在履责过程中存在机会主义行为，探究了总承包商如何通过契约设计激励分包商提高社会责任努力水平。首先，根据分包商履行社会责任具有从属性的特点，本章分别构建了信息对称和不对称情形下单阶段履责决策模型。通过对比分析发现，分包商的履责收益随其信息不对称程度的增加而增加，故分包商会刻意隐瞒或虚报其社会责任信息以获取更大的收益。其次，为促使分包商披露社会责任信息、提升社会责任努力水平，根据委托代理理论，本章设计了信息不对称下双指标两阶段社会责任激励契约，并讨论了总承包商和分包商的社会责任策略选择和影响机制。通过模型求解和数值分析，得出以下结论：

（1）无论哪种模型，总承包商和分包商的社会责任努力水平都与自身的社会责任绩效转化系数和业主的奖励系数正相关，与履责成本系数负相关。

（2）在信息不对称情形下，分包商隐瞒或虚报其应承担的社会责任，会抑制总承包商社会责任投入的积极性。

（3）在只有一个激励指标的单阶段履责决策模型中，总承包商在信息不对称下的履责收益始终低于信息对称下的履责收益；相反，分包商在信息不对称下的收益始终高于信息对称下的收益，且收益差随着分包商信息不对称程度的提高而增加。

（4）与单一激励指标下决策模型相比，“固定补贴+绩效奖励”双指标两阶段发放的激励机制下，总承包商和分包商的履责收益均不低于单阶段情形下的收益，且分包商的社会责任努力水平和社会责任总绩效均显著提高。

本章的启示如下：首先，业主和总承包商需在招标过程中加强能力资质审核，除了优先考虑质量和技术，可适度增加声誉、社会责任等权重指标，将分包商的社会责任记录纳入招投标信用评分评级，以保证参与组织有足够的能力和意识履行社会责任、完成工程建设、提高工程质量。其次，不同参与主体的社会责任行为的主要驱动因素存在差异，且在信息不对称情形下，参与主体之间存在社会责任行为的逆向传导作用。这就要求总承包商建立可操作性的社会责任量化评价体系、选择科学化的评价指标，以便提高大型工程利益相关者履行社会责任的规范性和高效性。除此之外，不断强化分包商的社会责任意识，加强对分包商的监督管理，将监督体系由原来的规范化运作延伸到工程利益相关者社会责任的提升层面，从而减少信息不对称，营造良好的工程建设外部环境。最后，改变目前很多工程“包干”的工程预算管理体制，建立“基本费用+绩效奖励费用”的预算管理体系，从预算管理源头抓起，把社会责任的投入与工程产出价值相关联，提高激励的有效性。探索“固定补贴+绩效奖励”的多指标分阶段动态激励机制，设计科学合理的奖励分配系数，从而平衡利益关系，构建良性循环。同时，通过建立奖罚制度，逐步形成激励先进、鞭策落后的鲜明导向。总承包商可以通过加大奖罚力度，激发分包商提高社会责任的积极性。

第六章　总承包商主导下平行分包商社会责任的激励机制

第五章探究了总承包商将部分非核心工程再合法分包给分包商时，合理的社会责任激励机制设计可促进分包商的社会责任和工程总绩效的提升。现实中，大型工程为了加快工程进度，常常将相似工程分包给多个平行分包商。这样既可以缩短建设工期，又可以通过市场化手段增加竞争强度，有效控制工程成本[36]。故本章从第五章总承包商主导下的单一分包商拓展至平行分包商，研究如何设计平行分包商的社会责任激励机制。

在总承包商和分包商的纵向交互关系中，分包商的社会责任具有从属性特征。而在分包商之间的横向竞合关系中，由于平行分包商之间的建设任务类似，故其承担的社会责任具有类比性特征，各分包商均应承担保护施工环境、注重以工代赈促进当地就业、加强员工健康安全培训等社会责任。然而，平行分包商众多，导致总承包商监管困难，很难精确掌握每个分包商的社会责任履行情况，信息不对称仍然是总承包商在监管分包商履责过程中面临的问题。分包商在工程建设中经常出现偷工减料、使用劣质材料等机会主义行为。更有甚者，部分分包商为了获得更多的经济收益，与当地群众发生冲突、破坏周边环境等行为，造成了严重的后果。由于分包商的全部工作与责任由总承包商对业主负责，因此，总承包商需充分考虑更加合理的机制和措施激励分包商积极承担社会责任。

此外，分包商之间竞争的关系，使其很容易在社会责任绩效和履责奖励分配上进行对比，表现出嫉妒、骄傲等不同公平偏好心理。作为总承包商，在观察分包商的不同心理偏好下，如何设计合理的激励机制，激励分包商提升社会责任？激励效果与激励奖金是否正相关？基于此，本章基于平行分包商履责类比性特征，首先，构建公平偏好下的社会责任锦标赛激励模型，探究总承包商视角下，平行分包商具有嫉妒和骄傲偏好时，如何设计激励机制来促使分包商提升社会责任以及对应机制下分包商的策略选择和社会责任影响因素。其次，构建自利偏好下的社会责任锦标赛激励模型，并得出相应的均衡解。最后，比较分析两种情景下社会责任努力水平、奖励强度、保障强度等均衡值的相互关系，研究不同情形下的激励效果。

一、总承包商主导下平行分包商社会责任的激励机制模型描述

设总承包商将部分工程合法平行分包给 N 个分包商。故本章的博弈主体是一个总承包商，N 个平行分包商。假设这 N 个分包商之间是相互独立的，不存在共谋情形。

针对分包商在履责过程中存在的信息不对称问题，激励理论被认为是抑制分包商机会主义行为的有效措施之一[41]。由于分包工程社会责任的实现取决于多个分包商共同努力和实施的结果，根据 Herzberg 的激励双因素理论[223]，激励应该与团队或个体的工作效率和绩效挂钩，若奖金总是平均分配，将导致激励的失败。在多个分包商共担责任过程中，有必要根据分包商的社会责任绩效为其提供不同水平的奖励，以提高激励效果。锦标赛理论是一种有效的多代理激励方案，该激励方法可以为多代理提供动力，鼓励其有意识地提高努力水平，同时消除所有代理面临的不确定和不对称

性[224]。Lin 等[31] 提出了大型工程社会责任的衡量指标和权重设定，为制定社会责任锦标赛激励提供实际操作依据。故总承包商为了激励分包商积极承担社会责任，可根据各分包商在保护施工环境、注重员工培训、解决当地就业等社会责任付出方面进行综合排名，并根据排名给予奖励。两两排名时，排名靠前的给予奖励 W_H，排名靠后的给予奖励 W_L。这种奖励可以是总承包商给分包商的奖金，也可以为专利、荣誉或后续更多的合同，为了计算方便，这里主要为奖金激励。为了体现奖励的差异性，设 $\Delta W=W_H-W_L$ 为奖励强度，类似于双因素论的激励因子[223, 226]，其值越大，表示总承包商对参与锦标赛的分包商奖励差距越大，激励越强，分包商为了赢得比赛获得更多奖金而会更加努力地履行社会责任。

设 $\Delta W_{12}=\Delta W$ 为两两排名中排名第一与第二的奖励强度，相邻两名的奖励强度相等，均等于 ΔW，则第 i 名与第 j 名的奖励强度 $\Delta W_{ij}(1\leqslant i<j\leqslant N)$ 总是可以用 ΔW 表示出来，即 $\Delta W_{ij}=(j-i)\Delta W$，故一旦求解出 ΔW 的均衡值，其他情形也可得出。且从 ΔW_{ij} 易知，排名越低，与排名较高的履责收益差距越大，获得奖金相应也越少。为了必要的数学简化，遵循采用 Dixit[225] 和 Herzberg[223] 等经典文献中的通用做法，后续以相邻排名的两个分包商展开锦标赛激励讨论，所得结论也可推广到多个分包商情形。此外，为了刻画分包商的平均奖励，设 $\widetilde{W}=\dfrac{W_H+W_L}{2}$ 为保障强度，类似于双因素论的保健因子，其值越大，表示社会责任锦标赛对分包商吸引力越强。保障强度和奖励强度共同决定了锦标赛的激励结构，但由于两者均会增加总承包商的成本，故锦标赛恰当的激励结构是在奖励强度和保障强度之间权衡的结果。

He 等[154] 提出大型工程参与方的社会责任投入对工程社会责任绩效有显著的正向影响，且社会责任投入往往与其为履行社会责任付出的努力水平正相关[60, 153]，设分包商 i 的社会责任努力水为 $e_i(i=1, 2)$，则分包商 i 的社会责任绩效为 $M_i=e_i+\varepsilon_i$[203, 222]。此绩效表现为由于分包商社会责任的付出，解决了当地多少就业问题、零污染零事故零伤害、保护生态环境等折算的结果[31]。其中 ε_i 为社会责任绩效随机误差，设 $E(\varepsilon_i)=0$，$D(\varepsilon_i)=\sigma^2$[60]，$\sigma^2$ 在一定程度上反映了社会责任产出绩效的风险大小，且设 ε_i 的概率密度为 $f(\varepsilon_i)$，分布函数为 $F(\varepsilon_i)$。

分包商 i 在社会责任方面付出，会产生一定的成本 $C(e_i)$。当 $\rho>1$ 时，ke^ρ 是关于 e 的凹函数(其中 k 表示努力成本系数)时，符合社会责任边际成本递增效用[219]。参照 Ma 等[60]、Bhaskaran 和 Krishnan[212] 对社会责任成本的刻画方式，不妨设两分包商的努力成本分别为 $C(e_i)=\frac{1}{2}k_ie_i^2(i=1,\ 2)$。

由于工程类似，分包商很容易在社会责任绩效上进行对比，在决策中体现出对社会责任带来的奖励和分配公平性的双重关注。根据 F-S 理论[180]，假设分包商的公平偏好来自两方面，即嫉妒偏好负效用和骄傲偏好正效用。设 $\tau(0\leqslant\tau\leqslant1)$ 代表分包商赢得比赛时的骄傲偏好，$\delta(0\leqslant\delta\leqslant1)$ 代表分包商输掉比赛时的嫉妒偏好。若分包商只关注绝对履责收益，则为自利偏好，此时 τ 和 δ 为 0。

若分包商 i 在社会责任锦标赛中排名先于分包商 j，且排名相邻，设分包商 i 排名靠前的概率为 p_i，排名靠后的概率为 $1-p_i$。根据锦标赛激励模型[227]，p_i 可以表示为：

$$p_i = prob(M_i > M_j) = prob(e_i - e_j > \varepsilon_j - \varepsilon_i) = prob(e_i - e_j > \varepsilon)$$

$$= prob(\varepsilon < e_i - e_j) = \int_{-\infty}^{e_i-e_j} f(\varepsilon)\,d\varepsilon = F(e_i - e_j) \tag{6-1}$$

其中，$\varepsilon=\varepsilon_j-\varepsilon_i$，设 ε_i、ε_j 独立同分布，则 $E(\varepsilon)=0$，$D(\varepsilon)=2\sigma^2$。

为了便于表述和比较，本章所用的符号及相关说明如表 6-1 所示。

表 6-1 符号及相关说明

符号	相关说明
W_H	社会责任绩效排名靠前得到的奖励
W_L	社会责任绩效排名靠后得到的奖励

续表

符号	相关说明
ΔW	奖励强度
$\widetilde{W}$	保障强度
e_i	分包商 i 的社会责任努力水平
k_i	分包商 i 的社会责任成本系数
ε_i	分包商 i 的社会责任绩效随机误差
τ	分包商赢得比赛时的骄傲偏好
δ	分包商输了比赛时的嫉妒偏好
θ	公平感知系数
σ	社会责任产出绩效风险
$\underline{u}$	分包商的保留效用

二、公平偏好下社会责任锦标赛激励模型

设分包商 i 参加社会责任锦标赛的总效用为 u_i，则此效用由三部分组成。其中第一部分为总承包商给予分包商履行社会责任的奖励 $W_i(i=H$、$L)$。此时，若分包商 i 赢得比赛，会产生骄傲正效用，记为 $\tau[\max(\Delta W, 0)]$，若分包商 i 排名靠后，会产生嫉妒负效用，记为 $\delta[\max(-\Delta W, 0)]$，这部分为第二部分。除此之外，分包商履行社会责任，会付出一定的成本 $\frac{1}{2}ke_i^2(i=1, 2)$，此为第三部分。故分包商 i 参加社会责任锦标赛的总效用 u_i 表示如下：

$$u_i=W_i+\tau[\max(\Delta W, 0)]-\delta[\max(-\Delta W, 0)]-\frac{1}{2}ke_i^2 \tag{6-2}$$

具体地，当分包商 i 排名靠前时，因获胜而骄傲，此时，分包商 i 的效用 u_i^H 为：

$$u_i^H = W_H + \partial \Delta W - C(e_i) = W_L + (1+\tau)\Delta W - \frac{1}{2}ke_i^2 \tag{6-3}$$

当分包商 i 排名靠后时，因嫉妒胜利者，分包商 i 的总收益减少了 $\delta\Delta W$ 的效用，此时，分包商 i 的效用 u_i^L 为：

$$u_i^L = W_L - \delta\Delta W - \frac{1}{2}ke_i^2 \tag{6-4}$$

结合模型描述，分包商 i 赢得比赛的概率为 p_i，可得分包商 i 的期望效用 $E(u_i)$ 为：

$$E(u_i) = p_i u_i^H + (1-p_i)u_i^L = W_L - \delta\Delta W - \frac{1}{2}ke_i^2 + (1+\tau+\delta)\Delta WF(e_i - e_j) \tag{6-5}$$

总承包商的收益部分为各分包商社会责任绩效之和 $M_i + M_j$，支出部分为给各分包商的奖励 W_H 和 W_L，故总承包商的总期望效用 Π 为：

$$\Pi = E(M_i - W_H + M_j - W_L) = e_i + e_j - \Delta W - 2W_L \tag{6-6}$$

分包商 i 的期望效用大于保留效用 $\underline{u}$ 时，才会参与社会责任锦标赛，故分包商 i 的参与约束为：

$$W_L - \delta\Delta W - \frac{1}{2}ke_i^2 + (1+\tau+\delta)\Delta WF(e_i - e_j) \geqslant \underline{u} \tag{6-7}$$

当分包商 i 和分包商 j 均具有公平偏好时，总承包商在满足分包商参与约束的情况下，通过决策奖励强度 ΔW 使其期望效用 Π 最大。分包商在接受锦标赛后，决策自身的社会责任努力，使其期望效用 $E(u_i)$ 最大。建立如下委托代理模型：

$$(\text{PC})\quad \max_{\Delta W} \Pi = E(M_i + M_j) - W_H - W_L = e_i + e_j - \Delta W - 2W_L$$

$$(\text{IR})\quad W_L - \delta\Delta W - \frac{1}{2}ke_i^2 + (1+\tau+\delta)\Delta WF(e_i - e_j) \geqslant \underline{u}$$

$$(\text{IC})\quad e_i^* \in \arg\max_{e_i} \Pi = \left[W_L - \delta\Delta W - \frac{1}{2}ke_i^2 + (1+\tau+\delta)\Delta WF(e_i - e_j)\right]$$

根据逆推归纳法，先满足分包商的激励相容约束。式（6-5）对 e_i 一阶求导并令其为0：

$$\frac{\partial E(u_i)}{\partial e_i}=-ke_i+(1+\tau+\delta)\Delta W\frac{\partial F(e_i-e_j)}{\partial e_i}=0 \tag{6-8}$$

由于$\frac{\partial F(e_i-e_j)}{\partial e_i}=f(e_i-e_j)$，分包商 i 要想取得最大期望效用，需满足$\frac{\partial^2 E(u_i)}{\partial e_i^2}=-k+(1+\tau+\delta)\Delta W\frac{\partial f(e_i-e_j)}{\partial e_i}<0$。故无论什么分布函数，只要其概率密度函数足够平坦时，即 σ^2 足够大，就可得到均衡解[228, 229]，此时分包商 i 的反应函数为：

$$e_i=\frac{(1+\tau+\delta)\Delta Wf(e_i-e_j)}{k} \tag{6-9}$$

由于分包商 i 和分包商 j 是对称的，故 $e_i^{f^*}=e_j^{f^*}$，$F(e_i-e_j)=F(0)=\frac{1}{2}$，$\frac{\partial^2 E(u_i)}{\partial e_i^2}<0$，满足此条件下均衡一定存在，故：

$$e_i^*=\frac{(1+\tau+\delta)\Delta Wf(0)}{k} \tag{6-10}$$

由式（6-10）可知，$\frac{\partial e_i^*}{\partial \Delta W}=\frac{(1+\tau+\delta)f(0)}{k}>0$，故分包商的社会责任努力水平随奖励强度 ΔW 的增加而增加。由模型描述可知，分包商参与激励锦标赛时，排名越低，与排名较高的分包商的收益差距就越大，获得奖金或未来的合同机会就越少。而$\frac{\partial e_i^*}{\partial \Delta W}>0$ 说明社会责任努力水平与奖励强度正相关，故适当拉大奖励差距，可加剧分包商之间的竞争，分包商越需付出更多的社会责任努力来争取靠前的名额，继而形成竞争与履责的良性循环系统。

把式（6-10）代入参与约束式（6-7）中，可得：

$$W_L=\underline{u}+\delta\Delta W+\frac{(1+\tau+\delta)^2\Delta W^2 f^2(0)}{2k}-\frac{(1+\tau+\delta)\Delta W}{2} \tag{6-11}$$

把式（6-11）代入式（6-6）中，可得总承包商的期望效用为：

$$E(\Pi)=\frac{2(1+\tau+\delta)\Delta Wf(0)}{k}-\Delta W-\left[2\underline{u}+2\delta\Delta W+\frac{(1+\tau+\delta)^2\Delta W^2f^2(0)}{k}-(1+\tau+\delta)\Delta W\right] \tag{6-12}$$

式（6-12）中 $E(\Pi)$ 对奖励强度 ΔW 求导并令其为 0，可得：

$$\frac{\partial E(\Pi)}{\partial\Delta W}=\frac{2(1+\tau+\delta)f(0)}{k}-1-\left[2\delta+\frac{2(1+\tau+\delta)^2\Delta Wf^2(0)}{k}-(1+\tau+\delta)\right]=0 \tag{6-13}$$

解式（6-13）得：

$$\Delta W^*=\frac{2(1+\tau+\delta)f(0)+(\tau-\delta)k}{2(1+\tau+\delta)^2f^2(0)} \tag{6-14}$$

把式（6-14）代入式（6-10）、式（6-11）中，可得：

$$e_i^*=\frac{2(1+\tau+\delta)f(0)+(\tau-\delta)k}{2k(1+\tau+\delta)f(0)} \tag{6-15}$$

$$W_L^*=\frac{1}{2k}+\underline{u}-\frac{k(-2+\delta-\tau)(\delta-\tau)+4(1+\tau+\delta)f(0)}{8(1+\tau+\delta)^2f^2(0)} \tag{6-16}$$

把式（6-14）~式（6-16）代入保障强度 $\widetilde{W}$ 中得：

$$\widetilde{W}^*=\frac{\Delta W^*}{2}+W_L^*=\frac{1}{2k}+\underline{u}-\frac{k(\delta-\tau)^2}{8(1+\tau+\delta)^2f^2(0)} \tag{6-17}$$

把式（6-15）和式（6-16）代入式（6-5），可得总承包商的期望效用为：

$$\Pi^*=\frac{1}{k}-2\underline{u}+\frac{(\delta-\tau)[k(\delta-\tau)-4(1+\tau+\delta)f(0)]}{4(1+\tau+\delta)^2f^2(0)} \tag{6-18}$$

由于无论 ε 服从何分布，只要概率密度足够平坦，均存在均衡解，且不影响社会责任努力水平与奖励强度、社会责任成本系数以及公平感知系数等的关系下，不失一般性地，以下以正态分布为例进行阐述[228]。由模型描述可知，$E(\varepsilon_i)=0$，$D(\varepsilon_i)=\sigma^2(i=1，2)$ 的情形下，可得总的社会责任绩效随机误差 $\varepsilon\sim N(0，2\sigma^2)$，则 $f(0)=\dfrac{1}{2\sigma\sqrt{\pi}}$。参考 Han 等[224]的处理方法，设分包商的公平感知系数为 θ，为了提高比赛激励的作用，骄傲偏好大于嫉妒偏好，令 $\delta=\theta$，$\tau=2\theta$。则最优均衡值为：

$$e_i^{f^*}=\frac{1}{k}+\frac{\sqrt{\pi}\theta\sigma}{1+3\theta} \tag{6-19}$$

$$\Delta W^{f^*}=\frac{2\sqrt{\pi}\sigma[1+\theta(3+k\sqrt{\pi}\sigma)]}{(1+3\theta)^2} \tag{6-20}$$

$$\widetilde{W}^{f^*}=\frac{1}{2k}+\underline{u}-\frac{k\pi\theta^2\sigma^2}{2(1+3\theta)^2} \tag{6-21}$$

$$\Pi^{f^*}=\frac{1}{k}-2\underline{u}+\frac{2\sqrt{\pi}\theta\sigma}{1+3\theta}+\frac{k\pi\theta^2\sigma^2}{(1+3\theta)^2} \tag{6-22}$$

命题 6.1 基于公平偏好的社会责任锦标赛激励模型中，$\frac{\partial e_i^{f^*}}{\partial\theta}>0$，$\frac{\partial e_i^{f^*}}{\partial k}<0$，$\frac{\partial e_i^{f^*}}{\partial\sigma}>0$。

证明：式（6-19）分别对 θ、k、σ 求导得：

$\frac{\partial e_i^{f^*}}{\partial\theta}=\frac{\sqrt{\pi}\sigma}{(1+3\theta)^2}>0$，$\frac{\partial e_i^{f^*}}{\partial k}=-\frac{1}{k^2}<0$，$\frac{\partial e_i^{f^*}}{\partial\sigma}=\frac{\sqrt{\pi}\sigma}{1+3\theta}>0$

证毕。

命题 6.1 表明考虑公平偏好的社会责任锦标赛激励机制下，分包商的社会责任努力水平随社会责任产出绩效误差的增加而增加。当履行某项社会责任的技术难度较高，绩效误差较大时，分包商需付出更多的社会责任努力，这与实际相符。同时，分包商社会责任努力水平与履责成本负相关，与公平感知系数正相关。这是因为当公平感知系数较大时，分包商履行社会责任时无论排名靠前还是靠后，均会加剧其骄傲或嫉妒效用，故需通过履约履行或“履约投入”更多社会责任获取更大的绩效来弥补或平衡这种效用落差。

命题 6.2 公平偏好下的社会责任锦标赛激励模型中，奖励强度与履责成本系数、社会责任产出绩效误差以及公平感知的关系如下：$\frac{\partial\Delta W^{f^*}}{\partial\sigma}>0$，$\frac{\partial\Delta W^{f^*}}{\partial k}>0$；当 $\theta\in\left(0,\ \frac{k\sqrt{\pi}\sigma-3}{3(3+k\sqrt{\pi}\sigma)}\right)$ 时，$\frac{\partial\Delta W^{f^*}}{\partial\theta}>0$；当 $\theta\in\left(\frac{k\sqrt{\pi}\sigma-3}{3(3+k\sqrt{\pi}\sigma)},\ 1\right)$ 时，$\frac{\partial\Delta W^{f^*}}{\partial\theta}<0$。

证明： 式（6-20）分别对 θ、k、σ 求导得：

$$\frac{\partial \Delta W^{f^*}}{\partial \sigma}=\frac{\sqrt{\pi}(2+6\theta)+4k\pi\theta\sigma}{(1+3\theta)^2}>0,\quad \frac{\partial \Delta W^{f^*}}{\partial k}=\frac{2\pi\theta\sigma^2}{(1+3\theta)^2}>0,$$

$$\frac{\partial \Delta W^{f^*}}{\partial \theta}=\frac{2k\pi(1-3\theta)\sigma^2-6\sqrt{\pi}\sigma(1+3\theta)}{(1+3\theta)^3}>0 \tag{6-23}$$

如前所述，公平偏好下社会责任锦标赛激励模型有均衡解的条件为 σ 较大。显然式（6－23）分母大于 0，分子中，当 $0<\theta<\frac{k\sqrt{\pi}\sigma-3}{3(3+k\sqrt{\pi}\sigma)}$ $\left(\sigma>\frac{3}{k\sqrt{\pi}}\right)$ 时，$\frac{\partial \Delta W^{f^*}}{\partial \theta}>0$。当 $\frac{k\sqrt{\pi}\sigma-3}{3(3+k\sqrt{\pi}\sigma)}<\theta<1$ 时，$\frac{\partial \Delta W^{f^*}}{\partial \theta}<0$。证毕。

命题 6.2 说明分包商的社会责任产出绩效误差和履责成本系数越大，奖励强度就越大，这与实际相符合。而关于奖励强度和公平感知系数的关系，发现当公平感知系数 θ 较小时，奖励强度与公平感知系数正相关。当公平感知系数较大时，激励与公平感知系数负相关。即公平感知系数较小 $\left[0<\theta<\frac{k\sqrt{\pi}\sigma-3}{3(3+k\sqrt{\pi}\sigma)}\right]$ 时，表示分包商几乎不在乎对方的履责收益分配是否大于己方，不易形成相互比较、相互鞭策的竞争局面，此时需增大奖励强度来促进分包商提升社会责任。而当公平感知系数较大 $\left[\frac{k\sqrt{\pi}\sigma-3}{3(3+k\sqrt{\pi}\sigma)}<\theta<1\right]$ 时，表示分包商非常看重履责收益分配的公平性，若此时继续加大奖励强度，容易形成过度竞争局面。由此可见，分包商的社会责任公平偏好是影响总承包商设计锦标赛奖励强度的重要因素。此结论区别于 Han 等[224] 的结论，该研究发现奖励强度与公平偏好正相关。

命题 6.3 基于公平偏好的社会责任激励模型中，保障强度与履责成本系数、分包商的公平感知系数以及其保留效用的关系如下：$\frac{\partial \widetilde{W}^{f^*}}{\partial k}<0$，$\frac{\partial \widetilde{W}^{f^*}}{\partial \theta}<0$，$\frac{\partial \widetilde{W}^{f^*}}{\partial \underline{u}}>0$。

证明： 式（6-21）分别对 k、θ、$\underline{u}$ 求偏导，可得：

$$\frac{\partial \widetilde{W}^{f^*}}{\partial k}=-\frac{1}{2k^2}-\frac{\pi\theta^2\sigma^2}{2(1+3\theta)^2}<0,\quad \frac{\partial \widetilde{W}^{f^*}}{\partial \theta}=-\frac{k\pi\theta\sigma^2}{(1+3\theta)^3}<0,\quad \frac{\partial \widetilde{W}^{f^*}}{\partial \underline{u}}=1>0。$$

证毕。

保障强度表示分包商参与社会责任锦标赛可获得的平均奖金，其值越大，说明总承包商为了激励分包商履行社会责任，投入的平均奖励越大。命题6.3说明保障强度除了随分包商参与锦标赛时的保留效用 $\underline{u}$ 正相关外，与分包商的社会责任成本，公平感知系数均负相关。这是因为保障强度主要是为了吸引分包商愿意参与社会责任锦标赛，一旦参与进来，激励主要通过奖励强度来协调。且公平感知系数越大，竞争越激烈，保障强度反而越低，即基于总承包商视角，可通过拉大激励差距来协调分包商之间的竞争，用较低的激励奖金，达到较好的激励效果。

命题 6.4 基于公平偏好的社会责任锦标赛激励模型中，总承包商的期望效用与分包商的公平感知系数、社会责任产出绩效误差以及保留效用的关系如下：

$$\frac{\partial \Pi^{f^*}}{\partial \theta}>0,\quad \frac{\partial \Pi^{f^*}}{\partial \sigma}>0,\quad \frac{\partial \Pi^{f^*}}{\partial \underline{u}}<0。$$

证明： 为保证总承包商的期望效用为正，需满足 $\underline{u}<\frac{1}{2k}+\frac{\sqrt{\pi}\,\theta\sigma}{1+3\theta}+\frac{k\pi\theta^2\sigma^2}{2(1+3\theta)^2}$。此约束下，式(6-22)分别对 θ、σ、$\underline{u}$ 求偏导，可得：

$$\frac{\partial \Pi^{f^*}}{\partial \theta}=\frac{2\sqrt{\pi}\,\sigma[1+\theta(3+k\sqrt{\pi}\,\sigma)]}{(1+3\theta)^3}>0,\quad \frac{\partial \Pi^{f^*}}{\partial \sigma}=\frac{2\sqrt{\pi}\,\theta}{1+3\theta}+\frac{2k\pi\theta^2\sigma}{(1+3\theta)^2}>0;$$

$$\frac{\partial \Pi^{f^*}}{\partial \underline{u}}=-2<0。$$

证毕。

命题6.4说明总承包商的期望效用与公平感知系数 θ 正相关，因为 θ 越大，分包商的骄傲偏好和嫉妒偏好越强烈，越易形成更加激烈的竞争局面，双方的社会责任努力水平自然会越高，由此产生的社会责任绩效也会相应提高，进而总承包商的期望效用就增加；同时，σ 越大，表示社会责任绩效转化风险越大，故分包商为了减少风险，会投入更多的社会责任努力，进而使总承包商的期望效用也会提高。但总承包商的期望效用会随分包商的保留效用的增加而减少。这是由于分包商的保留效用增加时，总承包商为了分包商参与锦标赛激励，给予分包商的参与约束额就会增加，进而自身的期望效用会降低。

三、自利偏好下社会责任锦标赛激励模型

下面考察分包商具有自利偏好时的锦标赛激励设计，自利偏好是指分包商只关注自身的履责收益，不关注对方与自身履责收益的差距。此时分包商 i 排名靠前时效用 u_i^H 为：

$$u_i^H = W_H - C(e_i) = W_L + \Delta W - \frac{1}{2}ke_i^2 \tag{6-24}$$

分包商 i 排名靠后时的效用 u_i^L 为：

$$u_i^L = W_L - \frac{1}{2}ke_i^2 \tag{6-25}$$

故分包商 i 的期望效用 $E(u_i)$ 为：

$$E(u_i) = p_i u_i^H + (1-p_i)u_i^L = W_L + F(e_i - e_j)\Delta W - \frac{1}{2}ke_i^2 \tag{6-26}$$

总承包商的期望效用 Π 为：

$$\Pi = e_i + e_j - \Delta W - 2W_L \tag{6-27}$$

分包商 i 决策自己的努力，以使其期望效用最大，即式（6-26）中 $E(u_i)$ 对 e_i 求导，可得：

$$e_i = \frac{f(e_i - e_j)\Delta W}{k} \tag{6-28}$$

故当分包商 i 和分包商 j 均具有自利偏好时，总承包商在满足分包商参与约束的情况下，通过决策奖励强度 ΔW 使其期望效用 Π 最大。分包商在接受锦标赛后，决策自身的社会责任努力，使其期望效用 $E(u_i)$ 最大。建立如下委托代理模型：

$$(PC)\quad \max_{\Delta W}\Pi=e_i+e_j-\Delta W-2W_L \tag{6-29}$$

$$(IR)\quad W_L+F(e_i-e_j)\Delta W-\frac{1}{2}ke_i^2\geqslant \underline{u} \tag{6-30}$$

$$(IC)\quad e_i=\frac{f(e_i-e_j)\Delta W}{k} \tag{6-31}$$

按照前文激励模型的求解方法，自利偏好下的社会责任努力水平 e_i^{S*}、奖励强度 ΔW^{S*}、保障强度 $\widetilde{W}^{S*}$ 以及总承包商的效用 Π^{S*} 等均衡值如下：

$$e_i^{S*}=\frac{1}{k} \tag{6-32}$$

$$\Delta W^{S*}=2\sqrt{\pi}\sigma \tag{6-33}$$

$$\widetilde{W}^{S*}=\frac{1}{2k}+\underline{u} \tag{6-34}$$

$$\Pi^{S*}=\frac{1}{k}-2\underline{u} \tag{6-35}$$

四、对比分析

为了更好地比较公平偏好和自利偏好情形下社会责任锦标赛模型的均衡值，上述两种情形下均衡值如表 6-2 所示。

$$e_i^{f*}=\frac{1}{k}+\frac{\sqrt{\pi}\theta\sigma}{1+3\theta} \tag{6-36}$$

$$\Delta W^{f*}=\frac{2\sqrt{\pi}\sigma[1+\theta(3+k\sqrt{\pi}\sigma)]}{(1+3\theta)^2} \tag{6-37}$$

表 6-2　公平偏好与自利偏好两种激励模型下的均衡值

	公平偏好情形下	自利偏好情形下
e_i^*	$\frac{1}{k}+\frac{\sqrt{\pi}\theta\sigma}{1+3\theta}$	$\frac{1}{k}$
ΔW^*	$\frac{2\sqrt{\pi}\sigma[1+\theta(3+k\sqrt{\pi}\sigma)]}{(1+3\theta)^2}$	$2\sqrt{\pi}\sigma$
$\widetilde{W}^*$	$\frac{1}{2k}+\underline{u}-\frac{k\pi\theta^2\sigma^2}{2(1+3\theta)^2}$	$\frac{1}{2k}+\underline{u}$
Π^*	$\frac{1}{k}-2\underline{u}+\frac{2\sqrt{\pi}\theta\sigma}{1+3\theta}+\frac{k\pi\theta^2\sigma^2}{(1+3\theta)^2}$	$\frac{1}{k}-2\underline{u}$

$$\widetilde{W}^{f^*}=\frac{1}{2k}+\underline{u}-\frac{k\pi\theta^2\sigma^2}{2(1+3\theta)^2} \tag{6-38}$$

$$\Pi^{f^*}=\frac{1}{k}-2\underline{u}+\frac{2\sqrt{\pi}\theta\sigma}{1+3\theta}+\frac{k\pi\theta^2\sigma^2}{(1+3\theta)^2} \tag{6-39}$$

命题 6.5　公平偏好下的奖励强度与自利偏好情形下的奖励强度相比，满足如下关系：当 $\theta\in\left(0,\ \frac{k\sqrt{\pi}\sigma-3}{9}\right)$，$\Delta W^{f^*}>\Delta W^{S^*}$；$\theta\in\left(\frac{k\sqrt{\pi}\sigma-3}{9},\ 1\right)$，$\Delta W^{f^*}<\Delta W^{S^*}$。

证明：公平偏好与自利偏好下的奖励强度之差为：

$$\Delta W^{f^*}-\Delta W^{S^*}=\frac{2\sqrt{\pi}\sigma\theta(-3-9\theta+k\sqrt{\pi}\sigma)}{(1+3\theta)^2} \tag{6-40}$$

分析式（6-40）可知，其分母大于 0。分子中，当 $0<\theta<\frac{k\sqrt{\pi}\sigma-3}{9}$时，$\Delta W^{f^*}>\Delta W^{S^*}$，当$\frac{k\sqrt{\pi}\sigma-3}{9}<\theta<1$ 时，$\Delta W^{f^*}<\Delta W^{S^*}$。证毕。

命题 6.5 说明两种情形下的奖励强度没有简单的大小关系，而与分包商的公平感知、履责成本以及社会责任绩效转化风险的综合关系有关。当分包商的公平感知系数小于$\frac{k\sqrt{\pi}\sigma-3}{9}$时，由命题 6.2 可知 ΔW^{f^*} 与 θ 正相关，即公平感知系数较小时，与分包商具有自利偏好相比，总承包商应增加奖励强度，通过拉大不同排名的激励差距来刺激分包商投入更多的社会责任。当公平感知系数大于$\frac{k\sqrt{\pi}\sigma-3}{9}$时，表示公平偏好较强，对收益分配不公平容忍度较低，容易出现过度竞争或极端的情形，故总承包商可通过降低奖励强度来协调，当降到一定程度时，公平偏好情形下的奖励强度低于自利偏好情形下的奖励强度。由此可见，分包商的偏好特征和偏好感知程度是决定锦标赛奖励强度的重要因素。

命题 6.6 公平偏好下的保障强度与自利偏好情形下的保障强度相比，满足如下关系：$\widetilde{W}^{f^*}<\widetilde{W}^{S^*}$。

证明：公平偏好下的保障强度与自利偏好下的保障强度之差为：

$$\widetilde{W}^{f^*}-\widetilde{W}^{S^*}=-\frac{k\pi\theta^2\sigma^2}{2(1+3\theta)^2} \tag{6-41}$$

由于θ、k均为正数，式（6-41）显然小于0，即$\widetilde{W}^{f^*}<\widetilde{W}^{S^*}$。证毕。

命题6.6说明：在分包商均为自利偏好时，要想提升分包商的社会责任努力水平，保障强度需大于双方均为公平偏好时的值。也就是说，当分包商之间全部是公平偏好者参与锦标赛竞赛时，总承包商应降低保障强度，且参与锦标赛的分包商越多，保障强度就应该越低。对分包商均为自利偏好的分包商设计社会责任锦标赛激励机制时，总承包商应该给予较高的保障强度。由此可见，分包商的公平偏好特征是决定锦标赛保障强度的重要因素。因此，在决定锦标赛保障强度时，应充分考虑各分包商的偏好类型和特征。

综合命题6.5和命题6.6，总承包商应该根据分包商的偏好特征和公平关切程度调整锦标赛的奖励强度和保障强度，一方面使分包商积极主动投入社会责任，另一方面给总承包商带来更大的期望效用。而现有文献大多忽略了分包商偏好类型和公平关切程度，且假设奖励强度和保障强度总是给定或不变的，这是不合理的，因为其忽略了总承包商应该根据分包商的偏好特征和偏好强度来追求期望效用最大的内在逻辑。

命题 6.7　公平偏好与自利偏好下分包商的社会责任努力水平、总承包商的期望效用满足如下关系：$e_i^{f^*}>e_i^{S^*}$，$\Pi^{f^*}>\Pi^{S^*}$。

证明：将公平偏好下社会责任锦标赛的均衡值 $e_i^{f^*}$、Π^{f^*} 与自利偏好下的均衡值 $e_i^{S^*}$、Π^{S^*} 作差可得：

$$e_i^{f^*}-e_i^{S^*}=\frac{\sqrt{\pi}\,\theta\sigma}{1+3\theta} \tag{6-42}$$

$$\Pi^{f^*}-\Pi^{S^*}=\frac{2\sqrt{\pi}\,\theta\sigma}{1+3\theta}+\frac{k\pi\theta^2\sigma^2}{(1+3\theta)^2} \tag{6-43}$$

显然，θ、σ、k 均为正的情形下，式（6-42）和式（6-43）均为正，即 $e_i^{f^*}>e_i^{S^*}$，$\Pi^{f^*}>\Pi^{S^*}$。证毕。

命题 6.7 说明与分包商均为自利偏好相比，在公平偏好下建立社会责任锦标赛激励机制，无论分包商的社会责任努力水平还是承包商的总效用都有显著提高。故基于总承包商角度，在筛选分包商时，除了考察分包商的各种资质、能力以及是否具有社会责任外，注重公平也是一个重要的参考因素。

五、数值分析

为了改善水质，增加供水能力，合理配置水资源，广东省某引水改造工程全长 51.7 千米，线性分布，设计年供水 24.23 亿立方米，总投资约 49 亿元[224]，采用总承包模式开展建设。总承包商 A 将部分工程分包给两个分包商 B 和 C，并为了激励分包商积极投入社会责任，采用锦标赛形式设计了竞赛激励机制。假设分包商 B 和分包商 C 承担类似的施工任务，并行工作，总承包商 A 根据分包商 B 和分包商 C 在比赛中的排名为他们提供不同的奖励。赛事奖励方案如下：在项目谈判阶段，通过问卷调查的方式获得分包商的公平关切程度 θ，通过对技术复杂性和外部自然环境的判断，确定风险

值 σ，并根据各分包商的公平感知系数 θ、履责成本系数 k、社会责任绩效转化风险 σ 等值确定竞赛激励条款。值得注意的是，这两个分包商是同质的，分包商 B 和分包商 C 具有相同的公平感知系数、履责成本系数等。为了观察分包商的社会责任努力水平、奖励强度以及总承包商的效用与公平偏好的关系，在保证各均衡值为正的情形下，取 $k=0.2$、$\sigma=3$、$\underline{u}=2$。绘制图 6-1、图 6-2、图 6-3，具体关系如下：

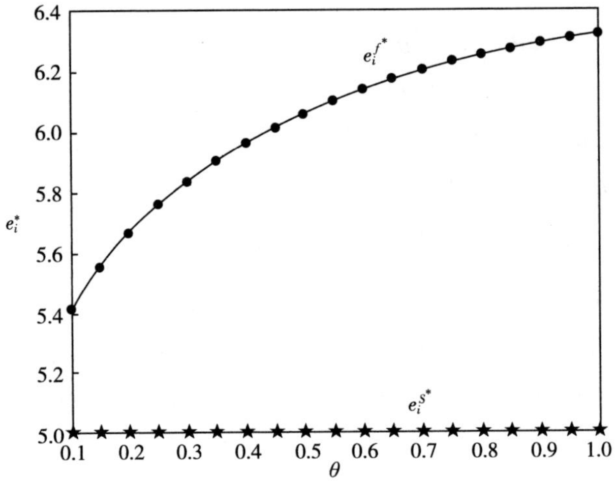

图 6-1　不同偏好下社会责任努力水平 e_i^* 与 θ 的关系

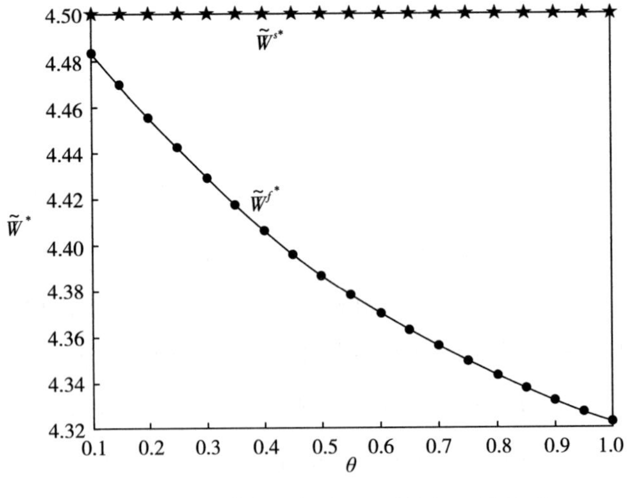

图 6-2　不同偏好下保障强度 $\tilde{W}^*$ 与 θ 的关系

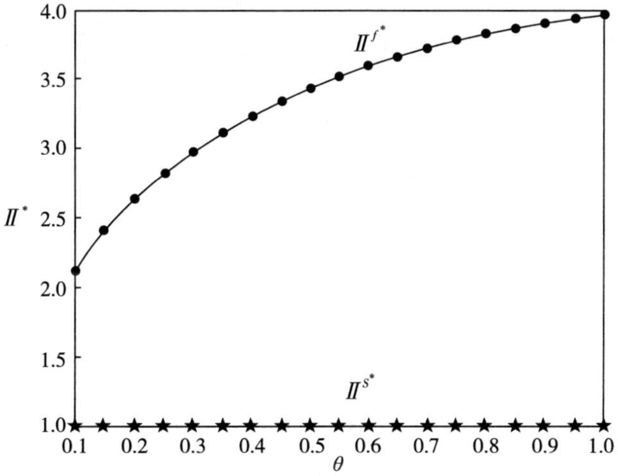

图 6-3　不同偏好下总承包商的期望效用 Π^* 与 θ 的关系

图 6-1、图 6-3 可以直观看出，公平偏好下分包商的社会责任努力水平和总承包商的期望效用均随公平感知系数的增加而增加，且均高于分包商自利偏好下的值。故选取具有一定公平关切程度的分包商，设计合理的社会责任锦标赛激励机制可以达到社会责任和效用的双赢。而从图 6-2 可以看出激励保障强度随公平感知系数的增加而增加，且公平偏好下的保障强度低于自利偏好下的保障强度。故对于总承包商而言，并不一定通过增加奖金来激励分包商提升社会责任，当分包商均具有公平偏好时，可以降低保障强度，一样可以达到较好的激励效果。

图 6-4 表明奖励强度随着公平感知系数 θ 先增加后减少，当 θ 较小时，奖励强度 ΔW^* 随着感知系数的增加而增加，当公平感知系数 θ 较大时，奖励强度 ΔW^* 随着公平感知系数增加而减少。故总承包商既需通过奖励强度增加分包商之间的竞争，进而提高分包商的社会责任努力，又需控制过度竞争。只有及时调整奖励强度的大小，才能协调分包商之间的社会责任努力。同时，从图 6-4 可以看出，当 $0<\theta<\frac{k\sqrt{\pi}\sigma-3}{9}$时，公平偏好下的社会责

任锦标赛奖励强度大于自利偏好下的奖励强度。当$\frac{k\sqrt{\pi}\sigma-3}{9}<\theta<1$时，公平偏好下的社会责任锦标赛奖励强度小于自利偏好下的奖励强度。故承包商了解分包商的公平偏好的变化，适当的调整奖励强度可以提升分包商社会责任的同时，最大化其效用。

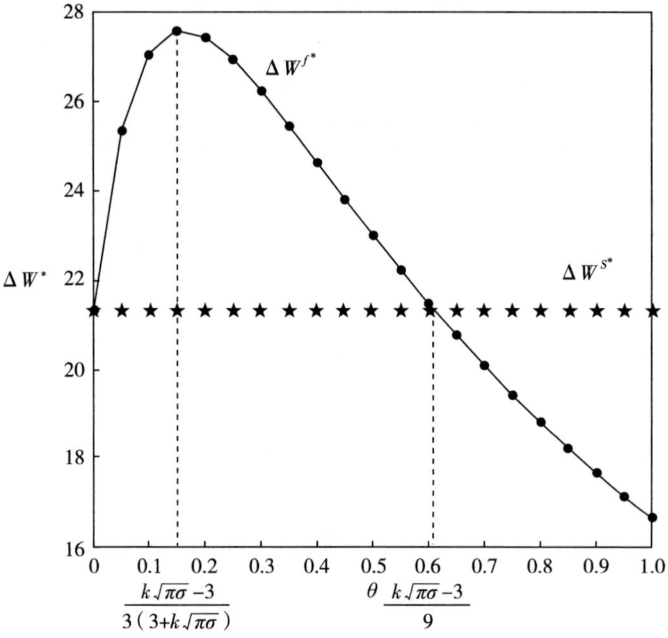

图 6-4　不同偏好下奖励强度 ΔW^* 与 θ 的关系

图 6-5 可知，分包商的社会责任努力水平 e_i^* 受到社会成本和公平感知系数的双重影响，随成本系数的增加而减少，随公平感知系数的增加而增加。故总承包商不仅需要设定激励机制提高分包商的社会责任努力水平，同时需要激励分包商积极创新，采用新工艺降低社会责任成本，从而提升社会责任努力水平。

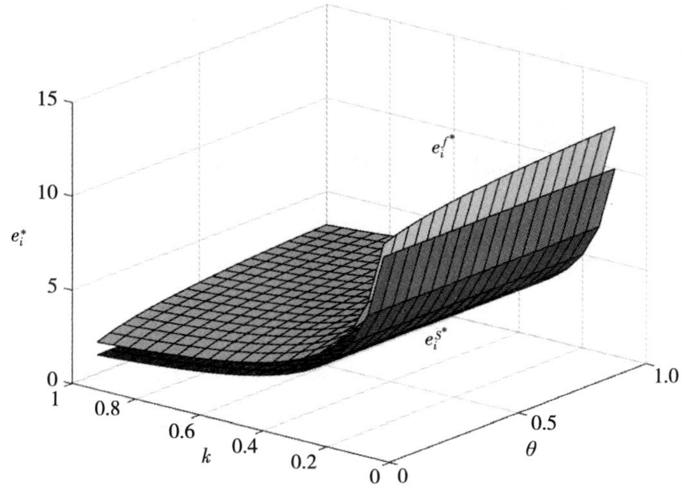

图 6-5　不同偏好下社会责任努力水平 e_i^* 与 k、θ 的关系

六、本章小结

针对大型工程总承包商主导下平行分包商的社会责任激励机制设计，对促进分包商提升社会责任具有实际应用价值。本章利用竞赛激励理论，分别构建了大型工程分包商具有公平偏好和自利偏好的社会责任锦标赛激励模型，并通过数值分析进行对比分析。主要结论如下：

（1）偏好特征、偏好程度、履责成本以及社会责任产出绩效误差等是决定分包商社会责任努力水平的重要因素。

（2）通过考察分包商的社会偏好而设计的社会责任锦标赛激励机制中，较低的社会责任激励保障强度一样可以达到较好的激励效果。

（3）社会责任奖励强度是协调大型工程分包商社会责任激励的重要工具，当公平感知较小时，可以拉大激励差距，增加奖励强度来促进分包商提升社会责任。当公平感知较大时，可以缩小激励差距，减小奖励强度来控制过度比较和竞争。

（4）与分包商均为自利偏好相比，在公平偏好下建立社会责任锦标赛激励机制，无论分包商的社会责任努力水平还是总承包商总效用均有显著提高。

本章研究内容的管理启示如下：首先，根据分包商的偏好类型来制定和调整锦标竞赛的激励结构非常重要。无论是奖励强度还是保障强度，都应根据所有分包商的偏好类型进行调整。例如，分包商具有公平偏好时，总承包商可以降低保障强度，当分包商具有自利偏好时，总承包商需增强保障强度。同时，在分包商公平感知系数较大时，总承包商应降低激励强度。当分包商的公平感知系数较小时，总承包商应提高激励强度。根据偏好特征和偏好程度，设计合理的激励强度和保障强度，才能促进分包商提升社会责任努力水平。其次，应鼓励分包商积极创新、采用新工艺新技术降低社会责任成本和随机误差，进而推动分包商更好地承担社会责任。最后，总承包商在选择分包商时，不仅要考虑分包商的社会责任，还应考虑其公平偏好特征和程度。

第七章　总结与展望

一、总结

大型工程社会责任已成为影响工程可持续发展的关键因素，其实现需要所有利益相关者共同承担，如何通过收益分配和机制设计激励实施主体更好地承担社会责任具有重要的理论和现实意义。本书聚焦大型工程总承包模式，针对总承包内部，构建了合作履责决策模型，考察了公平偏好、履责成本以及谈判能力等因素对社会责任努力水平、收益分配的作用影响，探讨了不同情景下内部成员的履责策略选择，厘清了创新、社会责任以及工程总绩效的相互关系。此外，将总承包商主导下的内部合作履责延伸至分包商社会责任的外部激励机制设计，从单一分包商拓展至平行分包商，针对分包商在履责过程中的存在的责任信息不对称等问题，分别设计了双指标两阶段激励机制和锦标赛激励机制，并基于总承包商视角提出了相应了激励策略和手段。主要研究工作和结论总结如下：

第三章针对设计方—施工方双边道德风险下的社会责任合作履责问题，结合双方履责过程中的互动性特征，引入公平偏好理论和讨价还价理论，分别构建了主从博弈合作和 Nash 讨价还价博弈合作履责决策模型，考察了公平偏好、激励力度、履责谈判能力、履责成本系数等因素对双方履责决策以及责任链上工程总收益的影响，并通过对两种模型均衡解进行对比分析，得出以下结论：①施工方和设计方的社会责任努力水平和履责收益分配，与自身社会责任投入产出效率以及业主对总承包商社会责任的激励力度正相关。②履责收益分配比例是协调双方履行社会责任的重要工具，其受到公平偏好与社会责任投入产出的综合影响，在不同区间呈现非单调关系，只有根据双方的社会责任投入产出效率和公平偏好的阈值综合调整，兼顾公平和效率，才能达到协调双方社会责任水平的目的，进而促进责任链上的工程总收益的提高。③与主从博弈合作履责决策模式相比，考虑双方谈判能力的 Nash 讨价还价合作履责模式下设计方的社会责任努力水平和责任链总收益均有显著提高。

第四章针对牵头方—协同方双边道德风险下的社会责任合作履责问题，结合其履责过程中的互动性特征，引入委托代理理论和讨价还价理论，构建了创新驱动下的主从博弈合作和 Nash 讨价还价博弈合作履责决策模型，考察了谈判能力、履责和创新成本、合作程度以及创新边际促进率等因素对双方履责和创新投入的影响，剖析了创新、社会责任与可持续绩效之间的关系，并与无创新驱动下的履责决策模型的均衡解进行对比分析，得出以下结论：①牵头方和协同方的社会责任和创新努力水平均与业主激励力度、双方合作程度、贡献权重以及创新边际促进率正相关，与双方的创新投入成本和社会责任投入成本负相关，且相较于对方，自身的成本对其影响作用更大。②合理的决策模式和履责收益分配条件下，牵头方和协同方的互动合作会增强社会责任对工程绩效的正向促进作用。③最优履责收益分配是关于贡献权重的复杂函数，为了大型工程可持续发展，牵头方需对协同方适当让利，以减轻创新和履责的瓶颈效应。④创新和社会责任努力水平具有双向促进作用，创新不仅可以直接促进社会责任的提升，还可以放大社会责任和可持续绩效之间的正向影响，故创新在社会责任和可持续绩效的关系中具有调节作用。

第五章将第三章、第四章总承包商的内部合作履责决策延伸到外部对分包商的社会责任激励机制设计。结合分包商履责过程中的从属性特征，分别构建了信息对称和不对称情形下单阶段履责决策模型，通过对比分析发现分包商的履责收益随其信息不对称程度的增加而增加，故分包商会刻意隐瞒或虚高其社会责任信息以获取更大的收益。为促使分包商披露社会责任信息、提升社会责任努力水平，根据委托代理理论，设计了信息不对称下双指标两阶段社会责任激励契约，通过求解与对比发现：①总承包商和分包商的社会责任努力水平都与自身的社会责任绩效转化系数和业主的奖励力度正相关，与履责成本系数负相关。②信息不对称情形下，分包商隐瞒或虚高其应承担的社会责任信息，会抑制总承包商社会责任投入的积极性。③单阶段履责决策模型中，总承包商在信息不对称下的履责收益始终低于信息对称下的履责收益；相反，分包商在信息不对称下的履责收益始终高于信息对称下的履责收益，且履责收益差随着分包商信息不对称程度的增加而增加。④与单一激励指标下决策模型相比，“固定补贴+绩效奖励”双指标两阶段的激励机制下，总承包商和分包商的履责收益均不低于单阶段情形下的收益，且分包商的社会责任努力水平和社会责任总绩效均显著提高。

第六章将第五章总承包商主导下的单个分包商拓展至平行分包商的社会责任激励机制设计。结合平行分包商履责过程中的类比性特征，分别构建了公平偏好和自利偏好下的社会责任锦标赛激励模型，考察了不同偏好对分包商履责决策以及总承包商效用的影响，探究了总承包商视角下的激励策略和手段。得出以下结论：①偏好特征、偏好程度、履责成本以及社会责任产出绩效误差等是影响分包商社会责任努力水平的重要因素。②通过考察分包商的社会心理偏好而设计的社会责任锦标赛激励机制，较低的社会责任保障强度一样可以达到较好的激励效果。③社会责任奖励强度是协调大型工程分包商社会责任投入的重要工具，当公平感知较小时，拉大激励差距，增加奖励强度可促进分包商提升社会责任。当公平感知较大时，缩小激励差距，减小奖励强度可控制过度竞争。④与分包商均为自利偏好相比，在公平偏好下的社会责任锦标赛激励机制中，无论分包商的社会责任努力水平还是承包商总效用均有显著提高。

二、管理启示

本书研究结果主要有以下两方面的管理启示：

内部合作角度。①对业主（政府）而言，首先，其是大型工程社会责任决策和治理的核心主体，也是工程社会责任的促进者、监督者和协调者，通过政策、制度以及奖励等手段引导和鼓励建设主体积极履行社会责任，能够提高工程整体效益。其次，应筛选行业较杰出的总承包商承接项目，不仅要求实力突出、业务能力强，而且要有非常强的社会责任意识，承包商内部达成社会责任共识，建立利益共同体，才能形成企业能力与责任之间的良性循环。②对于总承包商的牵头方而言，其作为大型工程社会责任的主要践行主体，涉及矛盾的协调、责任的分担和利益的分配，在刚性责任的约束下，构建合适的合作和激励等柔性机制促进成员方积极承担社会责任是牵头方必须思考的问题。在责任共担过程中，要充分考虑成员方的公平偏好、谈判能力、履责能力、创新能力等因素，在决策时要兼顾公平和效率，把握好两者协调的临界点，通过动态调整履责收益分配比例，才能促进双方在提高社会责任的同时提高工程整体效益。此外，牵头方作为承包商内部领导者，不仅要通过合理设置分配比例协调成员方或协同方的社会责任和创新努力，更需克服合同的局限性，考虑到社会责任和创新对可持续绩效的影响，适当让利，以减轻创新和履责的瓶颈效应。③对于总承包商的成员方而言，首先，应通过技术、工艺的改进，降低履责和创新成本，提高创新和履责能力。例如，港珠澳大桥岛隧工程的东人工岛，由中交第三航务工程局有限公司承担施工任务，其为了保护海洋环境，减少占用海域面积，设计优化海底沉管隧道纵横截断面，调整桥位主线与海流流向夹角，减少疏浚物开挖倾倒量，提高工艺的同时大大降低了工程对海洋水文动力和生物资源的影响，实现了工程建设和环境保护的双赢。其次，加强与牵头方的交流合作，达成社会责任共识，建立利益和责任共同体，才能形成责任和绩效共赢的良性循环。

外部激励角度。①总承包商主导下单一分包商社会责任激励角度。从主要结论可知，大型工程不同参与主体的社会责任行为的主要驱动因素存在差异，且在社会责任信息不对称情形下，总承包商和分包商之间存在社会责任行为的逆向传导作用。这就要求总承包商建立可操作性的社会责任量化评价体系、选择科学化的评价指标，以便提高大型工程利益相关者履行社会责任的规范性和高效性。同时，不断强化分包商的社会责任意识，加强对分包商的监督管理，将监督体系由原来的规范化运作延伸到工程利益相关者社会责任的提升层面，从而减少信息不对称，营造良好的工程建设外部环境。此外，改变目前很多工程“包干”的工程预算管理体制，建立“固定补贴+绩效奖励”的预算管理体系，从预算管理源头抓起，把社会责任的投入与工程产出价值相关联，提高激励的有效性。再者，探索“固定补贴和绩效奖励”的双指标分阶段动态激励机制，设计科学合理的奖励分配系数，从而平衡利益和责任，构建良性循环。②总承包商主导下平行分包商社会责任的激励角度。首先，总承包商应根据分包商的偏好类型来制定和调整锦标竞赛的奖励强度和保障强度，如分包商具有公平偏好时，总承包商可以降低保障强度，当分包商具有自利偏好时，总承包商需增强保障强度。再如分包商公平感知系数较大时，业主应降低奖励强度。当承包商的公平感知系数较小时，业主应提高奖励强度。根据偏好特征和偏好程度，设计合理的奖励强度和保障强度，才能促进承包商提升社会责任努力水平。其次，分包商的社会责任努力水平、总承包商的期望效用均与社会责任成本和随机误差负相关。故应鼓励分包商积极创新、采用新工艺新技术降低社会责任成本和随机误差，进而推动分包商更好地承担社会责任。

三、研究不足与展望

本书聚焦大型工程总承包模式，针对不同情景下实施主体间的社会责任共担问题，从总承包商内部合作和外部激励两个角度，运用委托代理、竞赛激励、讨价还价等理论，构建了不同情景下的社会责任合作与激励模型，并探索了大型工程总承包商内外部成员履行社会责任策略选择、影响机理以及合作和激励机制，为大型工程决策者治理社会责任提供参考依据。为了突出研究主题，在研究过程中做了一些假设和简化工作。研究仍存在一些不足，有待在今后学习中加以完善。

（1）在研究对象上存在一定的局限性。由于大型工程的社会责任涉及规划、建设、运营全生命周期。本书虽然着眼于更易出现隐患的建设阶段，并聚焦于大型工程常用的总承包模式，构建了不同情景下的社会责任内部合作和外部激励机制，但并未将其延伸到规划和运营阶段，存在一定局限性。故将视角拓展至全生命周期，综合大型工程规划和运营阶段各利益相关者社会责任履责特点，探究其合作和激励问题将成为后续研究的重点。

（2）在研究过程中有一定不足之处。大型工程是一个复杂的系统，利益相关者之间的关系交错复杂。本书为了能从模型上刻画实施主体的社会责任策略以及求解出对应的均衡解，仅考虑了复杂关系网络里主要实施主体局部网络和线性结构下社会责任合作与激励问题，如在研究总承包商内部的合作机制方面，仅考虑了一个设计方和一个施工方及一个牵头方和一个协同方情景，后续将拓展到一对多（异质、同质）情景以及多层级多属性的不同利益相关者网络角度展开研究。此外，在考虑总承包商对分包商社会责任的激励过程中，基于总承包商的一致对外性，将其看作一个整体进行讨论，并未就激励情形下，总承包商内部的责任和收益再展开论述。下一步将研究过程和范围拓展到大型工程利益相关者网络，借助博弈论和复杂网络等相关理论，对大型工程多主体多维度的社会责任治理展开进一步的研究。

（3）在数据获取方面存在一定难度。本书在模型验证方面，仅通过数值分析方法对模型进行分析，缺乏足够的案例和实证分析，若能收集到相关数据，将可进一步展开研究。

参考文献

［1］盛昭瀚，薛小龙，安实．构建中国特色重大工程管理理论体系与话语体系［J］．管理世界，2019，35（4）：1-16.

［2］盛昭瀚，梁茹．基于复杂系统管理的重大工程核心决策范式研究［J］．管理世界，2022，38（3）：200-212.

［3］Zeng S X，Ma H Y，Lin H，et al. Social responsibility of major infrastructure projects in China［J］. International Journal of Project Management，2015，33（3）：537-548.

［4］Ma H Y，Zeng S X，Lin H，et al. The societal governance of megaproject social responsibility［J］. International Journal of Project Management，2017，35：1365-1377.

［5］Bernhardt C E，Stanley J D，Horton B P. Wetland vegetation in manzala lagoon，Nile delta coast，egypt：Rapid responses of pollen to altered nile hydrology and land use［J］. Journal of Coastal Resarch，2011，27（4）：731-737.

［6］王耀东．论工程风险的责任——基于公共安全的视角［J］．自然辩证法通讯，2016，38（6）：22-28.

［7］林鸣．建造世界一流超大型跨海通道工程——港珠澳大桥岛隧工程管理创新［J］．管理世界，2012（12）：202-211.

［8］Zhu L Y，Cheung S O，Gao，X L，et al. Success DNA of a record-breaking megaproject ［J］. Journal of Construction Engineering and Management，2020，146（8）：5-9.

［9］丁晓欣，宿辉．建设工程合同管理［M］. 北京：清华大学出版社，2015：30-47.

［10］邓尤东．势在必行：卓越管理打造建企竞争新的制高点［J］. 施工企业管理，2021，3（1）：73-75.

［11］丰景春，王婷，王龙宝．基于建筑信息模型的协同建设项目多层次多阶段利益分配机制——设计采购施工模式情景下［J］. 科技管理研究，2021，41（20）：194-203.

［12］金治州，陈宏权，曾赛星．重大工程创新生态系统共生逻辑及治理［J］. 管理科学学报，2022，25（5）：29-45.

［13］马汉阳．重大基础设施工程社会责任效应与治理［D］. 上海：上海交通大学，2018.

［14］Whitton J，Parry I，Akiyoshi M，et al. Conceptualizing a social sustainability framework for energy infrastructure decisions ［J］. Energy Research & Social Science，2015，8：127-138.

［15］朱建波，时茜茜，盛昭瀚，等．DB 模式下考虑公平偏好的重大工程设计施工合作机制［J］. 系统管理学报，2018，27（5）：872-880.

［16］Xue L，McKenna B，Christabel M F H，et al. Stakeholders' influence strategies on social responsibility implementation in construction projects ［J］. Journal of Cleaner Production，2019，235（10）：348-358.

［17］Qiu Y M，Chen H Q，Sheng Z H，et al. Governance of institutional complexity in megaproject organizations ［J］. International Journal of Project Management，2019，37（3）：425-443.

［18］燕雪，张劲文．跨境重大工程多主体间决策冲突处理机制研究［J］. 工程管理学报，2015，29（1）：12-17.

[19] 向鹏成，庞先娅. 跨区域重大工程项目横向府际冲突协调机制 [J]. 北京行政学院学报，2021，4（3）：42-48.

[20] Wang D D, Wang Y X, Lu Y Q. Impact of regulatory focus on uncertainty in megaprojects: Mediating role of trust and control [J]. Journal of Construction Engineering & Management, 2021, 146 (12): 19-51.

[21] Xue X, Zhang R, Wang L, et al. Collaborative innovation in construction project: A social network perspective [J]. KSCE Journal of Civil Engineering, 2017, 22 (2): 417-427.

[22] Teng Y, Mao C, Liu G, et al. Analysis of stakeholder relationships in the industry chain of industrialized building in China [J]. Journal of Cleaner Production, 2017, 152: 387-398.

[23] Hosseini M R, Martek I, Zavadskas E K, et al. Critical evaluation of offsite construction research: A scientometric analysis [J]. Automation in Construction, 2018, 87: 235-247.

[24] 丁继勇，丁雷杰，翟武娟. 重大水资源配置工程网络化治理框架构建 [J]. 科技管理研究，2022，42（8）：182-190.

[25] Meng X H, Gallagher B. The impact of incentive mechanisms on project performance [J]. International Journal of Project Management, 2012, 30: 352-362.

[26] Yang K, Wang W, Xiong W. Promoting the sustainable development of infrastructure projects through responsible innovation: An evolutionary game analysis [J]. Utilities Policy, 2021, 70: 1-10.

[27] 王爱民. 重大工程社会责任与危机管理协同的信息策略 [J]. 科技管理研究，2014，34（23）：21-24.

[28] 王爱民. 基于社会责任的重大工程危机管理研究 [J]. 当代经济管理，2015，37（3）：13-17.

[29] 陈志松，王慧，仇蕾，等. 南水北调东线工程运营管理的演化博

弈及策略研究［J］. 资源科学，2010，32（8）：1563-1569.

［30］高燕梅. 基于声誉理论的国有企业海外投资差异化战略选择——以中国石油在参与中缅油气管道工程中履行社会责任为例［J］. 学术探索，2022（8）：35-44.

［31］Lin H，Zeng S X，Ma H Y et al. An indicator system for evaluating megaproject social responsibility［J］. International Journal of Project Management，2017，35：1415-1426.

［32］刘哲铭，隋越，金治州，等. 国际视域下重大基础设施工程社会责任的演进［J］. 系统管理学报，2018，27（1）：101-108.

［33］Xie L L，Xu T，Han T，et al. Influence of institutional pressure on megaproject social responsibility behavior［J］. Journal of Cilil Engineering and Management，2022，28（3）：16235.

［34］丁翔，陈永泰，盛昭瀚，等. 基于FS模型的设计施工总承包联合体领导—成员风险分配策略分析［J］. 中国管理科学，2016，24（7）：43-53.

［35］Bahadorestani A，Karlsen J T，Farimani N M. Novel approach to satisfying stakeholders in megaprojects：Balancing mutual values［J］. Journal of Management in Engineering，2020，36（2）：1-19.

［36］陈宏权，曾赛星，苏权科. 重大工程全景式创新管理——以港珠澳大桥工程为例［J］. 管理世界，2020，36（12）：212-227.

［37］Zhang Y，Wei H H，Zhao D，et al. Understanding innovation diffusion and adoption strategies in megaproject networks through a fuzzy system dynamic model［J］. Frontiers of Engineering Management，2021，8：32-47.

［38］Korb S，Sacks R. Agent-based simulation of general contractor-subcontractor interactions in a multiproject environment［J］. Journal of Construction Engineering and Management，2021，147（1）：4-51.

［39］杜莹，赵玉娟，王松茂. 企业社会责任的特点及意义［J］. 河北

经贸大学学报综合版，2013，4（3）：37-39.

［40］刘慧敏，盛昭瀚，邱大灿，等．重大工程决策治理理论与实务［M］. 北京：科学出版社，2019，28-62.

［41］Lv L L，Wang Z F，Li H M，et al. Tournament incentive mechanisms design for long-distance water diversion projects incorporating preference heterogeneity［J］. Journal of Construction Engineering and Management，2022，148（6）：6-24.

［42］Gao X，Zeng S X，Zeng R C，et al. Multiple-stakeholders' game and decision-making behaviors in green management of megaprojects［J］. Computers & Industrial Engineering，2022，171（9）：108392.

［43］Hu Z B，Wu G D，Zhao X B，et al. How does the strength of ties influence relationship quality in Chinese megaprojects? The mediating role of contractual flexibility［J］. Baltic Journal of Manangement，2021，16（3）：366-385.

［44］Xie L L，Xu T，Ju T，et al. Explaining the alienation of megaproject environmental responsibility behavior：A fuzzy set qualitative comparative analysis study in China［J］. Engineering，Construction and Architectural Management，2022，4：1-12.

［45］Brookes N J，Locatelli G. Power plants as megaprojects：Using empirics to shape policy，planning，and construction management［J］. Utilities Policy，2015，36：57-66.

［46］Anantatmula V S. Strategies for enhancing project performance［J］. Journal of Management in Engineering，2015，31（6）：401-501.

［47］代建生，孟卫东，魏立伟．具有双边道德风险的服务外包线性分成契约［J］. 系统管理学报，2014，23（3）：403-415.

［48］代建生，田惠文，秦开大．风险厌恶下合作研发的双边激励合同［J］. 软科学，2017，31（3）：63-67.

［49］王鼎，郭鹏，郭宁，等．公平偏好下考虑互补效应的项目投资收益分配研究［J］．运筹与管理，2021，30（11）：197-202.

［50］Turker D. Understanding how social responsibility drives social innovation：Characteristics of radically innovative projects［J］. European Journal of Innovation Management，2021，25（3）：680-702.

［51］Loosemore M.，Lim B T H. Linking corporate social responsibility and organizational performance in the construction industry［J］. Construction Management and Economics，2017，35（3）：90-105.

［52］Penalver A J B，Conesa J A B，Nieto C D. Analysis of corporate social responsibility in Spanish agribusiness and its influence on innovation and performance［J］. Corporate Social Responsibility and Environmental Management，2018，25（2）：182-193.

［53］Chen X Y，He Q H，Zhang X Y. What motivates stakeholders to engage in collaborative innovation in the infrastructure megaprojects［J］. Journal of Civil Engineering and Management，2021，27（8）：579-594.

［54］Eren F. Does the Asian property market work for sustainable urban developments?［M］. Sustainable Cities in Asia，New York，Routledge，2017：32-47.

［55］Ozorhon B，Oral K. Drivers of innovation in construction projects［J］. Journal of Construction Engineering & Management，2016，143（4）：4-118.

［56］Ma H Y，Sun D X，Zeng S X，et al. The effects of megaproject social responsibility on participating organizations［J］. Project Management Journal，2021，52（5）：418-433.

［57］陈志松．经济效益与社会责任双视角下的南水北调供应链协调机制研究［J］．资源科学，2013，35（6）：1245-1253.

［58］马力，张宇弛．基于演化博弈的重大工程项目社会责任履行决策

研究［J］. 土木工程与管理学报，2022，39（2）：1-6.

［59］Wang Q，Chen K B，Wang S B，et al. Channel structures and information value in a closed-loop supply chain with corporate social responsibility based on the third-party collection［J］. Applied Mathematical Modelling，2011，106（6）：482-506.

［60］Ma P，Shang J，Wang H Y. Enhancing corporate social responsibility：Contract design under information asymmetry［J］. Omega：The International Journal of Management Science，2017，67：19-30.

［61］盛昭瀚，游庆仲，李迁，等．大型复杂工程管理的方法论和方法：综合集成管理——以苏通大桥为例［J］. 科技进步与对策，2008，10（1）：137-197.

［62］盛昭瀚，游庆仲．综合集成管理：方法论与范式——苏通大桥工程管理理论的探索［J］. 复杂系统与复杂性科学，2007，2：1-9.

［63］Jia G S，Yang F J，Wang G B，et al. A study of mega project from a perspective of social conflict theory［J］. International Journal of Project Management，2011，29（7）：817-827.

［64］盛昭瀚．话语体系：讲好管理学术创新的“中国话”［J］. 管理科学学报，2019，22（6）：1-14.

［65］盛昭瀚，刘慧敏，燕雪，等．重大工程决策“中国之治”的现代化道路——我国重大工程决策治理70年［J］. 管理世界，2020，36（10）：170-202.

［66］杨靖，陈英武，沈永平．基于相互作用网络的大型工程项目组织结构风险分析［J］. 系统工程理论与实践，2011，31（10）：1966-1973.

［67］Maddaloni F D，Davis K. The influence of local community stakeholders in megaprojects：Rethinking their inclusiveness to improve project performance［J］. International Journal of Project Management，2017，35（8）：1537-1556.

［68］祁超，卢辉，王红卫，等．重大工程工厂化建造管理创新：集成

化管理和供应商培育［J］. 管理世界，2019，35（4）：39-51.

［69］仲勇，陈智高，周钟 . 大型建筑工程项目资源配置模型及策略研究——基于系统动力学的建模和仿真［J］. 中国管理科学，2016，24（3）：125-132.

［70］徐武明，徐玖平 . 大型工程建设项目组织综合集成模式［J］. 管理学报，2012，9（1）：132-138.

［71］Zhai L，Xin Y，Cheng C. Understanding the value of project management from a stakeholder's perspective：Case study of mega-project management［J］. Project Management Journal，2009，40（1）：99-109.

［72］高纪兵，宋奎，焦建玲 . 基于多元价值目标的重大复杂工程评价研究［J］. 运筹与管理，2022，31（4）：116-122.

［73］丁士昭 . 工程项目管理（第二版）［M］. 北京：中国建筑工业出版社，2014：6-20.

［74］石林林，丰景春 . DB 模式与 EPC 模式的对比研究［J］. 工程管理学报，2014，28（6）：81-85.

［75］利镇有，何继善 . 关于工程总承包项目管理模式的选择及对项目高效运营的影响研究［J］. 科技进步与对策，2010，27（19）：5-7.

［76］丰景春，吕思佳，陈永战，等 . 中国情境下工程总承包项目组织界面管理行为研究——基于计划行为理论视角［J］. 科技管理研究，2022，42（10）：168-178.

［77］武菲菲，鲁航线 . EPC 工程总承包项目运作模式及其适用性研究［J］. 东南大学学报（哲学社会科学版），2015，17：65-66.

［78］刘仁辉，从小林 . 基于委托代理关系的 EPC 承包模式代理成本研究［J］. 管理世界，2011（7）：184-185.

［79］Wang T F，Tang W Z，Du，L，et al. Relationships among risk management，partnering，and contractor capability in international EPC project delivery［J］. Journal of Management in Engineering-ASCE，2016，32（6）：459.

［80］李迁，张劲文，李真．DB 模式下大型工程设计方案更改的 Stackelberg 博弈模型分析［J］．系统工程，2013，31（6）：72-77.

［81］管百海，胡培．重复合作联合体工程总承包商利益分配机制［J］．系统管理学报，2009，2（5）：172-176.

［82］乐云，李永奎，胡毅，等．“政府—市场”二元作用下我国重大工程组织模式及基本演进规律［J］．管理世界，2019，35（4）：17-27.

［83］盛昭瀚，程书萍，李迁，等．重大工程决策治理的“中国之治”［J］．管理世界，2020，36（6）：202-212.

［84］麦强，安实，林翰，等．重大工程复杂性与适应性组织——港珠澳大桥的案例［J］．管理科学，2018，31（3）：86-99.

［85］盛昭瀚，梁茹．基于复杂系统管理的重大工程核心决策范式研究——以我国典型长大桥梁工程决策为例［J］．管理世界，2022，38（3）：200-212.

［86］Bowen H R. Social responsibility of the businessman［M］. New York：Harper & Row，1953.

［87］Carroll A B. A three-dimensional conceptual model of corporate performance［J］. Academy of Management Review，1979，4（4）：497-505.

［88］Carroll，A B. The pyramid of corporate social responsibility：Toward the moral management of organizational stakeholder［J］. Business Horizons，1991，34：39-48.

［89］Shaw B，Post F R. A moral basis for corporate philanthropy［J］. Journal of Business Ethics，1993，12（10）：745-751.

［90］Garriga E，Mele D. Corporate social responsibility theories：Mapping the territory［J］. Journal of Business Ethics，2004，53（1）：57-71.

［91］Schwartz M S，Carroll A. Corporate social responsibility［J］. Business Ethics Quarterly，2003，13（4）：503-530.

［92］唐艳．利益相关者导向下企业承担社会责任经济动因分析的实证

研究综述［J］. 管理世界，2011（8）：184-185.

［93］Frederick W C. From CSR1 to SCR2：The maturing of business-and-society thought［J］. Business & Society，1994，33（2）：150-164.

［94］Freeman J. Socially irresponsible and illegal behavior and shareholder wealth a meta-analysis of event studies［J］. Business & Society，1997，36（3）：221-249.

［95］Bauman C W，Skitka L J. Corporate social responsibility as a source of employee satisfaction［J］. Research in Organizational Behavior，2012，32：63-86.

［96］Branco M C，Rodrigues L L. Corporate social responsibility and resource-based perspectives［J］. Journal of Business Ethics，2006，69（2）：111-132.

［97］李茜，徐佳铭，熊杰，等. 企业社会责任一致性对财务绩效的影响研究［J］. 管理学报，2022，19（2）：245-253.

［98］张多蕾，许少山，薛菲，等. 战略激进度与企业社会责任履行——基于资源获取的视角［J］. 中国软科学，2022（6）：111-123.

［99］孟猛猛，陶秋燕，朱彬海. 企业社会责任对组织合法性的影响——制度环境感知和法律制度效率的调节作用［J］. 经济与管理研究，2019，40（3）：117-128.

［100］齐丽云，汪瀛，吕正纲. 基于组织意义建构和制度理论的企业社会责任演进研究［J］. 管理评论，2021，33（1）：215-228.

［101］Johan G，Bert V. Strategic and moral motivation for cooperate social responsibility［J］. John of Corporate Citizenship，2006，2（22）：111-123.

［102］谢玉华，刘晶晶，谢华青. 内外部企业社会责任对员工工作意义感的影响机制和差异效应研究［J］. 管理学报，2020，17（9）：1336-1346.

［103］Zeng S X，Tam C M，Deng Z M，et al. ISO 14000 and the construction industry: Survey in China [J]. Journal of management in engineering, 2003, 19 (3): 107-115.

[104] Qi, G Y, Shen L Y, Zeng S X, et al. The drivers for contractors' green innovation: An industry perspective [J]. Journal of Cleaner Production, 2010, 18 (14): 1358-1365.

[105] Tam V W Y, Tam C M, Zeng S X, et al. Environmental performance measurement indicators in construction [J]. Building & Environment, 2006, 41 (2): 164-173.

[106] Fang D P, Huang X Y, Hinze J. Benchmarking studies on construction safety management in China [J]. Journal of Construction Engineering & Management, 2004, 130 (3): 424-432.

[107] Stone R. Three gorges dam: Into the unknown [J]. Science, 2008, 321: 628-632.

[108] Wu J G, Huang J H, Han X G, et al. Three gorges dam: Experiment in habitat fragmentation? [J]. Science, 2003, 300: 1239-1240.

[109] Qiu J. Riding on the roof of the World [J]. Nature, 2007, 449: 398-402.

[110] Xu S, Yang R. Indigenous characteristics of Chinese corporate social responsibility conceptual paradigm [J]. Journal Business Ethics, 2010, 93 (2): 321-333.

[111] Xue L, Ho C, Shen G. Who should take the responsibility? Stakeholders' power over social responsibility issues in construction projects [J]. Journal of Cleaner Production, 2017, 154: 318-329.

[112] Hannan S, Sutherland C. Mega-projects and sustainability in Durban, South africa: Convergent or divergent agendas? [J]. Habitat International, 2015, 45: 205-212.

[113] Korytárová J, Hromádka V. The Economic evaluation of mega-

projects-social and economic impacts [J]. Procedia-Social and Behavioral Sciences, 2014, 119: 495-502.

[114] Zhao Z Y, Zhao X J, Davidson K, et al. A corporate social responsibility indicator system for construction enterprises [J]. Journal of Cleaner Production, 2012, 29 (30): 277-289.

[115] 丰景春，刘洪波．工程社会责任主体结构的研究 [J]. 科技管理研究，2008，12：269-271.

[116] Aires M D M, Gámez M C R, Gibb A. Prevention through design: The effect of european directives on construction workplace accidents [J]. Safety Science, 2010, 48 (2): 248-258.

[117] Peng C, Ouyang H, Gao Q, et al. Building a "Green" railway in China [J]. Science, 2007, 316 (58): 546-547.

[118] Guikema S D. Engineering infrastructure design issues in disaster-prone regions [J]. Science, 2009, 323 (5919): 1302-1303.

[119] Fernandez S G, Rodriguez L F. A methodology to identify sustainability indicators in construction project management-Application to infrastructure projects in spain [J]. Ecological Indicators, 2010, 10 (6): 1193-1201.

[120] 赵振宇，赵晓婧，左剑．施工企业社会责任构成体系研究 [J]. 建筑经济，2009 (10)：45-47.

[121] Neill L C. Can national infrastructure spending reduce local unemployment? Evidence from an australian roads program [J]. Economics Letters, 2011, 113 (2): 150-153.

[122] Kenny C. Measuring corruption in infrastructure: Evidence from transition and developing countries [J]. Journal of Development Studies, 2009, 45 (3): 314-332.

[123] Loosemore M, Phua F. Responsible corporate strategy in construction and engineering: Doing the right thing? [M]. London: (or New York) Spon

Press, 2011: 89-105.

[124] Miller R, Hobbs B. Governance regimes for large projects [J]. Project Management Journal, 2005, 36 (3): 42-51.

[125] 谢琳琳，褚海涛，韩婷，等．基于社会行动理论的重大工程社会责任行为选择 [J]. 土木工程与管理学报，2018，35 (6): 57-64.

[126] Li T, Ng S T, Skitmore M. Evaluating stakeholder satisfaction during public participation in major infrastructure and construction projects: A fuzzy approach [J]. Automation in Construction, 2013, 29: 123-135.

[127] Wang G, He Q, Meng X, et al. Exploring the impact of megaproject environmental responsibility on organizational citizenship behaviors for the environment: A social identity perspective [J]. International Journal of Project Management, 2017, 35 (7): 1402-1414.

[128] Li K, Khalili N, Cheng W Q. Corporate social responsibility practices in China: trends, context, and impact on company performance [J]. Sustainability, 2019, 11 (2): 354.

[129] Flyvbjerg B. What you should know about megaprojects and why: An overview [J]. Project Management Journal, 2014, 45 (2): 6-19.

[130] Ma H Y, Sun D X, Zeng S X, et al. The effects of megaproject social responsibility on participating organizations [J]. Project Management Journal, 2021, 52 (5): 418-433.

[131] Xue L, Ho C, Shen G. For the balance of stakeholders' power and responsibility: A collaborative framework for implementing social responsibility issues in construction projects [J]. Management Decision, 2018, 56 (3): 11-24.

[132] 王金南，蒋洪强，程曦，等．关于建立重大工程项目绿色管理制度的思考 [J]. 中国环境管理，2021，13 (1): 5-12.

[133] 邱聿旻，程书萍．基于政府多重功能分析的重大工程“激励—监管”治理模型 [J]. 系统管理学报，2018，27 (1): 129-136.

［134］王婧怡，佘金凤，董双．基于 SVN 的重大工程组织安全行为价值网络及驱动路径研究［J］. 中国管理科学，2022，30（5）：275-296.

［135］Provan K G，Kenis P. Modes of network governance：Structure，management，and effecti-veness［J］. Journal of Public Administration Research and Theory，2007，18（2）：229-252.

［136］He Q，Luo L，Hu Y，Chan A P C. Measuring the complexity of mega construction projects in China-A fuzzy analytic network process analysis［J］. International Journal of Project Management，2015，33（3）：549-563.

［137］Worsnop T，Miraglia S，Davies A. Balancing open and closed innovation in megaprojects：Insights from cross rail［J］. Project Management Journal，2016，47（4）：79-94.

［138］刘娜娜，周国华．基于前景理论的重大工程协同创新资源共享演化分析［J］. 管理工程学报，2023，3（37）：69-79.

［139］曾赛星，陈宏权，金治州，等．重大工程创新生态系统演化及创新力提升［J］. 管理世界，2019，35（4）：28-38.

［140］Zhao Z Y，Zhao X J，Davidson K，et al. A corporate social responsibility indicator system for construction enterprises［J］. Journal of Cleaner Production，2012，29（3）：277-289.

［141］Xia B，Olanipekun A，Chen Q，et al. Conceptualising the state of the art of corporate social responsibility（CSR）in the construction industry and its nexus to sustainable development［J］. Journal of Cleaner Production，2018，195：340-353.

［142］Xie L L，Xu，T，Le Y，et al. Understanding the CSR awareness of large construction enterprises in China［J］. Advances in Civil Engineering，2020，12：1-12.

［143］Xie L L，Ju T H，Han T，et al. A meta-network-based management framework for megaproject social responsibility behaviour in China［J］. Engineering Construction and Architectural Management, 2022, 6: 1036-1047.

[144] Yang D L, Li J W, Peng J D. et al. Evaluation of social responsibility of major municipal road infrastructure-case study of zhengzhou 107 auxiliary road project [J]. Building, 2022, 12 (3): 369-374.

[145] Olawumi T O, Chan D W. A scientometric review of global research on sustainability and sustainable development [J]. Journal of Cleaner Production, 2018, 183: 231-250.

[146] Kibert C J. Establishing principles and model for sustainable construction [C]. Proceedings of the first International Conference of CIB Task Group 16 on Sustainable Construction, Tampa, FL, 1994: 3-12.

[147] Wang G, Wu P, Wu X, et al. Mapping global research on sustainability of megaproject management: A scientometric review [J]. Journal of Cleaner Production, 2020, 259: 120831.

[148] Smyth H. Construction industry performance improvement programmes: The UK case of demonstration projects in the "continuous improvement" programme [J]. Construction Management and Economics, 2010, 28 (3): 255-272.

[149] Ko K C, Nie J, Ran R, et al. Corporate social responsibility, social identity, and innovation performance in China [J]. Pacific-Basin Finance Journal, 2020, 63: 101415.

[150] Ji H Y, Miao Z Z. Corporate social responsibility and collaborative innovation: The role of government support [J]. Journal of Cleaner Production, 2020, 260: 121028.

[151] Cantarelli C C. Innovation in megaprojects and the role of project complexity [J]. Production Planning and Control, 2022, 33 (9): 943-956.

[152] 王海花，彭正龙．企业社会责任表现与开放式创新的互动关系研究 [J]. 科学管理研究，2010，1 (28)：18-22.

[153] He Q H, Chen X Y, Li Y, et al. How does megaproject social responsibility influence project performance in China? A moderated mediating model [J]. Construction Research Congress, 2020, 5: 157-165.

[154] He Q H, Chen X Y, Wang G, et al. Managing social responsibility for sustainability in megaprojects: An innovation transitions perspective on success [J]. Journal of Cleaner Production, 2019, 241: 1-11.

[155] Roles G, Tang C S. Win-win capacity allocation contracts in coproduction and constribution alliances [J]. Management Science, 2016, 63 (3): 1-22.

[156] Liu W, Qi E, Li J. Profit-sharing and investment strategies in a discrete R&D alliance [J]. Industrial Engineering and Management, 2015, 20 (2), 79-83.

[157] Meng Q, Chu L, Li Z, et al. Cooperation performance of multi organisations operating in a sharing economy: Game theory with agent-based modelling [J]. International Journal of Production Research, 2020, 58 (22): 7044-7057.

[158] 孔令夷．双边道德风险条件下高科技创业孵化联盟契约设计 [J]．商业研究，2018 (4)：128-138.

[159] Rackham N, Lawerenee F, Richard R. Getting partnering right: How market leaders are creating long-term competitive advantage [M]. New York: Mc Graw-Hill Press, 2000: 12-60.

[160] Meade L M, Lilesa D. Justifying alliances and partnering: A prerequisite for virtual enterprise infrastructure [J]. Omega, 1997, 25 (1): 267-287.

[161] Li H, Qu S, Scherpereel C M. A technology alliance's stability evolution based on a network structure analysis [J]. Innovation-Organization and Management, 2018, 20 (3): 240-259.

[162] 葛秋萍，汪明月．基于不对称 Nash 谈判修正的产学研协同创新战略联盟收益分配研究［J］. 管理工程学报，2018，32（1）：79-83.

[163] Alchian A A，Demsetz H. Production，information，costs and economic organization ［J］. American Economic Review，1972，62（3）：777-795.

[164] Karl M. Strategic alliances as Stackelberg cartels-concept and equilibrium alliance structure ［J］. International Journal of Industrial Organization，2000，18：257-278.

[165] Wang D，Jian L，Wang H，et al. Study on profit allocation of industrial cluster based on restricted cooperative game ［J］. Chinese Journal of Management Science，2019，27（4）：171-178.

[166] Jiang X H，Wang L F，Gao B，et al. Benefit distribution and stability analysis of enterprises' technological ［J］. Computers & Industrial Engineering，2021，161：107637.

[167] Agrawal A K，Yadav S. Price and profit structuring for single manufacturer multi-buyer integrated inventory supply chain under price-sensitive demand condition ［J］. Computers & Industrial Engineering，2020，139：106208.

[168] Nash J. The bargaining problem ［J］. Ecomometrica，1950，18：155-162.

[169] Arsenyan J，Gülçin B，Orhan F. Modeling collaboration formation with a game theory approach ［J］. Expert Systems with Applications，2015，42（4）：2073-2085.

[170] 樊自甫，程姣姣．基于微分博弈的数据开放策略及合作收益分配机制研究［J］. 运筹与管理，2021，30（12）：100-107.

[171] 孟卫东，代建生．合作研发中的双边道德风险和利益分配［J］. 系统工程学报，2013，28（4）：464-471.

[172] 晏永刚．巨项目组织联盟合作协调机制研究［D］. 重庆：重庆

大学，2011.

［173］Hong K，Cui Z，Govindan K，et al. The impact of contractual governance and trust on EPC projects in construction supply chain performance ［J］. Engineering Economics，2015，26（4）. 349-363.

［174］Lavikka R H，Smeds R，Jaatinen M. Coordinating collaboration in contractually different complex construction projects ［J］. Supply Chain Management：An International Journal，2015，20（2）：205-217.

［175］Nikulina A，Volker L，Bosch-Rekveldt M. The interplay of formal integrative mechanisms and relational norms in project collaboration ［J］. International Journal of Project Management，2022（40）：798-812.

［176］朱建波，周晓园. 基于演化博弈的重大工程业主与勘察机构合作机制［J］. 系统管理学报，2020，29（5）：943-948.

［177］时茜茜，朱建波，盛昭瀚，等. 重大工程关键部件供应商合作机制研究［J］. 软科学，2015，29（11）：124-129.

［178］张云，吕萍，宋吟秋. 总承包工程建设供应链利润分配模型研［J］. 中国管理科学，2011（4）：98-104.

［179］杜亚灵，李会玲，柯洪. 中国情境下工程项目中承包商公平感知量表的开发与验证［J］. 系统管理学报，2016，25（1）：165-174.

［180］Fehr E，Schmidt K M. A theory of fairness，competition and cooperation ［J］. Quarterly Journal of Economics，1999，114：817-868.

［181］Bolton G E，Ockenfels A. ERC：A theory of equity，reciprocity and competition ［J］. American Economic Review，2001，90（1）：166-193.

［182］王先甲，袁睢秋，林镇周，等. 考虑公平偏好的双重信息不对称下 PPP 项目激励机制研究［J］. 中国管理科学，2019，29（10）：107-120.

［183］Letizia P，Hendrikse G. Supply chain structure incentives for corporate social responsibility：An incomplete contracting analysis ［J］. Production and

Operations Management, 2016, 25 (11): 1919-1941.

[184] Chen C K, Ulya M, Mancasari U A. A study of product quality and marketing efforts in closed-loop supply chains with remanufacturing [J]. IEEE Transactions on Systems Man Cybernetics - Systems, 2018, 50 (12): 4870-4881.

[185] Ni D B, Li K W, Tang X W. Social responsibility allocation in two-echelon supply chains: Insights from wholesale price contracts [J]. European Journal of Operational Research, 2010, 207 (3): 1269-1279.

[186] Ni D B, Li K W. A game-theoretic analysis of social responsibility conduct in two-echelon supply chains [J]. International Journal of Production Economics, 2012, 138 (2): 303-313.

[187] Panda S, Modak N M. Exploring the effects of social responsibility on coordination and profit division in a supply chain [J]. Journal of Cleaner Production, 2016, 139: 25-40.

[188] Ma P, Wang H, Shang J. Supply chain channel strategies with quality and marketing effort-dependent demand [J]. International Journal of Production Economics, 2013, 144 (2): 572-581.

[189] Chen X, Wang X, Chan H K. Manufacturer and retailer coordination for environmental and economic competitiveness: A power perspective [J]. Transportation Research Part E: Logistics and Transportation Review, 2017, 97: 268-281.

[190] Panda S, Modak N M, Basu M, et al. Channel coordination and profit distribution in a social responsible three-layer supply chain [J]. International Journal of Production Economics, 2015, 168: 224-233.

[191] Yi H U, Yun L E, Gao X, et al. Grasping institutional complexity in infrastructure mega-projects through the multi-level governance system: A case study of the Hong Kong-Zhuhai-Macao Bridge construction [J]. Front Engineer-

ing Management, 2018, 5 (1): 52-63.

[192] Hosseinian S M, Farahpour E, Carmichael D G. Optimum outcome-sharing construction contracts with multiagent and multioutcome arrangements [J]. Journal of Construction Engineering and Managenment, 2020, 146 (7): 18-62.

[193] Eltannir A. Optimal project deadlines for mean-variance incentive contract designs [J]. Computers & Industrial Engineering, 2019, 137 (11): 1-8.

[194] Kerkhove L P, Vanhoucke M. Incentive contract design for projects: The owner's perspective [J]. Omega: The International Journal of Management Science, 2016, 62: 93-114.

[195] 郭汉丁，张印贤，陶凯．工程质量政府监督多层次利益分配与激励协同机制探究 [J]. 中国管理科学，2019，27 (2)：170-178.

[196] 时茜茜，朱建波，盛昭瀚．重大工程供应链协同合作利益分配研究 [J]. 中国管理科学，2017，25 (5)：42-51.

[197] Kaliba C, Muya M, Mumba K. Cost escalation and schedule delays in road construction projects in Zambiap [J]. International Journal of Project Management, 2009, 27 (5): 522-531.

[198] Greco L. Imperfect bundling in Public-private partnerships [J]. Journal of Public Economic Theory, 2015, 17 (1): 136-146.

[199] Shi Q Q, Zhu J B, Hertogh M, et al. Incentive mechanism of prefabrication in mega projects with reputational concerns [J]. Sustainability, 2018, 10 (4): 1-16.

[200] 马力，黄梦莹，马美双．契约显性激励与声誉隐性激励的比较研究——以建筑承包商为例 [J]. 工业工程与管理，2016，21 (2)：156-162.

[201] 曹启龙，盛昭瀚，周晶，等．公平偏好下 PPP 项目多任务激励问题研究 [J]. 预测，2016，35 (1)：75-80.

[202] 杨艳，程燕培，陈收．不同权力结构下供应链企业社会责任激励 [J]. 中国管理科学，2019，12 (3)：144-156.

[203] Modak N M, Kazemi N, Cárdenas-Barrón L E. Investigating structure of a two-echelon closed-loop supply chain using social work donation as a corporate social responsibility practice [J]. International Journal of Production Economics, 2018, 207: 19-33.

[204] Liu Y, Li J, Quan B T, et al. Decision analysis and coordination of two-stage supply chain considering cost information asymmetry of corporate social responsibility [J]. Journal of Cleaner Production, 2019, 228 (8): 1073-1087.

[205] Brunet M, Aubry M. The three dimensions of a governance framework for major public projects [J]. International Journal of Project Management, 2016, 34 (8): 1596-1607.

[206] 何寿奎．重大工程多元投资主体社会责任行为逻辑及网络化治理 [J]. 企业经济，2021，40 (3)：5-14.

[207] Li Y, Han Y, Luo M, et al. Impact of megaproject governance on projects performance: Dynamic governance of the nanning transportation hub in China [J]. Journal of Management in Engineering, 2019, 35 (3): 1-12.

[208] Wang A M. Synergic mechanism for megaproject crisis management and social responsibility fulfillment [C]. IEEE Computer Society, Hangzhou: 2015: 76-79.

[209] Yuan J H, Ben H P. Impact of contextual variables on effectiveness of partnership governance mechanisms in megaprojects: Case of guanxi [J]. Journal of Management in Engineering, 2016, 33 (1): 4-34.

[210] Ma L, Fu H W. A governance framework for the sustainable delivery of megaprojects: The interaction of megaproject citizenship behavior and contracts [J]. Journal of Construction Engineering & Management, 2022, 4 (148):

4-22.

［211］ Raj A，Modak N M，Kelly P，et al. Analysis of a dyadic sustainable supply chain under asymmetric information ［J］. European Journal of Operational Research. 2021，289（2）：582-594.

［212］ Bhaskaran S R，Krishnan V. Effort，revenue，and cost sharing mechanisms for collaborative new product development ［J］. Management Science，2009，7（55）：1152-1169.

［213］ Fehr E，Kirchsteiger G，Riedl A. Does fairness prevent market clearing? An experimental investigation ［J］. Quarterly Journal of Economics，1993，108（2）：437-460.

［214］ 安晓伟，王卓甫，丁继勇，等．联合体工程总承包项目优化收益分配谈判模型［J］．系统工程理论与实践，2018，38（5）：1183-1192.

［215］ Rubinstein A. Perfect equilibrium in a bargaining model ［J］. Ecomometrica，1988，2（1）：97-109.

［216］ 陶艳萍，盛昭瀚．重大工程环境责任的全景式决策——以港珠澳大桥中华白海豚保护为例［J］．环境保护，2020，48（23）：56-61.

［217］ 刘孔玲，许杨平，唐娟娟，等．基于 TCP 范式的铁路工程项目技术创新实现模型研究［J］．科技进步与对策，2017，34（9）：24-27.

［218］ Wang C F，Cen Y W，Sun R，et al. Optimal distribution of profit and leadership for a sustainable collaborative R&D projects ［J］. Journal of Cleaner Production，2021（4）：127874.

［219］ Ni D B，Li K W，Tang X W. Social responsibility allocation in two-echelon supply chains：Insights from wholesale price contracts ［J］. European Journal of Operational Research. 2010，207（3）：1269-1279.

［220］ 万晓曦．港珠澳大桥的绿色施工创新技术［J］．中国建设信息化，2017（8）：19-23.

［221］ 陈楠枰．以研促产，以产带研，为节能环保新技术创一片新天

地［J］. 交通建设与管理，2018，4：29-30.

［222］ Martinsuo M，Ahola T. Supplier integration in complex delivery projects：Comparison between different buyer-supplier relationships ［J］. Engineering Management Review IEEE，2010，28（2）：107-116.

［223］ Herzberg F. One more time：How do you motivate employee? ［J］. Harvard Bueiness Review，2003，1：87-96.

［224］ Han H，Wang Z F，Liu B. Tournament incentive mechanisms based on fairness preference in large-scale water diversion projects ［J］. Journal of Cleaner Production，2020，26（5）：1-10.

［225］ Dixit A K. Strategic behavior in contests ［J］. American Economic Reviews，1987，77（5）：891-898.

［226］ 魏光兴. 基于异质能力的分类与混同锦标竞赛比较研究［J］. 系统工程理论与实践，2016，36（9）：2293-2309.

［227］ Lazear E P，Rosen S. Rank-order tournament as optimum labor contracts ［J］. Journal of Political Economy，1981，89（5）：841-864.

［228］ Gill D，Stone R. Fairness and desert in tournaments ［J］. Games and Economic Behavior，2010，69（2）：346-364.

［229］ Clark D J，Riis C. Rank-order tournaments and selection ［J］. Journal of Economics，2001，73（2）：167-191.